U0574376

GAOZHONG JIEDUAN
XUESHENG ZONGHE SUZHI
PINGJIA JIZHI YANJIU

高中阶段学生综合素质评价机制研究

王小明　著

武汉大学出版社

图书在版编目(CIP)数据

高中阶段学生综合素质评价机制研究/王小明著.—武汉：武汉大学出版社,2022.10
ISBN 978-7-307-23165-8

Ⅰ.高…　Ⅱ.王…　Ⅲ.素质教育—教育评估—研究—高中
Ⅳ.G632.47

中国版本图书馆 CIP 数据核字(2022)第 130861 号

责任编辑:郭　静　　　责任校对:汪欣怡　　　版式设计:马　佳

出版发行:**武汉大学出版社**　　(430072　武昌　珞珈山)
(电子邮箱:cbs22@whu.edu.cn　网址:www.wdp.com.cn)
印刷:武汉邮科印务有限公司
开本:720×1000　1/16　　印张:23.25　　字数:342 千字　　插页:1
版次:2022 年 10 月第 1 版　　2022 年 10 月第 1 次印刷
ISBN 978-7-307-23165-8　　　定价:65.00 元

序　言

　　高中阶段学生综合素质评价概念自首次提出至今已近 20 年时间。① 目前，我国高中阶段学生综合素质评价仍存在评价管理制度不完善、评价实施过程不规范、评价保障不到位等突出的评价机制问题。本书选取高中阶段学生为研究对象，将高中阶段学生综合素质评价机制界定为高中阶段学生综合素质评价系统内部诸要素的结构、功能及其内在机理的组织、运作过程与方式，具体包括组织管理、指导培训、运行操作和监督调控四个方面。通过文献研究法搜集各种综合素质评价相关研究著作、学位论文、报纸、期刊论文、政府相关文件等文献资料，系统梳理国内外学生综合素质评价研究的发展历程、主要具体问题、成果与启示、存在的薄弱点以及未来研究发展趋势；运用历史研究法梳理了国内外学生综合素质评价机制实践发展历程；在调查研究基础上总结概括了国内外高中阶段学生综合素质评价机制现状及未来发展趋势；通过理论研究法剖析了高中阶段学生综合素质评价机制构建的基本思路，并尝试构建了高中阶段学生综合素质评价机制框架以及应用模型。

　　本书主要内容包括国内外高中阶段学生综合素质评价机制已有研究与实践发展历程；高中阶段学生综合素质评价机制的内涵、结构及其理论与实践依据；高中阶段学生综合素质评价机制的构建；创建旨在指导实践的高中阶段学生综合素质评价机制应用模型。通过构建符合实践经验、理论

---

　　① 　王小明，丁念金. 历史与嬗变：普通高中学生综合素质评价改革十年[J]. 现代教育管理，2015(11)：74-79.

依据充分、具有一定可操作性的综合素质评价机制，能够保证学生综合素质评价顺利且有效地实施。高中阶段学生综合素质评价机制的内涵、内容结构的理论分析、发展历程的梳理、评价机制以及应用模型的构建有助于完善学生综合素质评价理论研究；有助于促使政策决策者重视学生综合素质评价政策实施过程中的机制问题；有助于增强学生综合素质评价改革政策顶层设计意识。

本书界定了高中阶段学生、综合素质评价、评价机制、高中阶段学生综合素质评价机制等核心概念；在剖析国内外学生综合素质评价机制发展历程和现状的基础上，以相关理论和实践为依据，遵循全面性、发展性、个性化、生本化的构建原则，通过词源分析、政策解读以及专家咨询的方法构建了以组织管理、指导培训、运行操作和监督调控为基本结构的高中阶段学生综合素质评价机制框架；分别以组织管理的功能、主体、机理三个维度为基础创建了高中阶段学生综合素质评价组织管理机制，以指导培训的功能、要素、机理三个维度为基础创建了高中阶段学生综合素质评价指导培训机制，以运行操作的功能、要素、范型三个维度为基础创建了高中阶段学生综合素质评价运行操作机制，以监督调控的功能、内容、机理三个维度为基础创建了高中阶段学生综合素质评价监督调控机制；以机制框架为基础运用结构模型和思维模型理论构建了高中阶段学生综合素质评价机制模型，包含组织管理模型、指导培训模型、运行操作模型以及监督调控模型，并以自主招生为案例，提出了自主招生改革过程中开展学生综合素质评价的优化路径。高中阶段学生综合素质评价机制的系统化研究完善了学生综合素质评价理论，促使政策决策者更加重视学生综合素质评价政策实施过程中的机制问题，增强了学生综合素质评价改革政策顶层设计意识。

高中阶段学生综合素质评价机制系统化研究的缺失作为本研究开展的滥觞，同时促成了研究创新点的凸显。首先，本研究以高中阶段学生综合素质评价机制为主要研究对象，选题具有一定创新性；其次，本研究对国内外高中阶段学生综合素质评价机制已有研究与实践发展历程进行了系统分析，揭示出了现实中学生综合素质评价机制的发展历程，具有一定创新性；第三，本研究尝试创建了高中阶段学生综合素质评价机制框架；第四，本研究尝试创建了高中阶段学生综合素质评价机制应用模型，研究结论创新程度较高。

目　　录

表 目 录

图 目 录

第一章 绪 论

学生综合素质评价是新课程改革以来针对应试教育中片面追求升学率，忽视学生创新精神、实践能力的培养而提出的具有中国特色的学生评价新理念，指依据社会发展需求、学校培养目标、综合素质结构以及评价对象特点，借助多元化的评价方式与方法，对评价对象综合素质发展状况进行动态、全面且系统的收集，基于信息加以评判，分析其存在的问题及原因，寻求应对策略，从而促进评价对象综合素质发展的过程。"机制是制约系统运行的一种规范化、制度化的程式。"①根据这两个概念的理解，我们认为高中阶段学生综合素质评价机制是指高中阶段学生综合素质评价系统内部诸要素的结构、功能及其内在机理的组织、运作过程与方式，具体包括组织管理、指导培训、运行操作和监督调控四个方面。

一、缘 起

1999年6月13日国务院颁布了《中共中央国务院关于深化教育改革全面推进素质教育的决定》(中发〔1999〕9号)，该文件中规定了要"建立符合素质教育要求的对学校、教师和学生的评价机制"。②《国家中长期教育改革与发展规划纲要(2010—2020年)》提出要"全面提高高中生综合素质"

---

① 廖哲勋，田慧生主编. 课程新论[M]. 北京：教育科学出版社，2003：370.
② 国务院. 中共中央国务院关于深化教育改革全面推进素质教育的决定[EB/OL]. http://www.moe.edu.cn/publicfiles/business/htmlfiles/moe/moe_177/200407/2478.html.

1

"全面实施高中学业水平考试和综合素质评价""做好学生成长记录，完善综合素质评价"。十八届三中全会《中共中央关于全面深化改革若干重大问题的决定》第十二部分第 42 条中明确指出要推行综合素质评价。《国务院关于深化考试招生制度改革的实施意见》(国发〔2014〕35 号) 提出 2014 年出台规范高中学生综合素质评价的指导意见，各省(区、市)制定综合素质评价基本要求，学校组织实施。2014 年上海市、浙江省分别出台高考综合改革试点方案，从 2014 年秋季新入学的高中一年级学生开始实施，试点要为其他省(市、区)高考改革提供依据。《教育部关于加强和改进普通高中学生综合素质评价的意见》(教基二〔2014〕11 号)提出加强和改进高中阶段学生综合素质评价的重要意义、基本原则、评价内容、评价程序、管理，并要求各省(区、市)要提出高中阶段学生综合素质评价基本要求，制定具体办法，并于 2015 年 8 月底前报教育部备案。2015 年，作为国家高考综合改革试点省份，上海与浙江分别制定了《上海市普通高中学生综合素质评价实施办法(试行)》(沪教委基〔2015〕30 号)、《上海市教育委员会关于印发《上海市中等职业学校学生综合素质评价实施办法》的通知》(沪教委职〔2015〕35 号)和《浙江省教育厅关于完善浙江省普通高中学生成长记录与综合素质评价的意见》(浙教基〔2015〕45 号)。通过对政策文本的考察发现，加强学生综合素质评价，促进学生综合素质发展，已经成为当下我国教育改革的基本教育政策之一。本研究正是在这样一个大背景下展开，具体将从以下四个方面展开论述。

(一) 学生综合素质发展是世界基础教育改革的重要主题

20 世纪中后期开始，全世界范围内掀起了基础教育领域改革的浪潮。在特色鲜明的基础教育改革中，各国都有一个共同的目标指向，那就是以提高学生的综合素质为基础教育改革的核心目标。美国国会于 1958 年通过了《国防教育法》(*National Defense Education Act*)，提出要加强数学、科学、现代外语三门基本课程，后来无论是 1991 年老布什总统提出的《2000 年美国教育发展战略》(*The United States Educates Strategy In 2000*)，1993 年克林顿总统《2000 年目标：美国教育法》(*Goals 2000-Educate America Act*) 还是 2002 年小布什总统签署的《不让一个孩子掉队法》(*No Child Left Behind Act*)，都对基础教育改革和学生综合素质发展给予极大的关注。日本文部省于 1989 年 3 月通过颁布新的《学习指导纲要》以推动本国基础教育改革。1998 年 6 月，日本教育课程审议会发表总结报告展示了 21 世纪日本新的学校教育课程的构想，日本本次课程方案的一大亮点正是在课程中增设了综合学习时间，可见日本官方对学生综合素质的重视程度。韩国在 20 世纪 90 年代起着手开始加强基础教育改革，不断修订国家课程，编写新教材。从 1997 年起，开始强调实验、讨论、自主活动、社会服务等亲身体验学习活动的重要地位，旨在培养学生解决问题能力，全面提高学生的综合素质。英国于 1997 年 10 月，通过《1997 年教育法》，成立"课程与资格局" (QCA) 旨在提升全民素质。1999 年 7 月，英国国家课程改革方案出台，并决定新方案从 2000 年 9 月起开始实施，此次课程改革，英国政府特别强调的是课程的精神价值和着眼于未来，迎接新世纪挑战等问题，旨在培养学生适应未来生存和发展的综合素质。法国从 1999 年起，在其 25 个学区，包括 120 所高中的 196 个高二年级班进行了 TPE 试验 (Travaux Personnels Encadrés，简称 TPE，中文译为"有指导的学生个人实践活动")①。TPE 试验是法国于 1998 年 4 月在里昂召开"全国高中改革会议"过程中"移植" 1996 年开始在大学预备班开设的"适度发挥学生创造力" (Travaux Dinitiative Personnellle Encardres，简称 TIPE) 课程经验基础上发起的。该试验以 1999 年 12 月 6 日，法国教育部基础教育司颁布《关于 1999—2000 学年在高中二年级开展"有指导的学生个人实践"实验的通知》正式开始。它是法国 20 世纪 90 年代进行高中教育改革的重要内容，从 2000—2001 学年开始，法国逐步在高二年级和高三年级普及这一新的课程。2000 年 6 月，法国政府规定，把 TPE 课程正式纳入课表，每周 2 学时。法国政府本次改

---

①　孙启林，贾东立. 法国的 TPE 课程概述[J]. 外国中小学教育，2005(2)：25-29.

革的主要目的正是通过对课程的改革，培养出综合素质更高的学生。

(二)学生综合素质发展是我国素质教育实施的核心目标

经查阅，在1999—2021年期间，国家以"决定""文件""意见"或"通知"形式发布的政策文本有45个涉及"综合素质评价"问题，其中，以中共中央名义颁发的1个，以中共中央、国务院名义颁发的2个，以国务院名义颁发的3个，以教育部名义颁发的39个，直辖市、省、自治区颁发的政策文本32个。

在诸多"文件""通知"中，1999年6月13日，中共中央国务院出台《中共中央国务院关于深化教育改革全面推进素质教育的决定》(中发〔1999〕9号)指出："高考科目设置和内容的改革应进一步突出对能力和综合素质的考查。"2001年5月29日，国务院发布《国务院关于基础教育改革与发展的决定》(国发〔2001〕21号)提出："加强对学生能力和素质的考查，改革高等学校招生考试内容，探索多次机会、双向选择、综合评价的考试、选拔方式，推进高等学校招生考试和选拔制度改革。"2001年颁布了《基础教育课程改革纲要(试行)》(教基〔2001〕17号)提出"加强对学生能力和素质的考查，改革高等学校招生考试内容，探索多次机会、双向选择、综合评价的考试、选拔方式，推进高等学校招生考试和选拔制度改革。"以上三个文件都提出要关注学生综合素质发展的要求，要对原有的学生评价进行改革。

2002年12月，教育部印发了《教育部关于积极推进中小学评价与考试制度改革的通知》(教基〔2002〕26号)；2005年1月，教育部颁发的《关于基础教育课程改革实验区初中毕业考试与高中阶段招生制度改革的指导意见》(教基〔2005〕2号)；2008年4月3日，教育部颁布的《关于深入推进和进一步完善中考改革的意见》(教基〔2008〕6号)；2014年9月国务院颁布的《关于深化考试招生制度改革的实施意见》(国发〔2014〕35号)；2014年12月10日，教育部颁发的《教育部关于加强和改进普通高中学生综合素质评价的意见》(教基二〔2014〕11号)以上五个文本的重要性在于对"综合素质评价"提出了具体而明确的规定和要求。

从以上诸多的"决定""文件""意见"或"通知"可知，学生综合素质发展已经成为我国素质教育的核心目标，在素质教育理论中具有重要的地位和价值。

(三) 学生综合素质评价是学生综合素质发展的强大动力

学生综合素质评价是指借助多元化的评价方式与方法，对学生综合素质发展状况进行动态、全面且系统的收集，基于信息加以评判，分析其存在的问题及原因，寻求应对策略，从而促进学生综合素质发展的过程。学生综合素质发展应该达到什么目标(评价目标)，学生综合素质应该包括哪些内容(评价内容)，学生综合素质发展水平应该由谁来测评(评价主体)，学生综合素质具体测评的指标有哪些(评价指标)，学生综合素质发展是否达到了预期的目标(评价标准)，学生综合素质测评如何来运行、指导、监控和管理(评价机制)以及学生综合素质测评结果如何来应用(评价结果应用与反馈)等一系列问题都是学生综合素质评价的研究领域。学生综合素质发展的好坏直接取决于学生综合素质评价的理念与目标确立是否科学；评价内容选择是否合理；评价主体成员是否能够进行合理选择，从而满足不同利益主体诉求的充分表达以及平衡不同主体间的利益；评价标准的设置是否具有开放性和相关稳定性，并且能够针对不同评价对象进行多元、动态的完善；评价过程的组织管理、指导培训、运行操作和监督调控是否能够有效地发挥作用，从而保障学生综合素质的正常顺利发展；评价结果的应用与反馈是否能够体现素质教育的核心理念。由此可见学生综合素质评价是学生综合素质发展的内在动力。

(四) 综合素质评价机制是综合素质评价实施的有力保障

高中阶段学生综合素质评价机制是指高中阶段学生综合素质评价系统内部诸要素的结构、功能及其内在机理的组织、运作过程与方式，具体包括组织管理、指导培训、运行操作和监督调控四个方面。

5

高中阶段学生综合素质评价机制的创建，能够有效地引导和保障学生综合素质评价的顺利实施。由领导机构、管理机构和执行机构三级管理体系组成的学生综合素质评价组织管理机制，权责分明，各级部门间相互联系、相互配合、相互协调，从而最终能够保障学生综合素质评价得以顺利实施；学生综合素质评价指导培训机制可以在短时间内促使综合素质评价改革的基本理念、具体措施等相关的理论与政策得以顺利推广，从而保证了学生综合素质评价改革的顺利实施和社会对学生综合素质评价改革政策的知情度和认可度；科学合理的运作操作机制不仅可以在明确学生综合素质评价构成要素的基础上理顺各个要素间的内在联系和运作方式，而且还可以引导学生综合素质评价的价值理念并且保障学生综合素质评价实施过程的整体性；综合素质评价监督调控机制像"一双无形的双手"对综合素质评价的整个运作过程进行督导、评价、反馈，同时对综合素质评价运作的各个基本环节进行监督、调控、指导，从而引导和保障高中阶段学生综合素质评价朝着既定的方向顺利进行。

二、问题域界定

研究问题域（Problem Domain）是指研究问题的范围、问题之间的内在关系和逻辑可能性空间。本研究从研究问题、研究假设和核心概念三个方面对研究问题域进行界定。

（一）研究问题

本研究的研究问题是如何建构符合实践经验、理论依据充分、具有一定可操作性并且能够保证高中阶段学生综合素质评价有效实施的评价机制。具体而言，本研究的研究问题可以细化为以下三个子问题：

第一，高中阶段学生综合素质评价机制的理论内涵；

第二，已有学生综合素质评价机制理论研究与实践探索现状、问题；

第三，高中阶段学生综合素质评价机制如何建立，包括哪些维度，构建的理论和实践依据。

(二) 研究假设

本研究的基本假设为构建符合实践经验、理论依据充分、具有一定可操作性综合素质评价机制，能够保证学生综合素质评价顺利且有效地实施。具体而言，高中阶段学生综合素质评价机制的内涵、内容结构的理论分析，发展历程的梳理，评价机制以及应用模型的创建有助于完善学生综合素质评价理论研究；有助于促使政策决策者重视学生综合素质评价政策实施过程中的机制问题；有助于增强学生综合素质评价改革政策顶层设计意识。

(三) 核心概念

通过对研究主题进行分析，研究者认为本研究主要包括四个核心概念，分别为高中阶段学生、综合素质评价、评价机制、高中阶段学生综合素质评价机制。

1. 高中阶段学生

作为本研究的研究对象，高中阶段学生包括普通高中、技工学校、中等专业学校和职业高级中学/高级职业中学四类学校学生，初中毕业后进行以上阶段学校学习的学生。一般而言，该类学生具有以下三个基本特征：首先，在年龄方面，高中阶段学生的入学年龄一般在 15 周岁左右，高中毕业时的年龄一般刚满 18 周岁，该阶段学生正处于由青少年向成年人的转化时期，恰恰是他/她们人生观、世界观和价值观初步形成时期；其次，该年龄阶段学生已基本具备了独立思考且积极主动建构知识的能力，已具备相当高的思维水平，在家长、学校和教师协助、指导、管理下他们能够自主发展；第三，高中阶段学生发展因个性、兴趣、特长、学习基础、动机、理想等方面不同，发展需求与发展方向存在差异，学校教育应关注学生这些方面的差异。

2. 综合素质评价

综合素质评价的界定必须对素质、综合素质有一个明确概念，因此，研究者在梳理、界定素质与综合素质的基础上，对综合素质评价进行了追溯，并最终界定了本研究中综合素质评价的概念，从而为本研究的进一步展开提供基础。

（1）素质

在论述综合素质概念之前，有必要对素质概念的"前世今生"有一个系统的了解。"素质"一词，中国古已有之，一般用于指事物原本就具有的特征，其外延并未涉及人的特征。如《逸周书·克殷》中"及期，百夫荷素质之旗于王前"，晋代张华的《励志诗》中"如彼梓材，弗勤丹漆，虽劳朴斫，终负素质"。①

但当"素质"一词被分开使用时，则可视为两个独立的概念，此时它们的内涵既涉及事物又涉及人的特征。"素"可理解为物原本具有的特征，也可指人原本具有的特点，如《老子》十九章："见素抢扑，少私寡欲"。"质"也同样不仅指事物的性质，还可指生物的性状，如柳宗元于《捕蛇者说》中的"黑质而白章"；亦可指制度的本质，如《礼记·乐记》中的"中正无邪，礼之质也"；又可指人的品质，如《荀子·儒效》中的"习俗移志，安久移质"。

20 世纪 80 年代后，在现代汉语中，"素质"起初是生理学、心理学概念，在朱智贤先生主编的《心理学大辞典》中将"素质"界定为"有机体天生具有的某些解剖和生理的特性，主要是精神系统、脑的特性，以及感官和运动器官的特性。它是能力发展和自然前提的基础"②。然而伴随着生产力以及现代科学技术的迅猛发展，能力心理学、管理心理学、人类工程学的兴起，素质概念突破了原有生理学、心理学的概念，开始逐步将注意、记

---

① 商务印书馆编辑部编. 辞源（全两册）纪念版［Z］. 北京：商务印书馆，2009：2403.

② 朱智贤主编. 心理学大辞典［Z］. 北京：北京师范大学出版社，1989：650.

忆、思维、言语、情感、意志等人的心理活动特征，尤其是将能力、气质、性格等个性心理特征都融入人的"素质"概念之中，并将其视为人类认识活动、实践活动的内在主体因素。随后，学者们从人口学、企业和企业人员等视角对"素质"的概念皆展开过论述。①

《现代汉语词典（修订本）》对"素质"一词作出解释：指事物本来的性质、素养；心理学上指人的神经系统和感觉器官上的先天的特点。②《辞海》中将"素质"界定为：人或事物在某些方面的本来特点和原有基础，人们在实践中增长的修养，如政治素质、文化素质；在心理学上，指人的先天的解剖生理特点，主要是感觉器官和神经系统方面的特点，是人的心理发展的生理条件，但不能决定人的心理内容和发展水平，某些素质上的缺陷可以通过实践和学习获得不同程度的补偿。

在顾明远先生负责主编的《教育大辞典》中提出了符合素质教育理论与实践要求的两层"素质"概念：其一是个人先天具有的解剖生理特点，包括神经系统、感觉器官和运动器官的机能特点，通过遗传获得，故又称遗传素质，亦称禀赋；其二是对人的能力形成和发展有重大影响，指公民或某种专门人才的基本品质，如国民素质、民族素质、干部素质、作家素质等，都是个人在后天环境、教育影响下形成的。③

本研究中的"素质"取广义，指个体身心发展的水平和特征，既有先天的成分，也有后天的成分，主要包括性格、价值观、知识、技能、智力、学习力、创造力、实践能力、自身素质等。

（2）综合素质

丁念金教授认为人的素质大致可以划分为四个层次：一是基本素质，这些既是其他素质发展的重要基础，也是终身直接起根本性作用的素质，主要包括性格、价值观、智力、身体素质等；二是学科素质，主要包括内

① 陈爱容. 素质概念研究综述[J]. 哲学动态，1991(12)：22-24，12.
② 中国社会科学院语言研究所. 现代汉语词典[Z]. 北京：商务印书馆，1996：1206.
③ 顾明远. 教育大辞典[Z]. 上海：上海教育出版社，1998：1022.

化在个人身上的各个学科的知识、技能和研究方法等，如数学学科中的知识、技能与研究方法；三是综合素质，这是基于各种基本素质和学科素质等的综合，主要包括学习力、创造力、实践能力、职业关键素质、跨学科的知识技能和研究方法等；四是特殊素质，这是适应特殊情境之需要的素质，如野外逃生能力、书法特长等。基于各种基本素质和学科素质等的综合，主要包括学习力、创造力、实践能力、职业关键素质、跨学科的知识技能和研究方法等。① 该素质范畴的界定将人的素质分为基本素质、学科素质、综合素质和特殊素质四个层次，其中综合素质将基本素质与学科素质融合在一起，避免了二元对立思维的弊端，给我们以启示。

本研究中的综合素质是基于各种基本素质和学科素质等的综合，主要包括品德发展与公民素养、修习课程与学业成绩、身心健康与艺术素养、创新精神与实践能力等。② 这里的综合素质能够反映学生全面发展情况和个性特长，注重考察学生社会责任感、创新精神和实践能力。③

(3)综合素质评价

综合素质评价的探讨亦古已有之。古希腊教育在人文主义传统形成时期确立了七门学科：语法、修辞、逻辑论辩和算术、几何、天文、音乐，是所谓"自由人的学科"，这为中世纪大学的综合评价奠定了基础。春秋时期的孔子将人的智力划分为上、中、下三类。三国时期的刘邵则根据心理素质与智能素质把人区分为圣贤、豪杰、傲荡、拘栗，并认为"心小志大者圣贤之伦也；心大志大者豪杰之隽也；心大志小者傲荡之类也；心小志小者拘栗之人也"。诸葛亮在《心书·知人篇》中提出了人基本素质测试的方法与手段，即"问之以是非，以观其志；穷之以词解，以观其变；咨之以计谋，以观其识；告之以祸难，以观其勇；醉之以酒，以观其性；临之

---

① 丁念金. 展望中小学课程整体结构的转变[J]. 今日教育, 2015(2)：1.

② 上海市教育委员会. 关于印发《上海市普通高中学生综合素质评价实施办法(试行)》的通知[Z]. 沪教委基〔2015〕30 号.

③ 教育部. 关于加强和改进普通高中学生综合素质评价的意见[Z]. 教基二〔2014〕11 号.

以刑，而观其廉；期之以事，而观其谋"。唐代选拔人才的综合考核标准为："体貌丰伟、言辞辩正、楷法道美、文理优长，四事皆可取，则先德行，德均以才，才均以劳。"①《人物志》中提出"八观""五视"及"接论"的考评方法，在不同情境中考评个体的反应，从而全面评判其人格品质。②前人对综合素质评价的经验总结对当今综合素质评价具有极大的参考价值。

在前人经验的基础上，当代研究也对综合素质评价展开了讨论。如陶西平(1998)将学生素质评价界定为："以学生素质为评价对象进行价值判断的过程。侧重于学生的素质优化与提高，促使学生身心和谐发展的一种评价。依据人的发展和社会发展的实际需要尊重学生的主体性和主动精神，注重开发学生的智力，培养学生的个性特长，提高学生的基本素质。"③王景英(2002)认为"学生综合评价就是对学生思想品德、知识技能、体质、社会适应性以及劳动技能等各个方面的可教育性及实际发展水平进行价值判断，这就是现代教育的学生评价观"。④肖远军(2004)认为，学生综合评价是根据一定的学生质量标准，对学生学习和发展进行系统分析，并做出总的价值判断的过程。⑤

本研究中的综合素质评价是指依据社会发展需求、学校培养目标、综合素质结构(品德发展与公民素养、修习课程与学业成绩、身心健康与艺术素养、创新精神与实践能力)以及评价对象特点，借助多元化的评价方式与方法，对评价对象综合素质发展状况进行动态、全面且系统的收集，基于信息加以评判，分析其存在的问题及原因，寻求应对策略，从而促进评价对象综合素质发展的过程。

---

① 陈磊. 素质教育新论[M]. 武汉：武汉理工大学出版社，2003：209.

② 胡超兵，张大均. 国内外品德测评方法述评与展望[J]. 中国教育学刊，2008(3)：42.

③ 陶西平. 教育评价辞典[Z]. 北京：北京师范大学出版社，1998：330.

④ 王景英. 教育评价理论与实践[M]. 长春：东北师范大学出版社，2002：256.

⑤ 肖远军. 教育评价原理与应用[M]. 杭州：浙江大学出版社，2004：162.

3. 评价机制

评价机制的界定应基于对机制概念的明确把握。因此，研究者在梳理、界定机制概念的基础上，最终界定了本研究中评价机制的概念，从而为本研究的进一步展开提供基础。

（1）机制

机制概念需从其内涵的演变、种类以及与相近概念间的关系进行论述。

①机制内涵的演变

机制（Mechanism）源于希腊文"Mechane"，其概念最早源于自然科学领域（如医学、生物学），如《辞海》对"机制"的定义为："机制，原指机器的构造和工作原理，生物学和医学在研究一种生物的功能（例如光合作用或肌肉收缩）时，常借指其内在工作方式。阐明一种生物功能的机制，意味着人们对其认识已从现象的描述进入到本质的说明。"①《现代汉语词典》中将"机制"界定为"A. 机器的构造和工作原理，如计算机的机制；B. 有机体的构造、功能和相互关系，如动脉硬化的机制；C. 指某些自然现象的物理、化学规律，如优选法中优化对象的机制，也叫机理；D. 泛指一个工作系统的组织或部分之间相互作用的过程和方式：市场机制、竞争机制等"。②

"机制"的概念后来被引入社会科学领域，用以研究社会领域中各类事物和现象间的内在结构、联系和作用，从而为社会科学领域提供了新的理论视角和方法。"如果把社会、经济、文化、教育等多个领域看作一个系统来认识的话，'机制'被用于对这些系统内部循环结构及其相互关系的一种描述。""在社会科学领域中'机制'可以被理解为制度加方法或者制度化了的方法。若将制度理解为人们办事的规则或实现一定目的的约定，则

---

① 夏征农. 辞海（1999 年版缩印本）[Z]. 上海：上海辞书出版社，2002：746.
② 中国社科院语言研究所词典编辑室编. 现代汉语词典[Z]. 北京：商务印书馆，2002：582.

'机制'就可以被理解为人们遵守这些规则和实现某种目的的方法，并且这些方法也是按规则进行的。"①由于"机制"的内涵丰富而且复杂，导致研究者在对其理解上会有较大的差异，概而言之，可以分为三类：A. 构造说："机制是具有一定功能特性的内部构造"②；B. 机构和制度统一体说，即"机制"在"社会科学中使用时可以理解为机构和制度"③；C. 手段、方式、原理说："所谓'机制'，就是社会系统运行的各构成要素相互联系、相互作用的手段、方式及其原理。"④

②机制的种类

机制的种类十分繁杂，根据四种不同的分类标准存在以下八种机制，当然这八种机制间的界限并不是绝对的，也有可能相互包含，相互重叠。

其一，依据机制与制度是否相联系，可将其划分为广义的机制和狭义的机制。狭义的机制是与制度相联系的机制。"机制通常指制度机制，机制是从属于制度的。机制通过制度系统内部组成要素按照一定方式的相互作用实现其特定的功能。制度机制运行规则都是人为设定的，具有强烈的社会性。如竞争机制、市场机制、激励机制等。"⑤广义的机制是不与制度相联系的机制。"在社会生活或政治生活中凡是自发形成一定行为路径的现象，都体现着一定的机制。至于体现什么样的机制，则需要具体地分析。"⑥高中阶段学生综合素质评价机制是与制度相联系的机制，属于狭义机制范畴。

其二，依据机制运行中是否有人为的主观能动性为衡量标准，机制可

① 黄林芳. 教育发展机制论[D]. 上海：复旦大学，2006：37.

② 乔锦忠. 学术生态治理——研究型大学教师激励机制探索[M]. 北京：教育科学出版社，2008：8.

③ 李霞. 建立科学的高等教育长效评价机制[J]. 当代教育科学，2008(23)：29-33.

④ 姚启和等. 教育管理学[M]. 武汉：华中科技大学出版社，2000：101.

⑤ 吴亚东，李钊. 对体系、制度、机制、体制相关概念的辨析与理解[J]. 现代商贸工业，2010(4)：237-238.

⑥ 李景鹏. 论制度与机制[J]. 天津社会科学，2010(3)：49-53.

分为自然机制和社会机制。自然机制一般为自然形成的机制现象，如生理机制、物理机制等。自然机制一般由静态的或相对稳定的部件、器官、组织等要素和动态的作用力、能两大类要素构成。自然机制具有客观性、自然性和自发性。社会机制大多属于人为设计的机制，即按照人们的主观愿望来设置或建立的机制，如经济机制、政治机制、法律机制和组织管理机制等。社会机制的构成要素则基本由主体、客体、制度、体制、原动力等五大要素构成。社会机制既有客观性，也有一定的主观性和人为性。① 高中阶段学生综合素质评价机制是人为设计的机制，属于社会机制范畴。

其三，依据机制发生作用方式的不同，可以将其划分为自我实施的机制和强制实施的机制两类。一般来讲，自我实施是机制运作的较为理想状态，在此情境中，机制的各要素构成之间互相协调和支持，在其实施过程中不需要借助于外力就能运作，并能根据具体情况进行自我调整。强制实施机制的主要机理是指在"游戏"规则中就设定对各种非合理行为的惩罚及弥补措施，一旦发生这些非合理行为就将按照预设条款进行处理。由于现实环境的复杂性，一些问题也会依靠仲裁机构、法院等得到相应处置。当一个机制不能强制执行时，最终结果只能放弃或被重新设定。② 高中阶段学生综合素质评价机制既包括自我实施的机制，也包括强制实施的机制。

其四，在具体的管理实践中，依据不同的设计原理和方法，可以将机制分为防呆机制和纠错机制两种。防呆机制，即"防呆"设计的不出错误的管理办法，也就是让傻瓜都能做对的方法；纠错机制，即"纠错"设计的防范错误造成后果的管理办法，也就是出现错误时可以得到及时提示或警示的方法。这两种方法的共性是通过系统或机构设计来达到管理目的，而不

---

①　郑伦仁. 大学学术权力运行机制研究[D]. 重庆：西南大学，2012：31-32.

②　高焕喜，吴炜峰. 机制、机制形成和我国城乡统筹机制形成[J]. 华东经济管理，2007(9)：62-65.

是通过对人的管束来达到管理目的。① 这是机制与制度的根本区别所在，也是机制的优越性所在。高中阶段学生综合素质评价机制是由若干机制组成的机制集或机制丛，其中既有防呆机制，也有纠错机制。

系统论认为，系统是由若干个要素依据某种结构而形成的相互联系、相互作用的有机整体，其中的各个要素还可以被视为一系列的子系统，这些子系统既可以是具体的物质，亦可以是抽象的或者非物质的软件、组织等。② 各个要素(子系统)对于整个系统的重要作用正在于系统必须依赖各个要素(子系统)才能存在，系统的总目标需要由各子系统的目标达成来实现，而且，同样的要素(子系统)，由于其结构或组合方式不同会形成不同的系统，从而实现不同的目标。高中阶段学生综合素质评价机制作为一个系统或者整体，其目标的达成与功能的体现也需要由若干子系统(子机制)按照科学、合理的方式进行组合后实现。本研究需要解决的主要问题就是高中阶段学生综合素质评价机制的创建问题。

机制是指制约系统运行的一种规范化、制度化的程式。机制在任何系统中都扮演着不可或缺的角色：首先，机制可以被视为经过实践检验证明有效的且较为固定的方式、方法，客观存在且相对稳定；其次，机制内含制度因素，在一定程度上规定了相关人员必须遵守；第三，机制的形成是对各种有效方式和方法的总结和提炼，机制一旦形成就会体现为自动化、理论化，从而更好地指导实践；第四，机制功能的体现需要依靠多种方式、方法，甚至可能需要形成"机制集"或"机制丛"。如运行操作机制的建立，还需要相应的激励机制、动力机制和监督调控等共同保障该项工作的顺利落实。高中阶段学生综合素质评价实施至今已经经过实践检验，且已经形成了某种固定的方式、方法；高中阶段学生综合素质评价改革政策的实施是在教育部、各省(市、自治区)、学校三级教育管理体制下，由上而

---

① 刘承元. 制度迷信与机制缺失[J]. 企业管理，2008(2)：64-65.

② 高志亮，李忠良. 系统工程方法论[M]. 西安：西北工业大学出版社，2004：13.

下进行推动的制度；高中阶段学生综合素质评价若想顺利实施，必须按照某种有效的方式和方法，并最终成为自动化、理论化的机制；高中阶段学生综合素质评价机制的构成必然由一套"机制丛"相互支持，共同保障学生综合素质评价的实施与目标的达成。

③机制相关概念辨析

机制是一个较为复杂的概念，它与制度、体制的关系非常密切。因此，在本研究中探讨机制概念的同时，十分有必要明确机制、制度、体制三者之间的关系。

《现代汉语词典》对"制度"的解释分为两层含义，其一是指要求大家共同遵守的办事规程或行动准则，如工作制度等；其二是指在一定的历史条件下形成的政治、经济、文化等方面的体系，如社会制度等。① 本文所指的"制度"属于第二层含义，即在一定的历史、文化背景条件下形成的规范化、系统化和定型化的社会关系体系。在诸多社会关系中最为基本的要属经济关系、政治关系和思想关系。

"体"原指人的身体，后延伸为某种事物的存在形式，诸如物体、字体、文体等。"制"在此专指"式样"。《现代汉语词典》对"体制"的解释为：A. 国家机关、企业、事业单位等的组织制度，如教育体制；B. 文体的格局、体裁等。② 本研究将体制理解为社会活动的组织体系和结构形式，包括特定社会活动的组织结构、权责划分、运行方式和管理规定等。③

本研究中机制的内涵是指制约系统运行的一种规范化、制度化的程式。可从以下三方面进行把握：其一，事物各要素的联系，即结构；其二，事物在遵循规律运动过程中所发挥的作用、效果，即功能；其三，发

① 中国社会科学院语言所. 现代汉语词典［Z］. 北京：商务印书馆，2005：1509.

② 中国社会科学院语言所. 现代汉语词典［Z］. 北京：商务印书馆，2005：1001.

③ 赵理文. 制度、体制、机制的区分及其对改革开放的方法论意义［J］. 中共中央党校学报，2009（5）：17-21.

挥功能的作用过程与作用原理。概而言之，机制即为"带规律性的模式"。① 理解"机制"概念，务必要把握两点：其一，事物各个部分的存在是机制存在的必要前提；其二，事物各部分之间的关系务必遵循一种具体的运作方式。

制度、体制与机制分别属于社会有机体结构的不同层面，有其独特的规定、特点和功能定位，发挥着不同的功效。一般而言，制度属于社会体系的宏观、基础层面，主要体现为社会结构，如原始社会、封建社会、资本主义社会、社会主义社会等都属于制度范畴；体制则属于社会体系的中观层面，主要体现为社会形式，如国有制、私有制等属于体制范畴；机制属于社会的微观层面，主要体现为社会的运行，如我国隋唐时期的科举制度如何运作、如何发挥作用就属于机制范畴(详见图 1-1)。

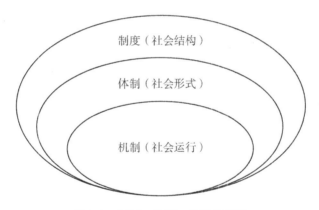

图 1-1　制度、体制、机制关系图

制度一般具有相对的稳定性，而体制、机制与制度相比具有易变性。主要体现为社会制度一旦得以确立，会在一定历史条件下贯穿始终，如果其质的规定性发生根本性变化，那么这一社会制度则宣布中止。如我国封建社会制度历经数千年，虽然在这一过程中存在朝代和君王的更替，但其

———————————
① 黄林芳. 教育发展机制论[D]. 上海：复旦大学，2006：38.

地主或领主占有土地并剥削农民或农奴的基本社会关系没有改变，直到 1911 年辛亥革命爆发封建专制制度才被推翻。而体制与机制不同，它们会随着生产力的发展和社会历史条件的变化而产生顺应这一生产力与社会历史条件的变化。制度、体制、机制三者关系中，制度决定体制，并以体制的形式体现；同时，体制又受制于制度，并在制度的实施和完善过程中起到举足轻重的作用。体制与制度之间的关系不是本研究的重点所在，因此不做详细论述。

机制离不开制度和体制的同时，又有助于制度与体制的运行和实现。机制嵌入在制度和体制当中，它总是以某种形式或方式与某种制度和体制融合在一起，自然而然也就受制于它们。机制与制度、体制的关系较为复杂，主要体现在同样的机制，在不同的社会制度和体制下，其运行过程和表现方式也会完全不一样；另外，任何制度和体制，都必须通过一种科学、有效的机制才能正常运行和发挥其既有的功能，主要原因在于无论何种制度和体制都由诸多要素构成，要素在没有以一种方式联系起来之前，就不可能发挥作用，而使要素之间以一定的方式联系起来，并催化要素之间的相互作用，形成具有某种作用的整体，这些必须要靠机制。在现实社会中，制度或体制若想发挥特定的功能，往往需要构建很多机制共同发挥功效，从而形成诸多"机制丛"。机制的形成需要若干要素的相互联系和相互作用。唯有如此，制度和体制才能在机制的推动下实现具体化、细化和现实化，才能够具有可操作性，从而落到实处。① 如果我们将某一社会系统的制度形象地比喻为这一系统的框架结构的话，体制可以视为框架的具体形式，而机制则是助推这一框架形式有效运行的助推器或润滑油，无论如何完美的制度和体制必须要有相对应的机制作为保障，以使这一制度和体制能够达到预期的功效，实现既定的目标。

---

① 赵理文. 制度、体制、机制的区分及其对改革开放的方法论意义[J]. 中共中央党校学报，2009(5)：17-21.

（2）评价机制

"评价"是评定价值的简称。在英语中，"Evaluate"（评价）从词源学上的含义亦为引出和阐发价值之意。由此，本质上说评价是一种价值判断的活动，它是对客体满足主体需要程度的判断。① 根据本研究中机制内涵的理解和研究目的，研究者将评价机制界定为在评价过程中，评价系统内部诸要素的结构、功能及其内在机理的组织、运作过程与方式。

4. 高中阶段学生综合素质评价机制

高中阶段学生综合素质评价机制的内涵与外延十分丰富，本研究中将高中阶段学生综合素质评价机制的理论内涵理解为高中阶段学生综合素质评价系统内部诸要素的结构、功能及其内在机理的组织、运作过程与方式，具体包括组织管理、指导培训、运行操作和监督调控四个方面。

三、文献综述

国内外对于学生评价的研究已有很长的历史，也形成了很多经典的学生评价机制，如我国的察举制、九品中正制；西方的文官制度、比奈智力测验等。然而，随着时代与科技的发展，传统的学生评价机制已不能适应时代的需要，许多国内外的学者开始探索学生评价的新理念和新方法，如国外众多学者认为学生评价的目标在于体现学生后继学习能力的可发展程度。而关于学生综合素质评价机制的研究，在20世纪上半叶就已出现，例如在美国著名的"八年研究"中就有综合素质评价机制的相关研究，如"泰勒原理"。进入21世纪之后，这个领域在中国开始被重视，近年来，这个领域受到广泛关注。

通过对文献的初步检索，研究者发现西方国家的理论研究与实践中尚

---

① 陈玉琨. 教育评价学[M]. 北京：人民教育出版社，1998：7.

无与"综合素质评价"直接对应的概念，但其实践中的"真实性评价""表现性评价"所秉承的理念与综合素质评价基本一致。研究者于 2022 年 3 月 15 日，通过 EBSCO 教育专题库进行检索，在检索字段输入主题词(TI 标题)所获有关的文章中，部分文章有全文，而有些文章仅有简短的摘要(详见表1-1)。

表 1-1 EBSCO 数据库资料

主题关键词	文章数
authentic assessment	1687
authentic assessment & high school students	113
authentic assessment & mechanism	6
authentic assessment & high school students & mechanism	0
performance assessment	2657
performance assessment & high school students	15
performanceassessment & high school students & mechanism	0

研究者于 2022 年 3 月 15 日，通过中国知网(CNKI)进行检索(详见表1-2)。

表 1-2 中国知网(CNKI)数据库资料

主题关键词	文章数
综合素质评价	6644
综合素质评价和高中	1924
综合素质和评价机制	430

通过对检索到的中文文献进行统计分析发现，关于"综合素质评价"的相关研究伴随着新世纪的到来呈现逐年递增的趋势(详见图1-2)。

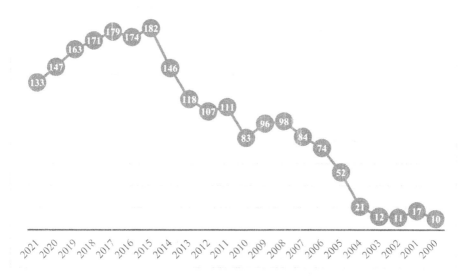

图 1-2　2000—2021"综合素质评价"文献统计图

　　这一现象，与 1999 年 6 月国务院颁布的《中共中央国务院关于深化教育改革全面推进素质教育的决定》(中发〔1999〕9 号)提出"高考科目设置和内容的改革应进一步突出对能力和综合素质的考查"；2001 年 5 月，国务院颁布的《国务院关于基础教育改革与发展的决定》(国发〔2001〕21 号)提出"加强对学生能力和素质的考查，改革高等学校招生考试内容，探索多次机会、双向选择、综合评价的考试、选拔方式，推进高等学校招生考试和选拔制度改革"；2001 年 6 月，《基础教育课程改革纲要(试行)》提出"加强对学生能力和素质的考查，改革高等学校招生考试内容，探索多次机会、双向选择、综合评价的考试、选拔方式，推进高等学校招生考试和选拔制度改革"这三个政策文本提出的"综合素质评价"的基本要求有关，也揭开了"综合素质评价"研究的序幕。

　　通过对文献类型的统计发现，学位论文共 180 篇，其中硕士学位论文 175 篇，博士学位论文 5 篇，报纸 159 篇，期刊论文 1020 篇(详见图 1-3)。可见，关于"综合素质评价"的研究已经受到理论研究者和实践工作者的广泛关注，但从学位论文角度来审视，研究者认为已有研究尚缺乏关于"综合素质评价"的系统研究。

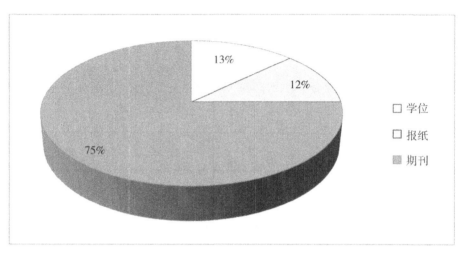

图 1-3　文献类型统计图

通过对国内研究者发文篇数的统计发现，发表 3 篇以上论文的作者有 39 人；10 篇以上论文的作者有 3 人(详见表 1-3)。可见，有较多研究者对"综合素质评价"展开研究，并且研究成果相对较为集中。

表 1-3　国内研究者发文篇数统计表

作者	篇数	作者	篇数
陈华喜	12	柯　政	4
黄会明	11	岳晓鹏	3
罗祖兵	10	姜明明	3
靳玉乐	7	夏　洁	3
陈　宁	7	王小勇	3
王　芳	7	许庆兵	3

续表

作者	篇数	作者	篇数
沈启正	6	边玉芳	3
魏丽华	6	吴中伦	3
刘 坚	6	高凌飚	3
金付栓	6	马 丹	3
杜文平	5	李万锦	3
卢钰松	5	何 毅	3
邢利红	5	孙晓玲	3
程志龙	5	杨 明	3
赵 匀	5	黄殿臣	3
陈晓红	4	曹秀堂	3
肖春梅	4	王 宁	3
王永斌	4	罗晓芳	3
严小明	4	李健艺	3
刘 毅	4		

通过对国内研究机构发文篇数的统计发现，发表 4 篇以上论文的国内研究机构有 40 个；发表 10 篇以上论文的国内研究机构有 8 个(详见表1-4)。

表 1-4　国内研究机构发文篇数统计表

研究机构	篇数
西南大学	18
华东师范大学	15
蚌埠学院	14
华中师范大学	13

续表

研究机构	篇数
华北电力大学	12
浙江机电职业技术学院	11
北京师范大学	11
北京教育科学研究院基础教育科学研究所	10
电子科技大学	9
天津大学	8
国防科学技术大学	7
河池学院	7
济南大学	6
福建师范大学	6
中国石油大学(华东)	6
华南师范大学	6
浙江理工大学	6
安徽师范大学	6
河北师范大学	6
北京教育科学研究院	6
北京市延庆区教育科学研究中心	6
浙江省教育厅	6
南通大学	5
贵州师范大学	5
湖南交通工程职业技术学院	5
长春市第五十二中学	5
山东师范大学	5
浙江工业大学	5
黎明职业大学	5
河南大学	5
上海师范大学	4

续表

研究机构	篇数
滁州职业技术学院	4
江苏省海安高级中学	4
空军工程大学	4
辽宁师范大学	4
陕西师范大学	4
厦门大学	4
天津职业大学	4
扬州大学	4
赣南师范学院	4

通过对国内研究机构类型发文篇数的统计发现，师范类高校是"综合素质评价"研究的主力军，占所有机构的91%；综合型高校占7%；科研院所和中学各占1%(详见图1-4)。这一分布与高校的学科分类布局有必然联系，师范类高校一般皆以教育学为优势学科，而"综合素质评价"是教育学学科的主要研究领域。

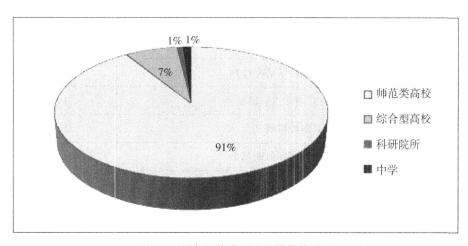

图1-4 研究机构类型发文篇数统计图

通过对接受不同类型基金项目资助发文篇数的统计发现，国家级基金项目所获成果居多，占总数的53%；省级基金项所获成果占47%（详见表1-5，图1-5）。国家、各省市都十分重视"综合素质评价"研究，国家和各省市投入了大量的人力、物力，并已形成了一系列的研究成果。

表1-5 不同类型基金项目资助发文篇数统计表

作 者	篇数
国家自然科学基金	11
国家社会科学基金	6
浙江省教委科研基金	4
全国教育科学规划	4
江苏省教育厅人文社会科学研究基金	3
霍英东教育基金	3
福建省教委科研基金	2
中国博士后科学基金	2
跨世纪优秀人才培养计划	2
陕西省教委基金	2
安徽省自然科学基金	1
河南省软科学研究计划	1
四川省教委重点科研基金	1
宁夏高校科研基金	1
安徽省教育厅科研基金	1
河南省科技攻关计划	1
江苏省青蓝工程基金	1
江苏省普通高校自然科学研究计划项目	1

作　　者	篇数
湖北省教委科研基金	1
海南省自然科学基金	1
江西省自然科学基金	1
甘肃省教委科研基金	1
山西省归国留学人员科研基金	1
福建省科委基金	1
山东省软科学研究计划	1
国家重点基础研究发展计划(973计划)	1

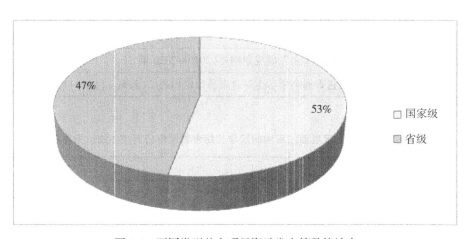

图 1-5　不同类型基金项目资助发文篇数统计表

　　研究者在系统梳理自 1999 年至今国家层面(详见表 1-6)与省、市、自治区层面(详见表 1-7)关于"高中阶段学生综合素质评价"的重要文献。这些对政策文本的收集、梳理旨在了解政府在启动、推进高中阶段学生综合素质评价改革过程中颁布了哪些文件,推行了哪些举措,提供了哪些保障和支撑。

表 1-6 国家层面主要"决定""意见"①

部门	文 件
国务院	关于深化教育改革全面推进素质教育的决定(中发〔1999〕9 号)
国务院	关于基础教育改革与发展的决定(国发〔2001〕21 号)
国务院	关于深化考试招生制度改革的实施意见(国发〔2014〕35 号)
国务院	《国家职业教育改革实施方案》(国发〔2019〕4 号)
教育部	关于印发基础教育课程改革纲要(试行)的通知(教基〔2001〕17 号)
教育部	关于积极推进中小学评价与考试制度改革的通知(教基〔2002〕26 号)
教育部	国家基础教育课程改革实验区 2004 年初中毕业考试与普通高中招生制度改革的指导意见(教基〔2004〕2 号)
教育部	关于基础教育课程改革实验区初中毕业考试与普通高中招生制度改革的指导意见(教基〔2005〕2 号)
教育部	关于进一步加强普通高中新课程实验工作的指导意见(教基〔2005〕6 号)
教育部	教育部关于普通高中新课程省份深化高校招生考试改革的指导意见(教学〔2008〕4 号)
教育部	国家中长期教育改革和发展规划纲要(2010—2020 年)
教育部	关于加强和改进普通高中学生综合素质评价的意见(教基二〔2014〕11 号)

表 1-7 省、市、自治区层面的高中阶段学生综合素质评价实施办法、指导意见②

行政区	文 件
上海	上海市普通高中学生综合素质评价实施办法(试行);上海市中等职业学校学生综合素质评价实施办法
浙江	浙江省普通高中学生综合素质评价实施指导意见
北京	北京市普通高中学生综合素质评价方案(试行)修订版
广东	广东省普通高中学生综合素质评价方案(试行)

① 研究者通过对 1999—2015 年在国家层面与高中阶段学生综合素质评价直接相关的政策文本进行了选择和梳理的基础上获得。

② 研究者通过对全国所有行政区包括台湾、香港、澳门地区进行了网上检索,最终获得 30 个省、自治区、直辖市的普通高中学生综合素质评价实施办法、方案、指导意见。

续表

行政区	文　　件
安徽	安徽省普通高中学生综合素质评价方案(试行)
福建	福建省普通高中学生综合素质评价实施指导意见(试行)；福建省中等职业学校学生综合素质评价实施办法
甘肃	甘肃省普通高中学生综合素质评价实施指导意见(试行)
广西	广西壮族自治区普通高中新课程学生综合素质评价实施方案(试行)
贵州	贵州省普通高中课程改革实验学生综合素质评价方案(试行)
海南	海南省普通高中课程改革实验学生综合素质评价方案(试行)
河北	河北省普通高中学生综合素质评价方案(试行)
河南	河南省普通高中学生综合素质评价指导意见(试行)
黑龙江	黑龙江省普通高中学生综合素质评价方案(试行)
湖北	湖北省普通高中综合素质评价实施意见(试行)
湖南	湖南省普通高中学生综合素质评价实施意见(暂行)
吉林	吉林省普通高中学生综合素质评价工作指导意见(试行)
江苏	江苏省普通高中学生综合素质评价方案(试行)
江西	江西省普通高中学生综合素质评价实施方案(试行)
辽宁	辽宁省普通高中学生综合素质评价方案
宁夏	宁夏回族自治区普通高中学生综合素质评价实施办法(试用)
青海	青海省普通高中学生综合素质评价方案
山东	山东省普通高中学生基础素养评价方案(试行)；山东省中等职业学校学生综合素质评价实施办法
山西	山西省普通高中学生基础素养评价方案(试行)
陕西	陕西省普通高中学生综合素质评价实施方案(试行)
四川	四川省普通高中学生综合素质评价方案(试行)
天津	天津市普通高中学生综合素质评价方案
新疆	新疆维吾尔自治区、新疆生产建设兵团普通高中学生综合素质评价指导意见
云南	云南省普通高中学生综合素质评价方案
重庆	重庆市普通普通高中综合素质评价实施方案
内蒙古	内蒙古自治区普通高中学生综合素质评价实施办法(试用)

研究者根据本研究主题，从研究的发展历程、研究的主要具体问题、研究成果和启示、研究上存在的薄弱点以及研究的发展趋势五个方面进行了梳理。

(一) 研究的发展历程

通过对国内外学生综合素质评价机制相关研究的历史梳理发现，虽然对学生综合素质评价研究开始的时间先后有所差异，但它们都经历了相似的历史发展阶段。通过归纳与总结，我们将已有研究大致分为三个时期。

1. 前期酝酿

该时期国外类似于学生综合素质评价的学生评价研究源自拉尔夫·泰勒(R. W. Tyler) 所主持的"八年研究"。泰勒提出评价的本质是"描述"(Description)，即描述教育结果与教育目标相一致的程度。① 泰勒通过对"八年研究"进行总结归纳提出了著名的"泰勒原理"，即确定教育目标——选择教育经验——组织教育经验——评价教育计划的课程开发模式。② 虽然"泰勒原理"仅仅是一个课程开发模式，但其对当时的学生评价亦产生了深远的影响，而当时的学生评价机制也多是在"泰勒原理"的基础上发展起来的，布鲁姆的教育目标分类学正是这一评价机制理念的充分体现。

1999 年 6 月，国务院颁布《中共中央国务院关于深化教育改革全面推进素质教育的决定》(中发〔1999〕9 号)，提出"高考科目设置和内容的改革应进一步突出对能力和综合素质的考查"。自该《决定》颁布并提出学生综合素质概念之后，研究者们开始对学生综合素质的基本内涵展开初步的理论研究，并涉及评价机制的探讨，如班华(1999)论述了作为综合素质评价

① Tyler, R. W. The Five Most Significant Curriculum Events in the Twentieth Century[J]. *Educational Leadership*, December 1986/January, 1987: 70-75.

② Tyler, R. W. *Basic Principles of Curriculum and Instruction* [M]. University of Chicago Press, 1969: 68-98.

重要主体之一的班主任在学生综合素质发展过程中的特殊作用①；"山东省中小学学生素质发展目标研究"课题组对山东省中小学学生素质发展目标展开了论述。②

本阶段学生综合素质评价研究尚未全面展开，但是在个别研究中已有所体现，学生综合素质评价机制的相关研究更是少之又少，因此，研究者称其为综合素质评价机制的前期酝酿阶段。

2. 全面展开

20 世纪 70 年代后期，在总结前人对"泰勒原理"的根本性批判和全面反思的基础上，古巴和林肯两位学者对前三代评价进行了批判与总结后发现，管理主义倾向、科学主义等评价机制完全忽视了价值主体的多元性，过分依赖科学范式，早已不适应学习者的发展，他们提出了"第四代评价"理念。在"第四代评价"理念指导下的学生评价机制中，评价主体与评价对象间是相互协商、建构的过程，评价的方法一般以质性评价方法为主，诸如"档案袋评价""苏格拉底研讨式评价""教育鉴赏与教育批评"等。在这一时期，国外研究者对类似于综合素质评价的学生评价展开了全面深入的研究，其中最著名的要属"替代性评价"，该类评价研究中非常有代表性的有"直接性评价"（Direct Assessment）、"表现性评价"（Performance Assessment）、"真实性评价"（Authentic Assessment）、"档案袋评价"（Portfolio Assessment）、"动态性评价"（Dynamic Assessment）。"替代性评价"的评价方式与手段大多以观察、记录、实践操作、合作交流、实验、表演、演讲等多种质性的方法，从教室到家庭再到社会生活中收集、获取信息；通过言语、数理逻辑、视觉空间、身体动作、音乐、人际和自我等多种智力活动来显示出学生各方面的信息，"替代性评价"的相关研究丰富了学生综合

---

① 班华. 班主任在促进学生素质发展中的特殊地位、作用和操作系统[J]. 教育理论与实践，1999(10)：10-15.

② "山东省中小学学生素质发展目标研究"课题组. 山东省中小学学生素质发展目标[J]. 山东教育科研，1999(6)：3-5.

素质评价机制的理论体系。

2001 年 5 月，国务院颁布《国务院关于基础教育改革与发展的决定》（国发〔2001〕21 号），提出"加强对学生能力和素质的考查，改革高等学校招生考试内容，探索多次机会、双向选择、综合评价的考试、选拔方式，推进高等学校招生考试和选拔制度改革"。2001 年 6 月，《基础教育课程改革纲要（试行）》提出"加强对学生能力和素质的考查，改革高等学校招生考试内容，探索多次机会、双向选择、综合评价的考试、选拔方式，推进高等学校招生考试和选拔制度改革"。尤其是 2005 年 1 月，《国家基础教育课程改革实验区 2004 年初中毕业考试与高中阶段招生制度改革的指导意见》颁布并第一次提出"综合素质评价"概念，将高中阶段综合素质评价界定为"通过描述学生在校期间的学习行为和表现状况、社会公益活动、综合实践活动情况和日常表现，从德、智、体、美、劳等方面对学生的素质进行全面、客观、公正的评价，真实反映高中阶段学生的素质发展状况，作为衡量学生是否达到毕业要求的重要依据，并为高等学校择优录取学生提供重要参考"。国内研究者对学生综合素质评价展开了全面、深入的研究与讨论，该阶段学生综合素质评价机制的相关研究主要包括学生综合素质评价原则、评价主体的构成及选择、评价方式的运用等，这些研究都与评价机制直接相关。

该阶段学生综合素质评价机制相关研究从量上达到了峰值，越来越多的研究者参与到了这一主题的研究中来，但已有研究很少有意识地将综合素质评价原则、评价主体的构成及选择、评价方式的运用、评价的组织与实施等评价机制相关问题整合在一起，并将其作为一个体系或视为"评价机制"进行探讨，尚未意识到学生综合素质评价理论研究尤其是实践操作过程中存在的诸多问题与评价机制研究的缺失相关。

3. 实践反思

随着"替代性评价"的广泛研究与实践，国外研究者也开始对"替代性评价"在实践操中存在的问题进行了反思，其中包括谁来评、为谁评、如何评等评价机制的根本性问题，也包括在实践操作过程中与评价机制相关的研究，如在开展"真实性评价""表现性评价"过程中的信、效度保障问题，关于"真实性评价"的评价过程与结果的"真实性"问题等，这些都是"替代性评价"评价机制所难以避免的关键问题。2013 年底，我国教育部确定了 30 个地区作为国家中小学教育质量综合评价改革实验区，并将上海、浙江两地作为先行试点地区。随着改革步伐在实验区的逐步推进，综合素质评价改革和运行中存在的诸多问题也开始慢慢地呈现在理论研究者与实践工作者面前，与此同时，上海、浙江两个试点地区改革中存在的问题也受到了政策制定者、理论研究者以及实践工作者的广泛关注。这一时期的理论研究主要聚焦在对实践的反思，其中也包含了大量关于学生综合素质评价机制的相关研究成果，主要包括学生综合素质评价结果呈现形式的研究、学生综合素质评价的结果使用的研究、学生综合素质评价实践中出现问题的研究。该阶段研究者开始逐步意识到学生综合素质评价在理论研究和实践探索过程中存在的诸多问题与缺乏科学合理的评价机制直接或间接相关，并展开了初步的研究。

(二) 研究的主要具体问题

在分析学生综合素质评价机制研究发展历程基础上，研究者梳理了已有与评价机制直接或间接相关的具体研究问题，并从学生综合素质评价原则、评价主体、内容与评价指标体系、评价方式、评价结果呈现形式问题、评价的结果使用问题、评价实践中出现问题的研究七个方面对国内外学生综合素质评价机制的相关研究进行了归纳。

1. 关于学生综合素质评价原则的研究

国外关于学生综合素质评价原则的研究以学习者为中心的评估原则为代表。以学习者为中心的评估原则源于 1993 年美国心理学会提出的一份《心理学在教育学上的应用》报告书。报告书中确立了以学习者为中心的教育模式具有的十二条基本原则。以学习者为中心的评估原则就是对这十二条心理学原理进行推论产生的。十二条基本原则如下所述：（1）针对学生的任何教育评估的根本目的，都在于促进学生进行有意义地学习；（2）评估应该能够激发学生的学习动机，获得他们对该评估活动和情景的认同，引发学生表现出自己的真实水平；（3）评估应该给学生提供一个正确可信的结果，这个结果要能够让学生对自己在各种课程上的能力和成就有清楚的认识；（4）要在课堂上对学生进行连续的评估，这样才能获得有关学生个人发展的纵向资料；（5）要使学生能够顺利获得考试所要求掌握的知识、学习策略和具备的能力，就应该在日常教学活动中有所体现，并获得相应的训练；（6）评估应该在真实环境中进行，并且要求学生完成的是对于他们有意义的任务，这些任务要和课堂上给他们提供的指导和训练保持一致；（7）评估应该是公平的，不论学生以前学习成绩的高低、性别、种族、语言和文化背景是怎样的，评估对他们都应该是平等的；（8）评估的内容不仅包括学生的认知能力、学习策略和知识，还包括学生的学习动机、态度和情感反应；（9）评估应该包括成果展示、学习档案和实际表现，这样才能够表现出学生在各门科目上的真实水平；（10）应该将评估活动的参与者吸收到评估系统及其标准的制定过程中来，让学生、家长、教师和教育部门的管理者一起参与评估政策的制定过程，这样才能保证评估活动的参与者对评估的认同和积极的参与；（11）应该给评估活动的参与者提供及时、清楚、易懂的反馈结果；（12）所有的评估活动都应该保证时间上的连续性，要在一段时间内给评估活动的参与者与评估结果的使用者提供有关个体发展的纵向信息。① 此外，Alexander W. Astin（2003）提出要科学地对学生的学习能力进行评估，并提出了在实践中应遵循的原则。②

　　国内也有部分学者对学生综合素质评价原则进行了探讨，王章峰认为，学生综合素质评价是一种全面呈现学生状态的评价，是促进学生自我

----

　　①　[美]玛丽埃伦·韦默. 以学习者为中心的教学——给教学实践带来的五项关键变化[M]. 洪岗，译. 杭州：浙江大学出版社，2006：56.

　　②　Alexander, W. Astin. On the Dynamics of Quality Student Enrollment at Institutions of Higher Education[J]. *Economies of Education Review*, 2003(12)：481-489.

认识、自我反省、自我纠正的评价。因此在评价的过程中应该坚持正确导向原则、全面性原则以及发展性原则。① 文章指出在所有评价原则中发展性原则是综合素质评价中最重要的原则，评价不仅要关心学生的现实表现，更要注重学生的未来发展，使学生在原有水平上得以发展。

符太胜，谢章莲提出学生综合素质评价应该遵循发展性原则、主体性原则、导向性原则、差异性原则、操作性原则。② 综合素质评价在开展的过程中有可能出现异化的现象，因此在实际操作过程中更应该坚持遵循评价的相关原则，使评价过程更为科学合理。

卫作辉，王建春提出了在学生综合素质评价中应该坚持综合性原则、科学性原则、激励性原则和导向性原则。人的综合素质是各个方面素质的综合体现，在评价过程中激励学生，发掘学生身上的闪光点，以评价为导向，通过评价促进学生全面发展。③

除上述原则外，有学者提出在学生综合素质评价中要考虑评价是一个动态的过程，坚持动态化原则，关注学生个性发展，使评价贯穿于整个教育过程中④；依据学生个体间的差异性，有学者提出评价时要坚持差异公平的原则，既要重视共性又兼顾个性，充分发挥学生作为评价主体的作用⑤；还有学者提出了参与性原则，使多方共同参与学生综合素质评价，就是多主体参与评价，使评价主体多元化，激发评价主体的积极性，营造和谐的评价环境，获得全面的评价信息。⑥

---

① 王章峰. 对综合素质评价的思考[J]. 教育教学研究，2010(10)：120-121.

② 符太胜，谢章莲. 高考改革中综合素质评价的两难困境与政策建议[J]. 教育理论与实践，2011(2)：71-74.

③ 卫作辉，王建春. 普通高中学生综合素质评价的探索与实践[J]. 教育导刊，2010(5)：60-63.

④ 王敏勤. 高中学生综合素质评价的虚化现象及对策研究[J]. 上海教育科研，2009(10)：36-37.

⑤ 罗祖兵，吴绍萍. 高中综合素质评价统一性的问题及其对策[J]. 教育科学，2011(4)：39-42.

⑥ 项纯. 在探索和反思中推进综合素质评价[J]. 考试研究，2012(1)：79-84.

2. 关于学生综合素质评价主体的研究

国外学者对学生综合素质发展评价主体的研究较多，其中较为典型的有关于教师评价素质的研究，如帕泰尔诺（Paterno，J.，2001）认为教师作为评价主体所应具备的评价素质是指拥有关于合理的评价实践的基本原理的知识，包括术语、评价方法、技术的开发和运用，熟悉评价质量标准，熟悉不同于传统的学习测量的另类方法。① 美国《教育目标 2000》中就曾经明确规定，所有学校都要加强与家长、社会的合作，使家长更多地关注青少年儿童在社会、情感意识和学业方面的成长与进步。② 此外，还有学者对家长作为评价主体展开了研究，如教育学者 A. C. Henderson（1997）在其著作《形势不断表明：家长的参与能够提高学生的成绩》中列举了她所进行过的 50 项研究，她指出那些参与学校日常工作，参与评价的家长的子女在评价中的表现要优于有着相同家庭背景但其家长未参与的学生的表现，尤其是对于后进生而言，家长的参与起着巨大的推动作用。③ 美国学校管理协会（American Association of School Administrators）也发表了题为《家长帮助孩子提高成绩的 101 种方式》的小册子，鼓励校长、教师以及家长之间展开紧密合作，共同为学生的发展出力。豪普克斯（Gary Hopkins）在美国教育世界（Education World）网站将书中所提出的 101 种方式做了归类与说明，他特别提及了其中的 13 种：（1）学习始于家庭；（2）指导孩子更好的利用报纸进行学习；（3）让家庭时间变成一种学习时间；（4）让孩子为学习作好充分准备；（5）帮助孩子建立自信；（6）帮助孩子提高学业成绩；（7）与学校紧密联系；（8）提升家庭的价值观；（9）保持来自同伴的适当压力；

① Paterno, J. (2001). Measuring Success：A Glossary of Assessment Terms［EB/OL］. http://www.angelfire.comlwa2/buildingcathedrals/measringeucess.html.

② 马云荣、王建平. 美国家长参与学校教育研究动态综述［J］. 外国教育研究，2004（1）：39.

③ 王凯. 美国基础教育学生评价新进展述评［J］. 外国教育研究，2005（5）：28-31.

(10)为未来的工作做准备；（11）保证孩子的身心健康；（12）给予孩子各种求助的信息源；（13）把学习变为全家人关注的一件事情。①

国内研究主要集中在评价主体的组成方面。学者蔡敏认为，为了使学生综合素质评价的过程与结果具有全面性和有效性，应坚持多元主体参与学生评价，包括教师评价（科任老师和班主任）、同伴评价、自我评价、家长评价和社区评价。可以成立学生综合素质评价领导小组，负责组织工作。通过评价过程中的群体协商，增进不同评价主体间的沟通与了解，促进评价结果的交流与使用。② 赵学勤（2010）认为对学生的综合素质进行评价要始终坚持以学生自我评价为主，而学生自我评价的关键是制定学生人生发展目标，自我评价应该贯穿于形成性评价和终结性评价两部分之中。同时他人评价也不能忽视，主要包括同学、教师、家长、社会有关部门。③ 罗祖兵（2011）提出进行高中综合素质评价应该借鉴国外的做法，采用第三方评价机构的模式，以确保评价的客观和公正。他们认为综合素质评价"要么是由第三方机构来评定，要么是由第三方机构来监督学校的综合素质评定工作"。④ 还有研究者对某一主体在学生素质发展过程中的地位和作用展开了论述，如班华（1999）认为班主任在促进学生素质发展中具有特殊的地位、作用，是素质教育得以实施的特殊操作系统。⑤

传统的学生评价大部分都以教师作为主体，学生往往是被评价的对象。当前，尽管不同学者对学生综合素质评价的主体的阐述存在差异，但大多数研究者认为学生综合素质评价应坚持多元主体共同参与，只有如此

---

① Hopkins, G. 101 Ways Parents Can Help Students Achieve[EB/OL]. http://www. education-world.com/programmes.shtml, 1997-08-08/2004-04-05.

② 蔡敏. 高中学生综合素质评价：现状、问题与对策[J]. 教育科学, 2011(1): 67-71.

③ 赵学勤. 建立促进发展的高中学生综合素质评价机制[J]. 教育科学研究, 2010(12): 33-36.

④ 罗祖兵. 普通高中综合素质评价的隐忧[J]. 教学与管理, 2011(16): 6-8.

⑤ 班华. 班主任在促进学生素质发展中的特殊地位、作用和操作系统[J]. 教育理论与实践, 1999(10): 10-15.

才能更好地推进学生综合素质评价，进而有效地促进学生综合素质发展。

3. 关于学生综合素质评价内容与评价指标体系的研究

关于学生综合素质评价内容及评价指标体系的研究，国外专家着重探讨了综合素质相应的构成。如 Russell F. Waugh（2003）、Waugh（2001）、KoliJatic 和 Kuh（2001）①等学者，分别就学生综合素质可能包含的方面，如艺术、科学、写作和职业、努力和经验，积极学习、教员与学生互动等方面进行分析；同时国外相关研究大多以实证为主，并综合运用多种研究方法及技术，如 A. M. Daleney（2001）、Russell F. Waugh（2001）、Dvid Mayer-Foulkes（2002）②等通过因子分析或项目反应理论对学生综合素质评价量表可靠性及指标对学生综合素质因素影响显著性进行分析，甚至还通过建立动态学生综合素质模型支持择优的标准。此外，也有学者对美国高中学生评价体系做了调查研究，如美国北部中心区教育实验室（North Central Regional Educational Laboratory，简称 NCREL）的教育学者科洛米（A. Cromey）和汉森（M. Hanson）于 2014 年分别从 9 个地区选取了 9 所公立学校，对各校的校本学生评价体系进行了调查和研究。这 9 所学校中，小学 5 所，初中 3 所，高中 1 所。科洛米和汉森先后进行了 46 次访谈，访谈对象包括普通任课教师、双语教师、资深教师、学校校长、地区课程与评价协调员、学区主管，其调查结果汇总为《校本学生评价探悉》（An Exploratory Analysis of School-Based Student Assessment Systems）。报告中两位学者根据对 9 所学校的访谈内容以及收集的学校相关文档，按照评价内容、评价作用、参照标准、评价过程、专业发展以及附加注释，对州的建议这 7 个变量梳理和分析了每所学校的校本学生评价情况，并把这 9 所学

①　Russell F. Waugh. The Design and Evaluation of Educational Assessment and Accountability Systems[S]. University of California, National Center for Research on Evaluation, Standards, and Student Testing (CRESST), Los Angeles, 2001: 200-215.

②　Looney, J. W. Assessment and Innovation in Education[N]. *OECD Education Working Papers*, No. 20.

校分为两类学校：一类是校本学生评价实施效果良好的学校，有4所；另一类是校本学生评价实施效果较差的学校，有5所。通过对这两类学校进行比较，可以发现：美国校本学生评价实施效果良好的学校有以下共同特点，这些特点也是美国校本学生评价的有益经验：（1）地方课程、标准和评价与州保持一致；（2）合理利用学生评价信息，并对评价信息进行审视和检验；（3）重视教师在校本学生评价中的作用。①

国内学者也对学生综合素质评价内容以及评价指标体系展开了讨论。山东省中小学学生素质发展目标研究课题组认为中小学生的素质发展应包括思想道德素质、文化科学素质、身体素质、审美素质、劳动素质、心理素质六个方面。② 贺弘炜（2006）认为学生综合素质评价应以学期为单位，主要包括学生学业状况和综合素质两大部分。学业状况评价记录了学生高中三年在新课程八个学习领域的修习情况，可以弥补高考只关注学生学习结果而没有关注学生成长过程的缺陷，从而更为全面地反映学生高中阶段学习的广度与深度，将高考终结性评价与学业状况形成性评价有机结合起来，不仅有利于全面客观地评价学生学业，还有利于挖掘和发现学生的素质和潜能。综合素质评价主要涉及道德品质与公民素养、探究与实践能力、身体心理素质和个性特长四个方面的内容。可将已建立的学生成长记录等评价形式与综合素质评价要求结合起来实施，以期充分发挥评价所具备的激励促进学生全面发展的教育功能。③

赵学勤（2007）认为高中阶段学生综合素质评价由五部分构成。一是道德品质、公民素养；学习能力、学业情感；体育锻炼、卫生与保健；自我认识与调控、同伴认识与交流、适应环境；感受美、欣赏美等指标的评价

① Alison Cromey. Matthew Hanson. An Exploratory Analysis of School-Based Student Assessment Systems[EB/OL]. http://filcs.cric.ed.gov/fulltext/ED452221.pdf,2014-09-20.
② "山东省中小学学生素质发展目标研究"课题组. 山东省中小学学生素质发展目标[J]. 山东教育科研，1999(6)：3-5.
③ 贺弘炜. 综合素质评价与高考挂钩是把"双刃剑"[J]. 基础教育课程，2006(4)：47-48.

结果。二是知识技能评价结果，采用考试法搜集评价信息，将高中学生会考成绩作为学生综合素质评价结果之一。三是身体机能、身体素质等指标，形成评价结果，用百分制表示。四是特长、有新意的成果等评价结果，用文献资料法获取评价信息，将学生三年来获奖情况和受表彰事件等进行汇总，形成毕业评价最终结果，用书面描述的形式呈现。五是班主任"评语"，由班主任对学生三年来的发展水平做出全面的评价，特别要肯定学生的优势和发展潜能，并明确指出其存在的主要问题。①

马亮等(2008)初步探讨了学生综合素质评价指标体系的概念、目的和作用、设计原则和当前建设中的几个难点问题。② 王伟宜，马斌(2008)认为评价是通过具体的评价内容实施的，评价内容设计的科学与否是影响评价质量高低的关键因素。将综合素质评价的主要内容界定为六个方面：道德品质、公民素养、学习能力、交流与合作能力、运动与健康、审美与表现。从多个方面评价学生的综合素质无疑是正确的，但这六个方面的内容能否体现综合素质的主要方面还需要进一步的探讨。比如道德品质与公民素养两项很难明确界定。此外，重视学习态度的评价是必要的，但将学习态度归入学习能力则值得商榷。另外，现实中有许多学生对学习并没有兴趣，但其学习能力并不差，因此，将学习兴趣归入学习能力也是不妥当的。③

卫作辉，王建春(2010)认为高中阶段学生综合素质包括一般性发展内容、学科学习内容以及创新精神。一般性发展内容包括道德品质、学习能力、交流合作等；学科学习内容体现在各科课程标准中，各学科的评价要依据本学科的《标准》，涉及学科素养方方面面的内容，既要考查学生对学

---

① 赵学勤. 综合素质评价——促进高中学生全面而有个性的发展[J]. 网络科技时代，2007(17)：10-11.

② 马亮，何芳，马和民，陈群. 学生综合素质评价指标体系建设中的若干问题[J]. 中国教育信息化，2008(8)：81-83.

③ 王伟宜，马斌. 普通高中综合素质评价的现实困境与远景思考[J]. 教育与考试，2008(4)：68-72.

科知识要领与事实的理解，又要评价学生在情感态度、学习技能、学习行为习惯和思维创新等方面的变化；创新精神内容包括通过认真思考，发现问题，提出科学合理又富有创新意识的解决方法。①

此外，还有学者对学生综合素质评价体系的构建策略进行了探讨。②虽然不同学者对综合素质评价的理解不同，从而致使评价维度相差较大，但其评价内容高度趋同，大家基本上都是在道德品质、公民素养、学习能力、交流与合作能力、运动与健康、审美与表现六个方面的基础上进行探讨，但在实践中学生综合素质评价的载体、关键行为表现如何明确等问题还缺少必要的实证研究。

4. 关于学生综合素质的评价方式的研究

国外学生综合素质的评价方式更加多元化，提出了诸多有效的学生综合素质评价方法，如表现性评价、真实性评价、档案袋评价等都在西方发达国家得以广泛的应用。

Judith Arter，Jay Mc Tighr(2001)认为就形式和应用而言，大多数表现性任务可以归为三大类：简短评价任务，更具雄心的事件性任务以及长期的延续性任务。简短评价任务通常用来判断学生对某一知识领域的基本概念、程序、关系以及思维技能的掌握情况。这些任务通常用几分钟就可以完成；事件任务是用来评价诸如写作流畅性和问题解决技能等更广泛的能力的，事件任务经常让学生以团队或小组的方式来合作；持续性任务是一种长期的、多目标的项目，在一个学期或一个学习单元的开始可能就被分配下来。③

① 卫作辉，王建春. 普通高中学生综合素质评价的探索与实践[J]. 教育导刊，2010(5)：60-63.
② 邓志勇. 构建学生综合素质评价体系的策略研究[J]. 教育测量与评价，2010(6)：16-19.
③ [美]Judith Arter, Jay Mc Tighr. 国家基础教育课程改革"促进教师发展与学生成长的评价研究"项目组译. 课堂教学评分规则——用表现性评价准则提高学生成绩[M]. 北京：中国轻工业出版社，2005：166.

James Bellance(1998)在其著作《多元智能与多元评价——运用评价促进学生发展》中将表现性任务分为作品展示、表现、项目、日志和进度记录、演示、产品、问题解决过程、图表组织者八类。①

Robert L. Linn 和 Norman E. Gronlund(2000)将表现性任务分类为扩展性的表现性任务和限制性的表现性任务。② 扩展性的表现性任务可以要求学生在任务本身所提供的信息基础上，从不同渠道去查找信息；限制性的表现性任务通常描述得很明确，它比扩展性的表现性任务结构性更强，所预期的表现更加明确。

Grant Wiggins(1989)首次提出真实性评价的概念，他认为"真实性评价是检验学生学习成效的一种评价方式，是基于真实任务情境的评价，它要求学生应用必需的知识和技能去完成真实情境或模拟真实情境中的某项任务，通过对学生完成任务状况的考察而达到培养学生思考问题、反思实践、提高研究技巧的目的"。③

卡偌林在《超越测验：走向一种教育评价理论》中指出，目前评价正面临某些转型：从神经生理学范式转向教育性评价范式，从测验与考试文化范式转向评价文化范式。④ 这些范式的转化带来的是教育界中评价的多元化发展趋势。多元化的评价取向表现在：在评价方式上突破以往的纸笔测验，代之以教师实施的评价、标准任务、课程作业、成绩记录表、表现性评价、标准化考试等；在评价类型上超越了原有的终结性评价，产生了诊断性评价、安置性评价和形成性评价；在评价目的上继承了原有甄别学生的功能基础上，还为教师教学提供学情分析、学校颁发证书提供依据、教

① ［美］James Bellance 等. 多元智能与多元评价——运用评价促进学生发展［M］. 夏惠贤等，译. 北京：中国轻工业出版社，2004：21-22.

② ［美］Robert L. Linn & Norman E. Gronlund. 教学中的测验与评价［M］. 国家基础教育课程改革"促进教师发展与学生成长的评价研究"项目组，译. 北京：中国轻工业出版社，2003：177-182.

③ Wiggins, G. A True Test：Toward More Authentic and Equitable Assessment［J］. *Phi Delta Kappan*，1989(20)：703.

④ 姐媛媛. 真实性学生评价研究［D］. 上海：华东师范大学，2007：18.

师绩效考核提供参考，最终实现驱动课程教学有效达成的目的。

在对以量化为标志的标准化测验进行反思与改革的同时，美国的教育学者以及学校管理者也对自20世纪90年代以来，在学生评价方式中所占比重逐渐扩大的质性评价方式进行了探讨。美国教育部直属的教育研究与发展办公室(Office of Educational Research and Improvement)在1994—1995年对16所学校应用表现性评价的状况进行了详细而全面的调研，其调研目的有三个：(1)记录和分析目前表现性评价方式的主要特征；(2)记录和分析当前评价改革中的有利与不利因素；(3)记录和分析表现性评价对教与学的影响。其调研结果汇总为题为《对教育改革的研究：学生表现评价》的报告。①

此外，以 Mohl，G.（1996）为代表的学者就学生素质的创新评估提出新的理念和方法，且国外众多学者认为学生综合素质评价的目标在于体现学生后继学习能力的可发展程度。② 美国各著名高校在录取学生时，主要采取自主招生。一所完整大学入学申请材料主要包括了入学申请(Application for Admission)和附属材料两大部分。综合素质发展评价的内容在这两部分中均得到了充分的体现。综合素质评价范畴由学业测试部分和非学业测试部分组成，这就决定了它的评价方法是定量和定性的结合。③英国对学生综合素质的评价，采取的评价方式是"课程作业"（Coursework）和"受控评价"（Controlled Assessment）。可以说，英国高中在全国性外部统一考试(GCSE 考试和 A-Level 考试)中是通过表现性评价方式来考察学生的综合素质。运用"课程作业"和"受控评价"的方式来评价学生的知识、能力、理解、合作、沟通、综合运用、创造性、独立学习的技能、积极参与的态度以及在完成作业过程中的诚信度。④

---

① 王凯. 美国基础教育学生评价新进展述评[J]. 外国教育研究，2005(5)：28-31.

② Mohl，G. On the Dynamics of Quality Student Enrollment at Institutions of Higher Education[J]. *Economies of Education Review*，2002(21)：481-489.

③ 洪志忠. 美国高中综合素质评价对我国的启示[J]. 当代教育科学，2010(24)：17-19.

④ 冯生尧，谢瑶妮. 英国高考中的表现性评价：中心评审课程作业[J]. 比较教育研究，2006(8)：78-82.

　　国内学者崔允漷，柯政（2010）认为可以根据是否进行考试和是否对学术性素质进行交叉匹配把综合素质分为四类，可以采用不同的方式进行评价：用考试评价学术能力；用平时课程的成绩来评价很难用一次考试来衡量的学术能力，如高级思维品质；用考试或结构较强的测验来衡量非学术能力，如家政、商业能力；用收集明确证据的行为或者对各种材料进行模糊判断来评价诸如公民素养这样的不能用考试衡量的非学术能力。①

　　卫作辉，王建春（2010）认为在对学生综合素质评价时应以人性化管理为出发点，加强宣传力度，关注学生全面发展的评价体系的再构建，尝试推行及时评价与定时评价相结合，星级评价与直观评价、特色评价并重的评价形式，突出对学生的赏识教育，以点带面，激励学生进步。②

　　国内部分学者还提出在学生综合素质评价实践中可以采用成长记录袋、问卷调查、平时观察、个人谈话、情景测验、实际操作等综合性的评价手段以全方位、立体地获取评价信息。大部分研究赞同学生综合素质评价应采用形成性评价和终结性评价相结合的方式，从而使学生素质发展的过程成为评价的组成部分。

5. 关于学生综合素质评价结果呈现形式问题的研究

　　崔允漷（2010）认为，目前综合素质评价结果主要采用等级和量化分数两种方式呈现。对有些可以量化的内容，如"运动与健康"中的"运动能力"，采用评分与等级的方法是可行的，但对于"道德品质、公民素养、交流与合作、审美与表现"使用评分与等级则并不稳妥。其最大的问题可能在于我们很难在等级认定的标准上达成一致。我们不能简单地说一个学生为老师倒了五次水，另一个学生倒了三次，第一个学生就比第二个学生更

---

①　崔允漷，柯政. 关于普通高中学生综合素质评价研究[J]. 全球教育展望，2010（9）：3-12.

②　卫作辉，王建春. 普通高中学生综合素质评价的探索与实践[J]. 教育导刊，2010（5）：60-63.

加地尊敬师长。①

沈启正、周彩莺、章奎(2011)认为综合素质评价结果应采用综合评语和学生成长记录的形式呈现。其中，综合评语主要对学生的道德品质、公民素养、情感态度、日常行为表现等难以量化的维度和方面进行定性描述，尤其应突出学生的特点、特长和潜能。学生成长记录要全程、全面记录学生在学校学习期间的成长经历，包括学生的道德素养，各学科模块的修习情况和成绩，探究与实践方面的表现和成果，劳动与技能方面的态度和技能，运动与健康方面的能力和特长，审美与艺术方面的修养和特征。②这一结果呈现形式对评价主体尤其是教师评价素养的要求很高。江家发、杨晶(2013)认为当前学生综合素质评价结果使用不够充分，原因在于学生综合素质评价主体缺失专业性，结果有失公信力；运用方式采用"软挂钩"，致使评价结果落空。③

刘志军、张红霞(2013)指出当前学生综合素质评价中等级评价过程与结果问题突出，当前学生综合素质评价中主要以等级评价的方式来呈现，因为简便易行受到人们的青睐，但等级方式的使用存在诸多弊端和不科学之处。各地对学生平时综合素质评价结果如何合成综合素质等级的规定很不统一，等级认定的标准、等级分配的比例、等级之间的可比性以及评价结果的叠加汇总等问题仍然存在较大争议。作为一种高度概括化、定量化后的结果呈现方式，等级方式将评价过程中很多丰富、真实、多样的评价信息遮蔽在数据背后，难以使人们真正了解和触摸到学生极富生命力的成长和发展过程。此外，等级方式试图通过评价主体主观的判断得出一个相对客观的等级，但因评价过程深受评价主体的个体经验、认识水平、责任

① 柯政，崔允漷. 进一步推动和完善我国普通高中综合素质评价的政策建议教育[R]. 教育部咨询报告，2011.

② 沈启正，周彩莺，章奎. 综合素质评价在高中招生中的可行性探讨[J]. 教学管理，2011(9)：3-6.

③ 江家发，杨晶. 新课改视阈下高中生综合素质评价的困境与思考[J]. 现代中小学教育，2013(8)：80-83.

感等主观因素影响较大，与学业成绩的取得过程相比，人们常常对其客观性存有较深的疑虑。①

张治(2017)以大数据技术背景下的普通高中综合素质评价为研究对象，主要研究普通高中综合素质评价到底是什么，为什么要在学业水平考和高考的制度体系下再推"综评"，政策背后的价值导向是什么，大数据技术如何支持综合素质评价。从博弈论的视角分析政策的效应，分别从政策视角、学术视角、技术视角论证综评该做什么、怎么做、评价结果怎么用等问题。本研究以上海市普通高中综合素质评价改革的行动为研究场景，理论研究与实践行动相结合，采用了定量研究与定性研究相结合的方法，力求在发现问题的基础上创造性地解决问题。研究中通过文献梳理和理论分析，探寻综合素质评价的内涵与本质，通过问卷调查、数据统计分析、案例剖析等方法，透视综合素质评价的推进现状、得失成败，通过访谈活动和问卷调查了解高等学校对综评的基本态度和应用方法，通过软件工程设计等方法进行了基于大数据的综评模型构建。②

6. 关于学生综合素质评价的结果使用问题的研究

国外学者十分注重学生评价结果呈现应有功能的探讨。如皮特·艾瑞森(1996)认为评价的功能应该是多元的，如果将课堂视为一个具体的评价环境的话，那么评价最少有以下几种功能③：诊断学生的问题，从而为解决问题提供准确的信息；判断学生的学术进步；提供反馈与激励；安置学生，进行优化分组；规划与实施教学；建立课堂公平。最后一个功能在传统的评价背景下常常被忽略，这也是评价结果呈现形式问题所在。课堂是一个复杂的社会场所，其中的学生、教师以各种方式相互作用。要想使课

① 刘志军，张红霞. 普通高中学生综合素质评价：现状、问题与展望[J]. 课程·教材·教法，2013(1)：18-23.

② 张治. 大数据背景下普通高中综合素质评价研究[D]. 华东师范大学，2017.

③ Peter, W. Airasian. *Assessment in the Classroom*[M]. New York：Mc Graw-hill, Inc.，1996：36.

堂成为一个积极向上的社会和学习场所，纪律、秩序与合作是必不可少的，这正是评价在课堂应用中的功能。此外，在开展"真实性评价""表现性评价"过程中的信、效度保障问题，关于"真实性评价"的评价过程与结果的"真实性"问题等也困扰着学生评价研究者。

赵学勤(2007)认为高中毕业生的综合素质评价，是在学生高中毕业时对学生综合素质进行的具有鉴定功能的总结性评价。高中毕业学生综合素质评价结果的主要用途是为学生和家长选择适宜于学生发展的高等院校及工作岗位提供参考，同时，也可为高等学校选择更适合的学生及入学后开展有针对性的教育提供参考依据，此外，也为开展教育教学效果评价、学校办学水平和办学效益评价以及区域教育质量的监控与评价提供依据。①

王伟宜、马斌(2008)认为目前综合素质评价结果还只能作为高校录取新生的参考，不宜作为录取依据之一，原因是由于整个社会的诚信体系还没有建立起来，人们的社会诚信度还没有得到相应的提高，多数学校提供的综合素质评价在区分度、真实性、等值性等方面都存在问题，在录取时起不到应有的作用。在这种情况下，当前问题的焦点集中在如何处理好综合素质评价与高校录取二者之间的关系上。②

刘志军、张红霞(2013)认为当前学生综合素质评价结果未能在高校招生中有效使用，等级评价是一种高度概括化和定量化后的结果，而评语也多流于形式，缺乏实质性、针对性内容，两者都没有给高校招生部门提供更多更有价值的关于学生的成长信息，学生综合素质评价在招生中应有的作用也没有真正发挥出来，这在一定程度上直接制约了学生综合素质评价在高中的深入推进。此外，在现有条件下，综合素质评价结果在高校招生中得以有效使用还涉及一系列诚信问题，需要有良好的社会诚信文化作为支撑，即民众对招生等此类与"高利害"相关的事件持有较大的宽容度和信

---

① 赵学勤. 综合素质评价——促进高中学生全面而有个性的发展[J]. 网络科技时代，2007(17)：10-11.

② 王伟宜，马斌. 普通高中综合素质评价的现实困境与远景思考[J]. 教育与考试，2008(4)：68-72.

任感。因此，整个社会诚信体系的不成熟和不完善，也是影响学生综合素质评价结果使用的制约因素之一。①

学者们公认综合素质评价是我国学生评价体系中的一个重要组成部分，并与高考与高中学业水平考试并行，然而综合素质评价与这些主要评价制度之间的关系如何，它在整个评价体系中的定位、功能等问题，尽管有学者进行了探索，但总的来说，仍处于"初步探索"阶段。定位的不清晰，功能的不明确使各地在对综合素质评价结果使用上，尤其在是否需要和高考做实质性"挂钩"的问题上陷入两难的境地。

7. 关于学生综合素质评价实践中出现问题的研究

朱志平(2009)认为学生综合素质评价在实际操作中，学校缺乏自主意识，难以均衡发展；缺乏诚信氛围，难以真实开展；缺乏保障机制，难以持久进行；缺乏系统思考，难以有效落实。②

杨宝山(2010)认为在内容层面，有些地区不具备开足、开全所有课程的条件，另外由于对一些指标评定存在明显的地区差异，导致评价的公平性和合理性问题凸显；在表征层面，等级评定包括等级描述和等级比例两个方面。关于等级描述，有些地区将"道德品质与公民素养"评定分为"合格"与"待评定"两个等级。如果学生行为有突出问题，可暂不评等级，记为"待评定"，并将突出问题如实记载，其中，关于"突出"的界定较难把握。类似地，对学生成长记录袋中作品集的认定等也存在同样问题。此外，对"公开发表成果"的理解或运用是否还需要看成果的价值和出版或发表的级别则有待研究。③

蔡敏(2011)认为在高中阶段学生综合素质评价中，理论研究欠缺，评

---

①　刘志军，张红霞. 普通高中学生综合素质评价：现状、问题与展望[J]. 课程·教材·教法，2013(1)：18-23.

②　朱志平. 学生综合素质评价改革三点论[J]. 江苏教育研究，2009(10)：8-12.

③　杨宝山. 综合素质评价实施的问题及对策[J]. 教育科学研究，2010(8)：38-41.

价指标体系尚不完善；相关培训不足，实施者缺乏必要的评价知识和技能；诚信问题突出，综合素质评价出现虚假结果；应付现象明显，评价实施过程流于形式；评价目的迷失，评价与教学之间没有建立紧密联系。①

刘志军、张红霞(2013)认为当前学生综合素质评价实践过程中重视结果评价，轻视过程评价。各地对学生平时综合素质评价结果如何合成综合素质等级的规定很不统一，等级认定的标准、等级分配的比例、等级之间的可比性以及评价结果的叠加汇总等问题仍然存在较大争议。作为一种高度概括化、定量化后的结果呈现方式，等级方式将评价过程中很多丰富、真实、多样的评价信息遮蔽在数据背后，难以使人们真正了解和触摸到学生极富生命力的成长和发展过程。此外，等级方式试图通过评价主体主观的判断得出一个相对客观的等级，但由于评价过程受评价主体的个体经验、认识水平、责任感等主观因素影响较大，与学业成绩的取得过程相比，人们常常对其客观性存有较深的疑虑。

根据调查结果显示，学生综合素质评价在学校中的实际开展情况并不容乐观，集中突击、走过场现象尤为严重。不少校长、教师反映，一方面，学生综合素质评价并没有成为学校以及教师工作中的常规性行为，学生综合素质评价工作多是完成任务、应付式的结果，常常是到学年末或检查临近，简化程序，加班加点，匆忙赶制；另一方面，学生综合素质评价也缺乏规范化约束与保障，很多教师在开展学生综合素质评价时都处于自发摸索阶段，也有不少教师甚至对学生综合素质评价本身都知之甚少。②

综合素质评价的公正性不理想、操作性不强、区分度不高、评价过程模式化也是很多学者普遍赞同的观点。对教师进行综合素质评价的培训、指导力度不足也受到了很多学者的关注。高中学生综合素质评价分为六个

---

① 蔡敏. 高中学生综合素质评价：现状、问题与对策[J]. 教育科学，2011(2)：67-71.

② 刘志军，张红霞. 普通高中学生综合素质评价：现状、问题与展望[J]. 课程·教材·教法，2013(1)：18-23.

方面，这六个方面所要求的实证材料比较翔实，但也有界定不清晰的情况出现，这也给学生综合素质评价带来了困难。

(三) 研究成果和启示

关于学生综合素质评价机制的理论研究经历了前期酝酿、全面展开、实践反思三个阶段，在这三个阶段中，综合素质评价的研究，主要包括政策及执行、操作、技术等方面的问题，值得以后的研究借鉴。相关研究者分别从学生综合素质评价原则、评价主体、评价内容与评价指标体系、评价方式、评价结果呈现形式问题、评价的结果使用问题、评价实践中出现问题的研究七个方面对国内外学生综合素质评价机制展开了较为全面的探讨，特别是赵学勤(2010)以高中阶段学生综合素质评价机制为研究主题进行了相关探讨，他认为高中学生综合素质评价是一个非常复杂的系统工程，由评价目的、评价指标体系、评价内容结构、评价标准、评价主体、评价结果的呈现及应用等子系统构成。各个子系统是相互联系、相互影响甚至相互制约的，而这一相互联系、相互影响和相互制约正是评价机制的体现,① 对本研究主题的选择和进一步展开深有启示。

(四) 研究存在的薄弱点

通过对国内外文献的系统分析与梳理发现，已有综合素质评价的研究，主要涉及政策及执行、操作、技术等方面的问题，严重缺乏关于学生综合素质评价机制研究，从而致使理论与实践中与评价机制直接相关的问题难以得到解决。值得庆幸的是部分研究者已经开始意识到评价机制研究的重要性，甚至有人已对其展开了初步的探讨，如李宝庆、樊亚峤(2012)认为应"建立一种更多地考虑基于学生当前状态的潜能发展评价和较为准确的长期评价机制，以此保证学生能够获得教育机会分配竞争中的平等就

---

① 赵学勤. 建立促进发展的高中学生综合素质评价机制——兼论北京市普通高中学生综合素质评价的实践特色[J]. 教育科学研究，2010(12)：33-36，52.

是一种理性的选择"。① 高霞(2012)提出要建立健全评价机制,防止违规操作。② 赵学勤(2010)以高中阶段学生综合素质评价机制为研究主题论述了高中阶段学生综合素质评价各子系统间的关系。但相关研究者们大多只针对学生综合素质评价机制的一个维度、侧面,而并未发现对学生综合素质评价机制进行全面、系统研究的相关研究成果,这为本研究主题的提出提供了充足的理由。

(五)研究的发展趋势

高中阶段学生综合素质评价研究至今已有诸多研究成果呈现于世,但纵观已有研究发现,已有研究主要涵盖政策及执行、操作、技术等方面的问题。理论研究者多从理论的视角对高中阶段学生综合素质评价的内涵、主体、原则、内容、体系、方法、结果呈现及应用等方面进行理论建构、问题分析并提出对策建议,而实践工作者多从实践操作过程中所产生的困惑和问题展开论述。理论研究与实践工作必然存在一定张力,因此,作为促使理论能够有效指导实践的机制的研究既急需又必要,评价机制的问题将成为未来我国高中阶段学生综合素质评价一个重要的研究主题。

四、研究意义

高中阶段学生综合素质评价机制问题的提出,具有一定的理论意义和实践价值,通过归纳和总结发现,高中阶段学生综合素质评价机制研究意义具体体现在以下几个方面:

---

① 李宝庆,樊亚峤.高中生综合素质评价方案:问题及改进[J].教育发展研究,2012(10):25-29.

② 高霞.高中综合素质评价的有效性探究——以江苏省为例[J].教育教学论坛,2012(38):32-34.

(一) 能够丰富和拓展高中阶段学生综合素质评价理论研究

高中阶段学生综合素质评价机制创建问题的提出，从系统论的角度展开了对高中阶段学生综合素质评价的论述。评价机制的创建可将高中阶段学生综合素质评价目的、评价指标体系、评价内容结构、评价标准、评价主体、评价结果的呈现及应用等各组成部分和要素整合起来，形成一个动态的、相互影响、相互制约的有机体；高中阶段学生综合素质评价机制创建问题的提出，为理论研究者们提供了一个新的视角来审视学生综合素质评价，从而以学生综合素质评价机制所特有的方式来剖析和解决当下学生综合素质评价的理论研究和实践操作过程中存在的诸多现实问题，如：学生综合素质评价过程中的评价内容构成问题、评价方法选择问题、评价标准制定问题、评价结果运用问题等。高中阶段学生综合素质评价机制创建问题的提出丰富和拓展了学生综合素质评价理论。

(二) 能够引导和保障高中阶段学生综合素质评价顺利实施

高中阶段学生综合素质评价机制的创建，能够有效地引导和保障学生综合素质评价的顺利实施。由领导机构、管理机构和执行机构三级管理体系组成的学生综合素质评价组织管理，权责分明，各级部门间相互联系、相互配合、相互协调，从而最终能够保障学生综合素质评价得以顺利实施；有效的综合素质评价指导培训可以在短时间内促使综合素质评价改革的基本理念、具体措施等相关的理论与政策得以顺利推广，从而保证了学生综合素质评价改革的顺利实施和社会对学生综合素质评价改革政策的知情度和认可度；科学合理的运行操作不仅可以在明确学生综合素质评价构成要素的基础上理顺各个要素间的内在联系和运作方式，而且还可以引导学生综合素质评价的价值理念并且保障学生综合素质评价实施过程的整体性；完善的综合素质评价监督调控像"一双无形的双手"，对综合素质评价的整个运作过程进行督导、评价、反馈，同时对综合素质评价运作的各个基本环节进行监督、调控、指导，从而引导和保障高中阶段学生综合素质评价朝着既定的方向顺利进行。

(三)能够激发和推进高中阶段学生综合素质的深层发展

高中阶段学生综合素质评价机制的有效创建,可以进一步厘清和完善学生综合素质评价实践操作过程中存在的各种问题,如"谁来评的问题"主要由组织管理来澄清,"如何评的问题"主要由运作机制、指导培训和监督调控来澄清,从而有效地保证了高中阶段学生综合素质评价理念与目标的明确,评价内容和结构的合理,评价标准与指标体系的完备,评价方法选择的有效,评价实施过程的顺畅,评价结果运用的适切,最终有效地体现高中阶段学生综合素质评价的公平性和公正性。因此,高中阶段学生综合素质评价机制的有效创建,可以激发和促进高中阶段学生综合素质的进一步发展。

(四)能够保证和促进高中阶段学生全面发展和潜能发挥

高中阶段学生综合素质评价机制的有效创建有利于实现高中阶段学生全面发展的理想和潜能的充分发挥。高中阶段学生综合素质评价机制的有效创建的根本目的在于充分挖掘和发挥高中阶段学生的自身潜能。若高中阶段学生自身潜能得到了充分的挖掘和发挥必然会激发和促进个体的全面发展以及个体的个性化发展。[①]

五、研究方案

研究的顺利实施依赖于研究方案的科学设计,本研究从研究目标、研究内容、研究方法以及研究思路四个方面探讨了研究方案。

(一)研究目标

本研究的最终目标是创建高中阶段学生综合素质评价机制及其应用模

[①] 丁念金. 第三代学校的核心使命[J]. 南京社会科学,2015(5):132.

型，具体而言可以分为以下三个子目标：其一，对高中阶段学生综合素质评价机制内涵、内容结构的理论分析；其二，对高中阶段学生综合素质评价机制发展历程的历史梳理；其三，创建高中阶段学生综合素质评价机制以及应用模型。

(二) 研究内容

本研究具体包含四个方面的研究内容：其一是国内外高中阶段学生综合素质评价机制已有研究与实践发展历程；其二是高中阶段学生综合素质评价机制的内涵、结构及其理论与实践依据；其三是高中阶段学生综合素质评价机制的构建；其四是创建旨在指导实践的高中阶段学生综合素质评价机制应用模型。

(三) 研究方法

教育研究可以运用多种研究方法，教育学的研究方法是我们了解和认识教育问题，分析教育规律的工具。依据本课题研究的研究问题、目的、任务与内容，研究者采用了文献法、历史法、理论研究法和访谈法等研究方法。

1. 文献法

文献是指把人类知识用文字、图形、符号、声频、视频等手段记录下来的东西，它是人类智慧的结晶，是知识的海洋。文献法是对文献进行查阅、分析、整理，从而找出事物本质属性的一种研究方法。① 本研究通过搜集各种相关的文献资料，系统梳理国内外高中阶段学生综合素质评价研究的发展历程，研究的主要具体问题，研究成果和启示，研究存在的薄弱点以及未来研究发展趋势。本研究的相关文献的来源渠道主要包括两个方面：一是相关综合素质评价研究著作、学位论文、报纸、期刊论文；二是

---

① 李秉德. 教育科学研究方法[M]. 北京：人民教育出版社，1986：130.

政府相关文件。

2. 调查法

教育科学的调查研究法是在教育理论指导下，通过运用观察、列表、问卷、访谈、个案研究以及测验等科学方式，搜集教育问题的资料，从而对教育的现状做出科学地分析并提出具体工作建议的一整套实践活动。区别于一般的社会调查，它是以当前教育问题为研究对象，是为了认识某种教育现象、过程或解决某个实际问题而进行的有目的有计划的实地考察活动。[①]

研究者为了了解国内外学生综合素质评价机制现状，编制了《高中阶段学生综合素质评价机制现状调查问卷(学生版)》《高中阶段学生综合素质评价机制现状调查问卷(教师版)》以及《高中阶段学生综合素质评价机制现状调查访谈提纲》。

（1）问卷调查

问卷调查是以书面提出问题的方式搜集资料的一种研究方法。研究者将所要研究的问题编制成问题表格，以邮寄、当面作答、追踪访问等方式填答，从而了解被调查者对某一现象或问题的看法和意见。

问卷调查的优点在于：方便实用，省时，花钱少；由于可以不署名，在某种情况下结论比较客观；能搜集大样本信息资料，收效大；便于整理归类，能做量化统计分析，有一定代表性。但问卷调查也有其局限：若问卷中的问题不明确或题量太大，或被调查者不合作都会影响结论的代表性；虽然应用的范围较广，但其搜集的资料往往是表面的等。[②]

研究者为了了解高中阶段学生综合素质评价机制现状，特编制了《高中阶段学生综合素质评价机制现状调查问卷(学生版)》和《高中阶段学生综合素质评价机制现状调查问卷(教师版)》两套调查问卷。问卷问题类型包括

---

① 裴娣娜. 教育研究方法导论[M]. 合肥：安徽教育出版社，2000：158-159.
② 裴娣娜. 教育研究方法导论[M]. 合肥：安徽教育出版社，2000：167.

两类:一类为封闭式问题,其中包含单选题和多选题;另一类为开放式问题。问卷编制过程主要经历以下五个步骤:第一步,使用文献分析法梳理资料,提炼高中阶段学生综合素质评价机制概念的内涵、主要维度及其内容结构;第二步,运用半结构式访谈对6位该领域专家与教师进行调查,让他们充分表达个人对高中阶段学生综合素质评价机制调查问卷的看法,从中提取问卷可能选用的项目;第三步,将文献分析所得结果与访谈的结果进行比较,保留重叠性高的项目;第四步,对选取的项目进行归类分析,形成高中阶段学生综合素质评价机制调查问卷,问卷包含高中阶段学生综合素质评价机制中的组织管理、指导培训、运行操作、监督调控四个维度;第五步,根据最终获得的四个部分,编制《高中阶段学生综合素质评价机制调查问卷(学生版)》和《高中阶段学生综合素质评价机制现状调查问卷(教师版)》,并请5名学生对问卷各个项目的语义和语法进行检查后进行了适当的修改。问卷设计完成后,为检查其信度,选取了10名高中阶段学生和5位高中教师进行了小范围的试测。试测结果显示问卷的各个维度及总问卷内部一致性信度系数都大于0.7。根据 Guielford 的理论,当 Cronbach's α 系数大于0.7时,表明测量工具的信度比较高;当它介于0.7至0.35之间时,表明信度处于可以接受水平;若小于0.35,则表示信度水平低。[①] 由此可知,该问卷具有较高的信度。

为提高调查研究结果的信、效度,研究者依照试点优先,兼顾区域的原则选取辽宁(东北)、甘肃(西北)、北京(华北)、上海(华东)、浙江(华东)、山东(东部)、重庆(华中)、广东(华南)八个省/市的高中阶段学校学生和教师进行了问卷调查。研究者在每个省/市采用随机抽样的方法分别在城镇和农村各选择一所学校,每所学校选择20位教师和一年级、二年级、三年级各20名,共60名同学作为调查对象。本次调查共发放教师问卷320份,回收300份,回收率93.75%,回收的有效问卷296份,有效率

---

① Guielford, J. P. *Fundamental Statistics in Psychology and Education* [M]. New York:McGraw-Hill, 1965:124.

98.67%；共发放学生问卷 960 份，回收 932 份，回收率 97.08%，回收的有效问卷 928 份，有效率 99.57%。

（2）访谈

"访谈是一种研究性谈话，是研究者通过口头谈话的方式从被研究者那里收集第一手资料的一种研究方法。"①访谈法作为问卷调查的补充，是通过研究者与被调查对象面对面直接交谈的方式实现的，具有较好的灵活性和适应性。访谈可以分为正式访谈、非正式访谈；个别访谈和团体访谈；结构式访谈、半结构访谈、非正式访谈。访谈的优点在于可以获得调查对象更为深入、可靠且有效的第一手资料；缺点在于样本小，需要大量的人力、物力和时间成本，实施过程中会受到一定的限制。②

本研究通过访谈调查试图解决两个问题：

其一，研究者依据通过理论研究法所获得的高中阶段学生综合素质评价机制初步结构对政策制定者、政策执行者、评价专家、评价实施的各方面主体进行访谈，依据访谈对象的反馈意见对高中阶段学生综合素质评价机制的基本结构进行调整，最后确定高中阶段学生综合素质评价机制的最终结构。

其二，研究者在问卷调查基础上，通过对高中阶段学生综合素质评价不同层面人员进行半结构式访谈，了解当前我国高中阶段学生综合素质评价机制现状以及存在的问题。

高中阶段学生综合素质评价机制既牵涉到政策制定者、政策执行者，又涉及评价专家、评价实施的各个主体以及评价结果使用者。根据这两个调查目的，我们选取了教育部相关人员 1 人，省教育厅/市教育委员会相关人员 2 人，学生评价领域的专家 4 人，区县相关教育行政人员 8 人，学校校长 9 人，教师 12 人，学生 18 人，高校负责招生的负责人 6 人作为访谈对象，设计了访谈提纲，采用半结构式访谈。

① 陈向明. 质的研究方法与社会科学研究[M]. 北京：教育科学出版社，2000：165.

② 裴娣娜. 教育研究方法导论[M]. 合肥：安徽教育出版社，1994：180.

3. 历史法

历史法是指从事物发生、发展和消亡的过程中探索其本质和规律性的方法。① 本研究通过对国内外高中阶段学生综合素质评价的历史研究，剖析国内外高中阶段学生综合素质评价机制实践发展历程、现状及未来发展趋势。

4. 理论研究法

教育科学的理论研究，是在已有的客观现实材料及思想理论材料基础上，运用各种逻辑的和非逻辑的方式进行加工整理，以理论思维水平的知识形式反映教育的客观规律。教育科学的理论研究，具有：(1)抽象概括性与间接性；(2)多样性和不确定性；(3)层次性；(4)超前性与继承性等特点。② 本研究通过理论研究法分析高中阶段学生综合素质评价实践活动的基本结构，从基本结构中析出属于高中阶段学生综合素质评价机制的基本内容，根据高中阶段学生综合素质评价机制的基本内容进行归类分析，从而得出高中阶段学生综合素质评价机制的具体结构；同时在构建高中阶段学生综合素质评价机制的基础上，尝试创建旨在指导实践的高中阶段学生综合素质评价机制应用模型。

(四)研究思路

第一，运用文献法系统梳理国内外高中阶段学生综合素质评价机制已有相关研究，剖析高中阶段学生综合素质评价机制相关研究的发展历程、研究的主要具体问题、研究成果和启示、研究存在的不足和未来发展趋势；运用历史法剖析国内外高中阶段学生综合素质评价机制实践发展历程、现状及未来发展趋势；

---

① 李秉德. 教育科学研究方法[M]. 北京：人民教育出版社，1986：124.
② 裴娣娜. 教育研究方法导论[M]. 合肥：安徽教育出版社，1994：313-317.

第二，通过调查研究（问卷调查与访谈）调查了解国内外高中阶段学生综合素质评价机制现状及问题；

第三，通过理论研究法从高中阶段学生综合素质评价机制的构建依据、构建原则以及构建方法三个方面剖析高中阶段学生综合素质评价机制的构建思路；

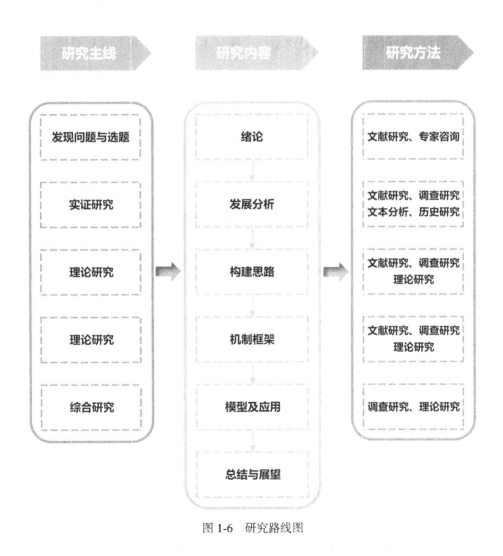

图 1-6　研究路线图

第四，根据高中阶段学生综合素质评价机制的基本结构，尝试构建高中阶段学生综合素质评价机制框架，并分别对高中阶段学生综合素质评价机制结构要素进行较为详实的论述；

第五，在高中阶段学生综合素质评价机制基础上，创建旨在指导实践的高中阶段学生综合素质评价机制应用模型以保证学生综合素质评价顺利实施；

第六，对本研究的进行最终总结，探讨本研究的主要创新和不足，对未来进一步的研究进行展望。

六、创新与难点

(一) 创新

高中阶段学生综合素质评价机制的系统化研究缺失，研究创新程度较高。

首先，本研究以高中阶段学生综合素质评价机制为主要研究对象，选题具有一定创新性；

其次，本研究对国内外高中阶段学生综合素质评价机制已有研究与实践发展历程进行了系统分析，呈现出了现实的学生综合素质评价机制的发展历程，具有一定创新性；

第三，本研究尝试创建了高中阶段学生综合素质评价机制框架；

第四，本研究尝试创建了高中阶段学生综合素质评价机制应用模型。

(二) 难点

高中阶段学生综合素质评价机制的系统化研究还是空白，本研究无论是选题，还是研究内容都具有一定的难度。

首先，本研究以高中阶段学生综合素质评价机制为主要研究对象，选题不仅具有一定创新性也存在一定的难度。综合素质评价作为高中课程改革的重要组成部分，理论研究十分薄弱，也具有一定难度，而本研究选取综合素质评价机制作为研究对象更是进一步加深了研究的难度；

其次，本研究在文献梳理和实证调查的基础上对国内外高中阶段学生综合素质评价机制已有研究与实践发展历程进行了系统分析，呈现出了现实的学生综合素质评价机制的发展历程，既具有一定创新也有一定难度；

最后，本研究尝试创建了高中阶段学生综合素质评价机制及其应用模型，这也是本研究的最大难点。

第二章　发 展 分 析

　　高中阶段学生综合素质评价机制的建构必须建立在对国外高中阶段学生综合素质评价的历史发展、现状、经验启示与国内高中阶段学生综合素质评价的历史发展、现状以及未来发展趋势充分了解的基础之上。只有对我国高中阶段学生综合素质评价机制的过去、现在与未来有一个准确的了解和把握，才能进一步准确地把握我国高中阶段学生综合素质评价机制的现状与问题，从而借鉴国外已有的经验，结合本土特点，有针对性地构建适合我国国情的评价机制。

　　本章运用历史法与调查法剖析了国内外高中阶段学生综合素质评价机制的历史发展、现状和未来发展趋势，并对高中阶段学生综合素质评价机制构建的必要性与可行性进行分析。

一、国　　外

　　通过文献法、历史法和调查法，研究者对国外高中阶段学生综合素质评价的发展历程、现状进行了剖析。通过对国外文献资料的分析发现西方国家并没有与我国"综合素质评价"相对应的概念，但与"综合素质评价"相类似的学生评价思想却十分丰富，在不同学生评价思想指导下的评价机制也呈现出不同的特点。不同时期，国外与综合素质评价相关的学生评价都有哪些不同的特点？与学生综合素质评价改革相关的评价机制改革发展历程都经历了哪几个阶段？这些皆是本部分探讨的主要内容。

（一）发展历程

国外学生综合素质相关的学生评价实践活动有着悠久的过去，但理论研究却有着短暂的历史。从教育出现之日起，相应的评价也随之而产生，学校的出现、考试的产生，而有关学生评价的理论研究直到19世纪末才出现在美国。1897—1898年，研究者莱斯（T. M. Rice）通过随机抽样的方法对美国30000多名小学生进行了拼字测验，实验的主要目的是检验拼字教师的教学时间与学生学习效果之间的相互关系，一般而言评价理论界大多以这一事件作为学生评价研究的开端。① 学生综合素质相关的学生评价作为教育评价的重要组成部分，其评价机制受制于不同时期的社会背景与哲学观念，也无时无刻不存在于不同时期的教育政策、教育典籍以及教育活动之中。通过对不同时期教育政策、教育典籍以及教育活动的历史分析发现，与学生综合素质相关的学生评价与评价机制大致可以分为四个阶段。②

1. 启蒙时期——天赋鉴别、长期观察

该时期大致相当于中世纪以前，西方学生综合素质相关的学生评价最早可以追溯到古希腊时期，而谈到古希腊时期则不可能绕过苏格拉底（Socrates）、柏拉图（Plato）和亚里士多德（Aristotle）这三位古希腊"三哲"。苏格拉底的"产婆术"式的教育方式，以对话的方式引导学生的思维发展，并长期观察学生，将学生的言语作为学生评价的重要依据与标准。在柏拉图的《理想国》中提出了不同类型的学习者天赋各异，为了区分不同类型的学习者，他主张在整个教育过程中应设置三次评价，第一次便是在学习者年满17岁之时，这一阶段的评价以学习者的"天赋本质"作为评价标准，评价的主要任务是"淘汰那些身上加了铜质和铁质的学习者"；第二次是在学习者年满20岁之时，这一阶段的评价以"有无辩证法天赋"作为标准，评价的

① 李雁冰. 课程评价论［M］. 上海：上海教育出版社，2002：47.
② 李树培. 珍视不可测量之物——描述性学生评价研究［D］. 上海：华东师范大学，2008：47-53.

主要任务是挑选出"那些极少数身上加了黄金的学习者";第三次是在学习者年满 30 岁时,这一阶段的评价以"学习者是否适合于最善学问的最佳天赋,以及是否敏于学习,强于记忆,机智、灵敏等"为标准,评价最主要的任务就是挑选出"哲学王"①。亚里士多德则构建起了自己一套基本完备的教育体系,他认为不同年龄阶段的受教育者应接受与其身心发展相符的差异性教育,而且他首次提出并论证了和谐发展的教育思想,强调音乐教育、文雅教育,关注人的和谐发展。

苏格拉底、柏拉图和亚里士多德通过与学生的谈话与交流对学生进行评价,根据不同年龄段学生设计了不同的评价目的与任务,还提出学习者的天赋是通过教育挖掘出来的,因此,若想准确评价不同学习者在接受教育后的不同天赋,务必对学习者的整个教育过程进行长期的观察。

古希腊"三哲"的学生评价思想已经注意到学习者作为个体人的主观能动性和个体发展的可能性,尚未形成完整的体系。同时,在当时还未形成体系完备的学生评价机制,仅仅是初步涉及学生评价实施,如评价主体、评价方式、评价时机等评价运行操作机制的关键问题,并形成了综合素质评价机制的基本雏形,但在当时这一历史时期已属相当不易,而且为此后学生综合素质相关的学生评价及评价机制问题的研究与探讨起到一定的启蒙作用。

2. 装点时期——教会主管、社会本位

该时期大致相当于中世纪时期和文艺复兴时期至 19 世纪中后期。中世纪初期是西方教皇专制时期,该阶段的文化教育由教会垄断,教育完全为宗教神学服务,教皇曾提出"不学无术是信仰虔诚之母","科学是宗教的奴仆",此时的知识服从于宗教信仰,个体的主观能动性和独立思考意识受到了极大的压抑,当时的学生评价的组织管理、指导培训、运行操作以

---

① 孙培青,王承绪. 中外教育比较史纲(古代卷)[M]. 济南:山东教育出版社,1997:378.

及监督调控等完全由教会掌控。例如当时的所有类型的学校，主要包括初等教区学校、唱歌学校和经院学校、大主教学校皆由教会主管，当时教育评价的主要目的只是培养和选拔出忠实于上帝、教权的教士以及精通军事战术和上流社会礼仪的骑士。中世纪后期，大学开始得以出现，此时的大学受到教会的控制，浓厚的宗教氛围严重阻碍了学术思想的自由发展，但大学的出现还是从一定程度上推动了当时欧洲文化的普及和国内外文化的交流，突破了封建闭塞的愚昧状态。中世纪大学在建立之初就有自治的传统，虽然教会不断地尝试着要控制大学，但是当时的大学仍然具有很大的自主权。大学利用当时的国家、教会和地方当局间复杂的关系，从中迂回并努力为大学的发展争取到了许多特权，这也为西方大学的发展奠定了基础。大部分中世纪大学通过口头测试的方式对申请者的综合能力进行评定，并以此为依据最终做出是否录取的决定，同时，口试也是大学判断学生是否能够按期毕业并被授予学位的主要方式。与国家政府与统治者相比，当时的学校教育组织管理者与教师期望更希望通过学生评价以指导培训自己的组织管理与教学工作，并及时调整组织管理、教学工作从而促进学生发展。① 中世纪时期以口试为主要方式来尝试考察学生的学术思想、思维与资质，体现了当时学生综合素质评价理念与机制的特点。

文艺复兴的初衷是"对那些束缚人们思想之狭隘中世纪精神实施坚决的抵抗，是对丰富而充实的个人生活的一种既模糊又迫切的向往与追求"②，强调个性自由的发展。但在后期陷入传统不能自拔，"言必称希腊"，违背了文艺复兴的初衷。17、18世纪，随着工业革命的爆发，资产阶段的力量不断增加，逐渐对旧封建贵族特权与文艺复兴时期的不彻底主张产生不满，希望在社会、政治、经济、文化等方面进行全面的革新，并提出"自由、平等、博爱"的思想，旨在建立理性的社会、树立科学的权

---

① 张向众. 学校转型时期的评价功能变革研究[D]. 上海：华东师范大学，2007：22-24.

② [英]博伊德·金. 西方教育史[M]. 任宝祥，吴元训，主译. 北京：人民教育出版社，1985：158.

威，实现思想、政治、经济、社会的全面变革。思想、政治、经济、社会的全面变革必然将导致当时与学生综合素质相关的学生评价机制变革。以法国为例，作为当时先进教育理论与思想的发源地，在其教育思想方面呈现出明显的冲突，"以爱米尔·涂尔干（Émile Durkheim）为代表的理论家强调教育的社会功能，提出'社会本位论'强调国家对教育进行控制以达到相关的社会目标，在这一教育目的的指引下，学生评价的组织管理、指导培训、运行操作以及监督调控等完全由政府直接掌控，而当时法国的教育体系正体现了爱米尔·涂尔干的这一思想；另一方面是以卢梭（Jean-Jacques Rousseau）为代表，他坚持教育的唯一目的是造就人，这里的人不是'政治人''社会人'，抑或是其他任何类型的人，而仅仅是人"。① 卢梭的教育思想在其代表作《爱弥儿》中得到了充分的论述，但是卢梭的教育思想在当时过于激进，《爱弥儿》一书也被加入禁书之列，因此他对当时社会盛行的教育思想和学生评价观念乃至学生评价机制是一个颠覆。但其思想的光辉深深地影响着18、19世纪教育理论。"歌德称《爱弥儿》是教师的福音，席勒称卢梭是新的苏格拉底，巴泽多宣称他决心根据卢梭的原则进行教育改革，并于1774年创办了'泛爱堂'，将卢梭的观念付诸实践。"②

中世纪时期与文艺复兴时期至19世纪中后期研究者们已有关注人性和人的素质发展的教育思想、学生评价理念和机制，而当时的学生评价机制现实则完全体现了教会主管和社会本位，虽然关注人性和人的素质发展的教育思想、学生评价理念和机制并未得以全面实施，但却装点着当时落后的教育现实，为此后教育普及和学生评价的科学发展奠定了基础。

3. 掩蔽时期——科学主义、管理中心

该时期大致相当于19世纪末至20世纪70年代末。经历了文艺复兴的洗礼，19世纪末开始，人们的思想理性得到了高度发展，这一过程中，学

---

① 马骥雄. 外国教育史略[M]. 北京：人民教育出版社，1991：192.

② 马骥雄. 外国教育史略[M]. 北京：人民教育出版社，1991：197.

生评价的科学化时期也在逐步推进。随着工业化时代的到来，对知识型劳动者的需求越来越大，原有的教育培训方式已经完全不能满足当时的社会需求，为了满足这一需求，班级授课制应运而生，班级授课制的出现致使学生规模不断扩大，原有文艺复兴时期所奉行的"口试"既耗时又费力并开始受到批判，而纸笔测验开始受到人们的关注，纸笔测验方式的实施是学生评价机制中评价方式的一个重要的革命。20世纪初，随着行为主义的崛起，此时学生评价的主要功能和目的几乎全部集中在甄别选拔和成就预测两方面。美国评价学研究专家古巴和林肯(E. G. Guba & Y. S. Lincoln)曾经对这一评价领域科学化发展时期进行过科学划分和有力的批判①，对本研究深有启发，在此研究者尝试在古巴和林肯的研究基础上，梳理与探讨正式评价诞生之后与综合素质评价相关的学生评价机制的发展与变化。②

（1）测验与测量时期

该时期大致相当于19世纪末至20世纪30年代。1864年，英国教师费希尔(George Fisher)编制了第一本《量表集》，标志着教育测验时代的开始。在20世纪初期，伴随自然科学特别是先进的统计、测量技术的发展和行为主义心理学在欧美国家的兴起，一些教育学、心理学家开始将这些先进的统计、测量技术运用到教育研究领域。诸如被公认为"心理测量学的创始人""智力测验先驱"和"差异心理学之父"的英国遗传学家、心理学家高尔顿(F. Galton)；法国实验心理学家"比奈——西蒙智力量表"的创始人比奈(Binet Alfred)；"心理学之父"德国莱比锡大学的冯特(Wilhelm Wundt)以及美国心理学家、教育测验运动的代表人物桑代克(Edward Lee Thorndike)都为此做出了突出的贡献。与此同时，各类相关测试工具不断涌现，如智力测试、学业水平测试和人格测试都在这一时期得到了充分的发展。而此时期的测验背后的理论是完全源自以行为主义理论为基础的智力观，皆认为人的智力是受遗传因素影响且与生俱来的，它是可以通过选

---

① Guba, E. G. & Lincoln, Y. S. *Fourth Generation Evaluation*［M］Newburg Park, CA：Sage，1989：75-79.

② 李雁冰. 课程评价论［M］. 上海：上海教育出版社，2002：48-58.

择适合的工具来测量的。行为主义心理学理论认为，学习者在以后的学习和生活中可能取得成就的大小皆取决于他们的智力水平，所以此阶段的学生评价主要是以测量出来的智力水平为依据。根据测量结果将学生分到与其智力水平相对应的班级或者小组中，接受与其智力水平相当的难度的教学内容"。尤其是在"一战"后已获得巨大发展的"科学管理"运动也波及教育领域，当时的学校沦落为"工厂"，教师沦落为"加工者"，学生沦落为"产品"。该阶段的学生评价机制在本质上是以测验或测量的方式对学生的智力、能力、人格等进行的评估；整个学生评价大多数由政府组织管理，由学校或第三方教育咨询或评价机构具体实施；学生评价的指导培训大部分由地方教育行政部门根据各地特色进行；学生评价的结果大部分受地方教育行政部门的监督调控和保障。学生评价机制的主要功能是甄别选拔和成就预测。

（2）目标达成时期

该时期大致相当于 20 世纪 30 至 50 年代后期。这一时期的代表事件要属有"当代教育评价之父"之称的拉尔夫·泰勒（R. W. Tyler）组织和主持的"八年研究"。由于 20 世纪 30 年代美国经济危机导致了经济大萧条，经济的萧条造成了就业岗位锐减，直接致使大量已完成初等教育的青年未能找到工作，而不得不回到高中继续深造，但一个极为突出的问题是当时的高中阶段学生对高中课程并不感兴趣，他们都认为自己在学校所学习的课程内容没有任何的意义与价值。这一现象促使理论研究者和政策制定者们在不影响大学生的学习和发展的基础上对高中阶段的课程进行重建，"进步教育协会"正是在这一社会背景下应运而生的，它在美国展开了长达 8 年（1934—1942 年）的理论与实践研究，这一研究由泰勒担任评价组负责人。在研究实施的第一年里，泰勒通过出版《成绩测验的编制》一书确立了其倡导的"评价原理"。1949 年，泰勒在总结"八年研究"的经验的基础上出版了《课程与教学的基本原理》，提出了"确立目标""选择经验""组织经验""评价计划"的课程开发模式，人称"泰勒原理"或"泰勒模式"。"泰勒原理"为校长和教师的课程开发提供了有效的理论指导培训，也给当时的学生评价机制带来了深刻的变革。

泰勒认为教育目标本质上是指人的变化，即通过教育使学习者原有行为模式发生预期的变化。泰勒还将评价的核心功能明确为学习者接受教育后所产生的具体行为变化程度，学生评价机制所关注的核心问题是为了发挥评价的这一功能。"泰勒原理"强调评价与目标相结合，学生评价机制乃是为了达成这一目的。他主张用"评价观"代替传统的"测验观"，从而扩大了评价内涵的外延，也转变了学生评价机制的理念。在"泰勒原理"的影响和推动下，基于评价而设计的教育目标分类思想得到了广泛的传播，而这所有的成果中要属泰勒亲自参与和指导的布卢姆的教育目标分类学影响最为深远。

"泰勒原理"形成了当时学生评价的"客观描述"范式，即学生评价就是运用各种方式、方法来客观描述学习者通过教育后所获得的结果与最初确定的教育目标的达成程度，评价机制的重中之重就是要确立操作性强、明确清晰的行为目标。此阶段的评价含义得到了拓展，评价的内涵不只包括测量与考试，评价机制也发生了改变，如泰勒曾经提出："无论我们采用哪一种方式、方法，若能获取学校或学院教育目标所具体规定行为的有效证据，都被视为一种恰当的评价程序。"[1]

（3）价值判断时期

该时期大致相当于20世纪50至70年代。1957年正处苏美冷战期间，而这一年苏联的人造卫星升天，极大地震撼了美国政府，也触动了美国开始对自身教育的反思，进而产生了大规模的教育改革。1958年美国颁布《国防教育法》，1965年美国又颁布了《中小学教育法》，从而为教育改革提供了法律、法规依据。美国此时的教育改革专家多由学科专家构成，并且仍然以行为主义与目标分类学作为理论指导，如布鲁姆的"掌握学习"理论等。但已有诸多学者开始对行为主义研究范式产生了质疑，如塔巴对"泰勒原理"进行了批判，认为评价应该贯穿于课程规划和教学过程始终，

---

① 张华. 课程与教学论[M]. 上海：上海教育出版社，2000：109.

而非在结束时对原有目标是否达成预期进行评价，同时评价机制也要做相应的调整；如艾斯纳在 1971 年发表《我们如何能够测量彩虹》一文提出，测试、测验、测量等分类划等的手段不能完全穷尽所有的评价思想、机制、途径、手段与方法；麦克唐纳、休伯纳、格林等也都相继开始反对和批判科学主义、行为主义，并且以行为目标、科层体制、学科中心取向以及标准化的评价和测量为攻击目标。①

该时期的评价从 19 世纪末至 20 世纪 30 年代"测验与测量时期"，到 20 世纪 30 年代至 50 年代后期的"目标达成时期"，再到 20 世纪 50 年代末至 70 年代的"价值判断时期"。随着时代的发展，学生评价的概念也在不断地发生着变化，学生评价机制也相应发生着变化，但这一时期的共同特点，尤其是前两个阶段都忽视了学生的个性、情感与价值观等不能够通过测试、测量、测验等量化手段获得的学生素质，这一时期的学生综合素质评价思想及相对应的评价机制一直处于掩蔽状态。

4. 凸显时期——相互协商、过程建构

该时期大致相当于 20 世纪 70 年代末至今，在总结麦克唐纳、休伯纳、格林、艾斯纳等人对"泰勒原理"的根本性批判和全面反思的基础上，古巴和林肯两位学者对前三代评价进行了批判与总结后，发现组织管理主义倾向、科学主义等评价理念与机制完全忽视了价值主体的多元性、过分依赖科学范式，早已不适应学习者的发展。他们提出了"第四代评价"的理念，"第四代评价"认为学生综合素质评价机制应该是评价主体与评价对象间相互协商、建构的过程，评价的方法应该选择以质性评价方法为主，诸如"档案袋评价""苏格拉底研讨式评价""教育鉴赏与教育批评"等。在"第四代评价"中作为个体"人"的独特性与主体性在评价的组织管理、指导培训、运行操作以及监督调控过程中应该得到充分的肯定与认可，而且主张评价

---

① ［美］威廉·派纳. 理解课程［M］. 张华等，译. 北京：教育科学出版社，2003：175-177.

应在真实的生活情景之中，应该面向整体的人而非仅仅部分之和。

进入 20 世纪 90 年代后，全世界大部分国家在进行着如火如荼的教育改革运动。教育改革的核心关键就是课程与学生评价改革。在学生评价机制改革方面以多元化为主要价值取向，其本质之一正是改变已有的仅单纯采用标准化测验进行的学生评价，而采用多元的手段与方法；在后现代教育观的指引下，用"替代性评价"，即运用各式各样异于传统标准化测验的方式和手段以获得学生学习行为表现的技术和方法。"替代性评价"包括许多具体的方式与手段，其中有代表性的有"直接性评价""表现性评价""真实性评价""档案袋评价""动态性评价"。① 这一系列的评价方式与手段大多以观察、记录、实践操作、合作交流、实验、表演、演讲等多种质性的方法，从教室到家庭再到社会生活中收集、获取信息；通过言语、数理逻辑、视觉空间、身体动作、音乐、人际和自我等多种智力活动来显示出学生各方面的信息。②

该时期凸显了后现代主义的学生评价观和评价机制，改变了原有"自上而下"的科层式的科学主义、组织管理中心的学生评价机制，采用了评价主体与对象之间相互协商、过程建构的后现代学生评价机制，凸显"第四代评价"理念指导培训的现代学生综合素质评价机制。

通过历史发展的视角对国外学生综合素质评价与评价机制进行审视发现，国外学生综合素质评价与评价机制经历了以天赋鉴别的评价理念和长期观察评价方法为特征的学生综合素质评价机制启蒙时期，由教会主管控制和社会本位为主要特征的学生综合素质评价机制装点时期，以科学主义、组织管理中心化为主要特征的学生综合素质评价机制掩蔽时期和在后现代主义学生评价观指引下，以相互协商、过程建构为主要特征的学生综合素质评价机制凸显时期。

---

① 李树培. 珍视不可测量之物——描述性学生评价研究[D]. 上海：华东师范大学，2008：53.
② 蔡永红. 对多元化学生评价理论基础的思考[J]. 教育理论与实践，2001（5）：34-35.

(二)现状分析

为借鉴他国经验,研究者对美国、英国、日本、韩国四个国家学生综合素质评价机制现状进行了调查分析。之所以选择这四个样本国家,是因为它们分属不同文化背景和教育体制,但在其同类文化背景和教育体制下都非常典型。以美国、英国代表欧美文化,以日本、韩国代表东方文化。美国是联邦共和立宪制国家,其教育行政组织管理是地方分权制,其教育权力归属于地方;英国教育行政组织管理体制属于中央、地方、教师以及民间团体相互之间形成的"伙伴"关系,称之为"地方组织管理的国家制度";日本的教育组织管理模式属于中央集权与地方自治交融;韩国教育组织管理体制与我国教育组织管理体制相似,即实行中央集权的分层组织管理,分为中央、地方和学校三级教育行政组织管理体制。研究者依据教育体制与文化差异的不同对四国样本学生综合素质评价机制的理论与实践进行了整理和归纳

1. 美国学生综合素质评价机制概述

美国学生综合素质评价机制现状不是一蹴而就的,它是美国教育经过长期经验的积累和改进逐渐形成的,因此,在论述美国学生综合素质评价机制之前首先要了解美国 20 世纪以来的教育改革历程。自 20 世纪开始,美国通过一系列的改革来促进学生的全面发展,如:20 世纪 50 年代《国防教育法》指导下的中小学教育改革,旨在加强学科科目的教学,培养高级技术人才,并由此引发了"学科结构运动";20 世纪 70 年代中期出现的返回基础教育运动,它更加重视学生扎实的基础知识和技能训练,逐步开始恢复传统教育的一系列有效做法;纵观 20 世纪 80 年代的教育改革,理论研究者和实践工作者更加注重教育的综合改革,如《国家在危急中:教育改革势在必行》《普及科学:美国 2061 计划》《美国 2000:教育战略》和《2000 年目标:美国教育法》等。上述改革都将学生的全面发展作为主要内容。

进入 21 世纪，联邦政府开始意识到其公立中小学教学存在严重的质量问题。为了提升美国公立中小学校整体教学质量，保证学生素质能够获得有效的全面发展，时任美国总统的小布什于 2002 年 1 月 8 日签署了名为《不让一个孩子落后》的教育改革法案。① 21 世纪的经济、科技和社会等各方面的发展变化给当下人才培养提出了前所未有的挑战，因此，美国于 21 世纪初在基础教育界开展了"21 世纪技能"计划。② 该计划经过近十年的探索和实践，目前已有 14 个州全面实施。该计划的技能框架以核心学科为基础，旨在发展学生的学习与创新技能，信息、媒体和技术技能，生活和职业技能，其实施策略包括：制定标准和实施评价，改革课程与教学，促进教师专业发展，创设学习环境。20 世纪至今，美国的教育改革都展现出了其对学生综合素质的极大关注。美国各高校虽然截至目前并未成立专门部门或机制实施单独的学生综合素质评价或者考试，但总体而言各类高校不约而同地以申请者综合素质发展情况为重要依据来衡量申请者能否被录取。因此，要想探究美国学生综合素质评价以及评价机制，就只能通过剖析其作为高校招生③的综合素质评价来探讨。

（1）美国学生综合素质评价——高校招生录取制度

在美国，如果想进入自己梦想中的大学深造，作为申请者首先要做的就是向目标高校递交入学申请书（Application），相关高校会依据申请者所递交入学申请书所呈现的内容，考察申请者的资质和能力水平，最终再确认其是否具备进入大学深造的条件。入学申请书除包括入学考试（SAT、ACT）要求之外，还需要递交申请者在高中期间各学科学习所获的成绩情

---

① 刘爱成. 美国教育改革：不让一个孩子落后[N]. 人民日报，2002-01-15.

② 靳昕，蔡敏. 美国中小学"21 世纪技能"计划及启示[J]. 外国教育研究，2011（2）：50-54，77.

③ 在此需要说明的是美国高等教育大致可以分为社区学院、公立大学、私立学院、私立大学四种类型，其招生方式也分为"开放录取"（Open Admission）和"选择录取"（Selective Admission）两类，在不同类型高等教育和招生方式中以"研究性大学"或者"研究+教学性大学"的选择录取方式最能体现学生综合素质评价机制，因此，本研究中的"高校招生"特指美国"研究性大学"或者"研究+教学性大学"的选择录取方式。

况，以及申请者在课外工作、社区服务、兴趣爱好等诸多方面的表现。总体而言，美国高校的一份入学申请书就是一个关于申请者的综合素质评价单，其中既包括了学业测试又包含非学业测试，入学申请集中展现了美国高校招生过程中对学生学业水平和综合素质的具体、详尽要求。由此可见，美国高校入学申请材料的审核作为其录取申请者的重要环节恰恰正是美国学生综合素质评价实施过程的重要途径和方式。美国各类高等院校入学申请过程也淋漓尽致地展现了美国学生综合素质评价机制全貌。

（2）美国学生综合素质评价机制

在探讨美国高中阶段学生综合素质评价机制前，有必要明确美国高中阶段学生综合素质评价的内涵与外延，从而明确把握美国高中阶段学生综合素质评价机制的关键核心。研究者通过仔细分析 2014 年普林斯顿大学和 2015 年哈佛大学申请材料的构成之后，发现美国高中毕业生的综合素质可以在其所申请的各类高等院校的入学申请材料中得以全面、客观地反映。美国高中阶段学生的综合素质既包括能够体现学生学业水平的终结性评价（SAT、ACT），又包含有过程性评价性质内容的申请者在学校期间的课程选修情况以及平时成绩，它们主要呈现在作为高校申请材料的中学报告和中期学校报告两个部分中，此外，还包括学校校长、教师、学生、知情人以及申请学校校友的推荐信。可见，美国高校对申请者的综合素质评价渗透和嵌入了申请材料的多个方面，唯有如此才能从多个侧面，全方位、客观地呈现出申请者各方面综合素质的发展状况。根据美国大学入学申请材料的剖析发现美国综合素质评价主要由两个范畴共同组成，其一为学业测试部分，其二为非学业测试部分，通过对这两个范畴评估结论进行有效的结合，以客观、全面地反映学生综合素质的发展水平。① 因此，我们可以说美国学生综合素质评价的内涵中既包括学术能力又包括非学术能力。

---

① 柯政，崔允漷. 进一步推动和完善我国普通高中综合素质评价的政策建议教育［R］. 教育部咨询报告，2011.

基于对美国学生综合素质评价内涵的这一理解，研究者从评价管理、评价实施、评价保障三个方面来探讨美国学生综合素质评价机制。

①评价管理

美国是联邦共和立宪制国家，其教育行政组织管理是地方分权制，美国的教育权力归属于地方，联邦政府仅对地方教育行政部门和高校有指导培训和服务的职能，并不直接参与各高校的组织管理和监督工作。美国当前正在实行的高校招生组织管理制度可称之为"多制并行"，其评价相关部门主要有美国联邦政府教育部、州政府教育部、高校"招生委员会"（Screening Committee）和"招生办公室"（Admission Office）、美国教育考试服务中心（ETS）和美国高等院校测验中心（ACT）、学校以及其他相关组织机构与个人。

A. 政府宏观调控

联邦政府教育部和各州政府下设教育部的主要任务包括：a. 保证联邦政府和各州政府关于人人得到平等接受教育机会的承诺得以实现；b. 在各州、地方学校系统以及公、私立非盈利教育机构、以社区为基础的组织、家长及学生参与教育活动的基础上，采取补充措施，使教育质量不断得到提高；c. 鼓励公众、家长和学生积极参与联邦政府实施的教育计划；d. 通过联邦政府和各州政府支持的教育科研、评估和信息发布来促进教育质量和效益的提高；e. 加强对联邦和各州教育项目的协调；f. 加强对联邦和各州教育事务的组织管理；g. 对总统、国会、各州政府及人民负责，不断提高联邦和各州教育项目执行效果。其主要职责主要包括：a. 对美国教育中出现的重大问题提供指导培训和合作；b. 作为国家教育思想和信息的交流机构，收集并传播优秀的教育思想和最新教育研究成果；c. 给有需要的家庭提供奖学金和贷款，使他们的子女能接受高等教育；d. 帮助地方社区及学校解决学生面临的最紧迫的问题，如增强学生的达标能力，改善学校治安，鼓励家庭参与，提高教师素质，帮助各州及学区满足学校和学生的其他特殊需要等；e. 根据经济形势的变化，帮助学生做好就业准备；f. 保证所有公民都有平等享受联邦教育基金资助的权利，不受种族、肤色、国籍、性别、残疾或年龄的影响。①

　　美国联邦政府及各州政府下设教育部，但它们皆未设立专门的高校招生组织管理机构，也无权直接干涉高校的招生计划组织管理、招生考试组织管理和新生录取组织管理的相关工作事务。高校招生组织管理工作皆由各高校全权负责，美国联邦政府及各州政府教育部以政府的指令性组织管理模式给予宏观指导培训。政府的指令性组织管理模式是指通过法令或对继续使用联邦经费拨款提出具有追溯效力的附加条件。如果政府的经费资助仅仅是推动一项活动所需要的条件，大学可以自由地决定是否需要寻求该项经费的资助。一旦附加的接受联邦政府经费拨款的条件具有追溯效力时，政府就发挥了一种类似于具有法律效力的影响力。大学越依赖于政府相关的拨款资助，那被迫强制服从政府要求的可能性就越大。②

　　B. 高校组织实施

　　高校针对学生综合素质的评价的实施主要依靠各高校下设"招生委员会"和"招生办公室"。"招生委员会"作为大学招生的审议和咨询机构，其主要职责为研究、制定高校招生工作的方针政策，高校新生的入学条件、资格与资质的审查，入学手续以及个别特殊学生的录取决议等重要工作，实际上它是高校招生的政策制定机构和招生工作的监督机构。各高校招生委员会的人员组成不尽相同，一般大体包括教授、招生办公室负责人、学生代表和校友代表等。根据其对象的差异，可以将招生委员会分为本科招生委员会、研究生招生委员会和继续教育招生委员会。本科招生基本由各高校本科学院主持负责，各学院的招生委员会对本学院的招生有完全决定权。"招生办公室"兼有行政和业务的双重功能，内设招生专职人员、专业顾问、教授和学生辅导员等，它是大学自己设立的

　　① 美国教育部. 教育部机构法［EB/OL］. http://www2. ed. gov/policy/landing. jhtml？src＝pn.

　　② ［美］德里克·博克. 走出象牙塔——现代大学的社会责任［M］. 徐小洲等，译. 杭州：浙江教育出版社，2001：42-55.

组织管理入学申请事务的机构,其主要工作是收发入学申请资料、初步筛选申请者资格、寄发录取通知、协助新生办理入学手续、发放奖助学金、对入学者进行追踪辅导、出版大学指南与院系的宣传目录等。① 此外,为了保证学校能够录取到足额、优秀的学生,各高校的招生机构还对外频繁活动,主要包括收集高中学生的资料,与适合本校的学生联络和组织大学校园参观活动等。

C. 教育考试机构提供服务

美国教育考试服务中心(ETS)和美国高等院校测验中心(ACT)是美国两家主要的大学教育考试服务机构,它们是独立于联邦政府、州政府和高校,但受到美国官方权威认证的第三方教育服务机构,主要负责考试试卷的命题与考试组织。

SAT(Scholastic Aptitude Test,学术能力评估测试)由美国教育考试服务中心(ETS)主办。该机构创建于1947年,是美国目前最大的非营利性考试机构。现有专职人员2500多人,兼职专家600多人,总部设在普林斯顿。该机构设总裁1人,常务副总裁2人,副总裁11人,下设11个部门,其中考试业务部门有学历教育考试部(包括中小学、高校、研究生等层次)、考务注册组织管理部、职业考试部、国内考试部、大学委员会项目、科研部等6个部门。后勤组织管理方面有技术系统部、人事组织管理部、财务组织管理部、营业部(实施、运转、印刷等)、法律部等5个部门。

该机构主要负责SAT考试的组织管理,其中包括考前发放宣传资料、报名、组织和监督考试以及提供各种个性化服务等。考试结束后该机构会将考生的考试成绩及相关背景材料进行归纳、整理后分别报告给学生、高中和大学。报告有3类,分别是"大学计划报告",其提供对象为学生,主要包括考试成绩、学生通过填写学生情况调查表所提供的情况和学生想报

---

① 唐滢. 美国高校招生考试制度研究[M]. 武汉:华中师范大学出版社,2007:89-92.

考大学所提供的情况，报告背面有关于评分方法、分数的含义和百分位的含义的材料，并附有《大学计划报告的使用》手册，解释高校如何使用考生的材料，以及考生应如何利用报告来选择自己的报考志愿；"高校指导培训报告"，是提供给学生所在高中的成绩报告单，该报告与学生的大学计划报告一并使用，可帮助、指导培训人们增强对考生录取可能性的认识，学生毕业后，该报告可作为研究和统计报告的材料来源，高校指导培训报告与大学计划报告大部分内容相同，仅在形式上略有变动；"大学入学及指导培训报告"是提供给大学的成绩报告单，包括身份证明材料、考试成绩、考试成绩总结及高校计划报告、学业情况、学校情况、社会活动材料、学生计划等大量的有关考生的背景材料。这些材料不仅为高校录取新生提供了依据，而且在新生入学后，这些材料也可用来确定教学班次、提供教学指导培训意见等，具有多种作用。报告的主要功能有三：其一，有利于学生找到自身不足，从而有针对性地提高自己的能力；其二，是高校衡量学生学习潜力的共同标准；其三，有利于未来高校针对不同学生进行有针对性的指导培训。

ACT(American College Test，大学入学考试) 由美国高校测验中心(ACT)主办。该机构成立于 1959 年 9 月 8 日，它与美国教育考试服务中心(ETS)一样也是一个独立的、非营利性的教育考试研究和服务机构，下设测验开发部、教育服务部、行业考试服务部、科学研究部、信息系统部、考务运行操作部、公共事务部、财务部等。经费主要来自考试收费及社会团体赞助。美国高校测验中心共有正式雇员 800 多人，每年根据考试季来临时的工作量聘请一定的兼职或临时工作人员。美国高校测验中心总部设在依阿华州，并在全国 8 个地区设有分部。

该机构主要负责 ACT 考试的命题和教务组织管理工作，其命题过程包括 5 个基本步骤：编制双向纲目表、命题、试题预测、编制试卷、等值。美国高校测验中心考试的命题过程很复杂，每次命题都需一年半到两年时间，涉及成百上千的专家学者；其考务组织管理工作主要包括报名、考点的设立和培训、考试过程的监控及对舞弊的处理等。考试结束后该机构会形成全面而细致的报告，报告中包含广泛收集的背景材料，并将其与考生、中学和大学全面服务结合起来呈现，其报告内容主要分为背景资料、学生分数报告、中学分数报告和大学分数报告。

美国大学所指定的申请者必须要提供的两项考试成绩——SAT（Scholastic Aptitude Test，学术能力评估测试）和 ACT（American College Test，大学入学考试），正是由这两个机构分别负责组织与实施，其中 SAT 一年组织实施 7 次，ACT 一年组织实施 5 次。

D. 学校提供课程与成绩

学校主要负责对学生在校期间学业水平进行评估，并在学生申请大学过程中向高校与申请人提供相关课程学习成绩证明材料，其中包括高中毕业证书；高中课程与成绩，具体包括在高中期间修习具体课程科目及所修课程科目的门数，高中所学课程成绩相关证明，高中在校成绩总评名次等。此外，学校校长与老师还可以作为申请人的推荐人向大学递交推荐信。

E. 其他相关组织机构与个人提供证明

除以上与高校招生直接相关的组织管理部门和人员以外，美国社会的其他部门机构和个人也要对高校招生提供必要的支持和帮助，如：大学教师会指导高中阶段学生参加到自己的研究项目中来，并对其相关经历和能力给予证明；社会组织需要证明申请者是否参加过相关志愿者活动、社会公益活动联谊会等。

②评价实施

美国高校招生的评价实施是解决从申请者申请到被高校录取过程中谁来评、评什么、如何评以及评来何用等问题，本研究主要探讨高校在招生过程中进行高中阶段学生综合素质评价主体的选择、评价方法与途径、评价定位与具体操作等。

A. 主体选择

美国学生综合素质评价，尤其是非学术能力素质评价的主体主要包括学生本人、教师、校长或学校官员、知情人以及校友。多元的评价主体以评语为主要评判方式，各司其职。多元主体的共同参与有助于客观、全面地收集信息资料，还能够有效地克服纯粹纸笔测试带来的弊端，可以更多维地呈现出申请者的综合素质，提高评价的信度和效度。①

a. 学生自我评价

学生自我评价在入学申请书中占据着极为重要的地位。哈佛大学的入学申请书开宗明义地表明："我们入学程序设计的目的在于给予你最大的自由度和灵活性，用自己的语言来呈现自己。我们希望你能用你所觉得的任何最能展示你兴趣和成就的方式来做答。"结合哈佛大学和普林斯顿大学两所学校的入学申请材料的分析，我们发现学生参与的主要评价内容包括②：课外兴趣和活动，学术荣誉，课外的工作经历，自己初步的学术兴趣、专业和职业兴趣，生活细节，短文，有其他哪些是你想让我们了解和补充的才艺等。

b. 教师推荐意见或评价

作为申请者最主要的知情了解者，美国综合素质评价极为重视教师在入学招生中的作用，并要求学生自愿地出示两位教过自己的教师的推荐意见。这一部分的内容包括：背景信息、具体信息、与其他学生比较的信息。

哈佛大学会让教师回答"你如何将该学生与他的同班同学相比？"与普林斯顿大学相比哈佛大学虽然很多比较维度都相同，但哈佛大学比较的内容的确更为精细化，主要包括：学业成就；智力潜质；写作质量；创造、独创的思想；积极参与课堂讨论；同学的尊重；遵纪的工作习惯；成熟；动机；领导力；诚实；耐挫力；关心他人；自信；创造、独立；总体(参见表2-1)。

---

① 洪志忠. 美国高中综合素质评价对我国的启示[J]. 当代教育科学，2010(24)：17-19.

② 孟文婳. 国外高考招生过程中综合素质评价的经验及启示[J]. 教育实践与研究，2013(14)：9-11.

表 2-1 哈佛大学教师评价表①

	低于平均	平均	好(高于平均)	非常好(远高于平均)	出色(前10%)	杰出(前5%)	我从教生涯中拔尖
学业成就							
智力潜质							
写作质量							
创造、独创的思想							
积极参与课堂讨论							
同学的尊重							
遵纪的工作习惯							
成熟							
动机							
领导力							
诚实							
耐挫力							
关心他人							
自信							
创造、独立							
总体							

c. 校长或学校官员

校长、大学指导培训教师(College Guidance Counselor)或学校官员参与的评价主要呈现在中学报告和中期报告两部分。这两部分主要评价学生在

---

① 哈佛大学. 哈佛大学 2015 年入学申请［EB/OL］. https://college.harvard.edu/admissions/application-requirements.

高中三年中的表现，主要是平时学生所选的课程、所获得的成绩，具有过程性的特点。

中学报告：由大学指导培训教师或学校官员填写，需要提供学生在学校时的官方成绩单。它包括了学生 GPA（Grade Point Average）成绩，反映了学生学习的课时和总体的排名情况。同时中学报告还会反映学生在学校中的综合表现，如学业上的优缺点，对学校和团队的贡献，能够有助于了解该学生的事件等。此外，还包括了学生的学业、课外或者个人记录情况。（参见表 2-2）

表 2-2　普林斯顿大学常规评价等级表①

	无从判断	低于平均	平均	好(高于平均)	非常好(远高于平均)	出色(前10%)	杰出(前5%)	我从教生涯中拔尖
学业成绩								
学习动机								
学术潜能								
智力创造性								
批判思维								
开放思维								
情感成熟								
自信								
领导力								
关心他人								
工作伦理								
无私								
尊重同伴								
尊重教师								

① 普林斯顿大学. 普林斯顿大学 2015 年入学申请［EB/OL］. http://admission.princeton.edu/applyingforadmission/application-checklist.

与之前的哈佛大学教师评价一样，普林斯顿大学也同时要求指导培训教师提供该生与其他同班学生比较的一个等级表(详见表 2-1)。

中期报告：提供的是当前学年的 3 个学期中的第一个学期或第二个学期(美国采用三学期制)的课程选修情况和 GPA 成绩，还包括了学生的学业、课外或者个人记录情况。同样的，它也提供了该学生与同班学生比较的一个等级表(详见表 2-2)。

中学报告和中期报告把焦点放到了学生日常学习状况的考察上，这样就规避了只依据 SAT 或 ACT 等总结性(纸笔)测试成绩来评价学生综合素质的弊端，并如实反映出学生综合素质发展的阶段特征。

d. 知情人评价

所谓知情人，是指申请者所认为的能了解自己、能够代表自己给出推荐/评价意见的一个人。他/她可以是申请者的雇主、音乐指导培训教师、教练、宗教领袖、父母、兄弟姐妹中的任何人。知情人评价给予学生选择评价主体的机会，采用的也是评语或文章的形式，主要表现学生的优缺点、课外兴趣、能力、才能、性格等证据。

e. 校友评价

校友作为申请学校的重要社会资源，在审核申请者材料的过程中，各所高校都会充分利用其校友会网络，让校友就近对申请人在可能的条件进行面试，同时也向申请人介绍他/她所申请大学的学习、生活以及毕业生的就业情况。校友通过面试，考察申请人的综合素质，为学校提供录取与否的参考意见，也同时代表学校向申请人进行了宣传。

B. 评价方法与途径

美国的学生综合素质评价范畴由学业测试和非学业测试两个部分构成，由此可见其评价方法必然是定量和定性的结合。学业测试部分，如 SAT、ACT、AP 测试、IB 测试，大部分是标准化考试，属于量化的评价方法，其中 SAT、ACT 作为申请者必须要提供的主要考试成绩，是在美国广泛应用的大学入学考试(College Entrance Exam)。SAT(Scholastic Assessment Tests，学术评估考试)创始于 1926 年，是美国大学理事会(The College

Board）委托教育测试服务中心（Educational Testing Service，简称 ETS）定期举办的考试，每年举办 7 次。ACT 考试（American College Test）创始于 1959年，由 ACT 的美国高校测试中心来承担，每年举办 5 次，两者均为独立的、非盈利性的专业中介组织。而非学业测试部分主要是通过语言描述的方式，陈述申请者的教育经历、经验以及多方面能力素质，如：学业成绩、学习动机、学术潜能、智力创造性、批判思维、开放思维、情感成熟、自信、领导力、关心他人、工作伦理、无私、尊重同伴、尊重教师，它们大多是等级或者是评语的方式，属于定性的方法。根据不同的评价内容选择不同的评价方法，从而能够较为全面、客观地获取申请者的相关信息。

美国的综合素质评价并未如我国将综合素质进一步演绎成诸如道德、审美、公民、体育等方面的素质，并进而发展出一系列的评价指标。恰恰相反，他们将学生的综合素质视为一个整体，并主要采用模糊评价、总体评价的方法。他们认为，作为高校申请入学材料的入学申请书能够全方位地展现出一个申请者所经历各方面活动和课程，以及对这些内容、过程所进行的评价，充分地反映出申请者的综合素质。美国的学生综合素质评价乃是一种基于教育活动和课程的评价，它能够与学生的教育活动和课程进行有机紧密的结合，它其实更偏向一种主观性、经验性的关键信息收集。他们认为，通过这种途径所收集的关键信息既是可测量的，又是真实的，从而能够有效地保证学生综合素质评价的可操作性和科学性。

C. 评价定位与功能

与我国将高中学生综合素质评价作为高校录取学生的参考不同，美国进行大学录取时，除 SAT、ACT 之外，申请者的入学申请书则是判定其能否进入大学的重要依据，而综合素质评价是入学申请书的重要考评内容，由此可见，呈现在入学申请书上的美国高中学生综合素质评价，与我国的中、高考一样，是一种高利害评价。

美国的大部分高校实施自主招生，尤其是常春藤大学联盟（Ivy League），并且每一所高校都能够独立地负责招生入学事务，并建立了完善的招生制度和完备的招生部门。它们的主要职责就是负责审核申请者所提交的申请材料，并在内容审核方面发挥着至关重要的决定性的作用，当然，申请者的综合素质亦是其审核的核心内容。在审核过程中，大部分高校会充分利用其校友会网络，请校友就近对申请者在时间和空间允许的条件下进行面试。校友通过面试，考察申请者的综合素质，进而为学校提供能否录取的参考意见。

③评价保障

美国高中阶段学生综合素质评价的指导培训主要由各高校招生处内部负责，主要指导培训的对象为招生人员，指导培训的主要目的是为了正确、有效地建立学生档案，招生人员必须十分清楚招生策略、目标以及招生方案。以前招生处人员只要进行一般的在职训练即可，但如今他们则需要更多的公关能力、营销能力以及资料分析能力。而接待客人的技巧、文件处理的能力及知识面的广博也扮演着越来越重要的角色。指导培训主要为"师徒制"并结合"案例教学"的方式，培训机构会在指导培训之前向培训对象发一份学习材料，内含联邦政府和州政府教育部门颁布的与招生相关的政策文件，本校最新的招生方案以内容丰富的案例供招生人员学习，此外，还会请相关专家针对招生人员的公关能力、营销能力、文件处理能力等提升进行专题指导培训。①

大学入学申请书作为一套开放性极强的体系，无论是在评价内容、评价形式上还是在评价主体的涵括性上都是极为广泛的。它赋予申请者在评价内容和评价主体选择上极大的自主权，同时大部分涉及学生综合素质的评价结果都是以评语的方式呈现，这就必然需要建立一整套完善的监督调控体系。

首先，美国高校在进行招生的过程中设置了专门的机构——"招生委员会"来审查申请者所递交的申请书，来审核申请者的综合素质，他们往往都能够遵循法制意识和诚信文化。学生综合素质评价在美国都像中国信奉"百善孝为先"一样得到了全美国社会的一致认同，这就理所当然地受到了大学、中学、学生、家长的重视，大家都将其视作选拔优秀人才的主要

① 唐滢. 美国高校招生考试制度研究[M]. 武汉：华中师范大学出版社，2007：93.

途径与手段，在工作过程中大家就知道其对于申请者和大学的重要意义所在，都能够做到自觉遵守基本的评价伦理。

其次，美国学生综合素质评价的一个主要特点就是多元主体的参与，多元主体参与能够在某种程度上确保信息之间的相互印证。从学校、学生、教师、知情人以及校友等多方面反馈的信息构成了一套信息网络，他们相互之间可以有效地进行对比参照，并且能够形成相互之间的监督，这就在一定程度上杜绝了因为信息源单一而可能造成的以偏概全、弄虚作假等不利于学生综合素质评价得到社会认可的现象。

第三，学生综合素质评价接受美国地方性认证机构监督。美国的高校虽然具有充分的自主权，但这并非意味着高校就可以为所欲为地不顾教育质量而随意设置专业或任意扩大招生规模。美国联邦政府对高校自主办学的监督主要是通过建立非官方的社会化评价监督机制来进行的。地区性认证机构共有八所(详见表2-3)。它们分属六个地区性院校协会组织，这八所认证机构分工负责美国各州和其他行政区的院校认证，担负了全国几千所高校的认证工作，在美国的认证体系中占有重要地位。那些通过了认证的高校，在一定程度上能够证明学校的教育质量达到或者超过特定质量标准，这增加了考生填报该校的机率，同时也把每所参评高校的教学质量呈现在公众视线内，考生和家长可以更好地对它们进行社会化监督。

表2-3　美国地方性认证机构

Middle States Association of Colleges and Schools (MSA)	中部各州院校协会，高等教育委员会
Northwest Association of Schools, Colleges and Universities(NWA)	西北部院校协会，高等教育委员会
North Central Association of Colleges and Schools (NCA)	中北部院校协会，高等教育委员会
New England Association of Schools and Colleges (NEASC-CIHE)	新英格兰院校协会，高等教育委员会
New England Association of Schools and Colleges (NEASC-CTCI)	新英格兰院校协会，技术与职业学院委员会

续表

Southern Association of Colleges and Schools(SACS)	南部院校协会, 高等教育委员会
Western Association of Schools and Colleges(WASC-ACCJC)	西部院校协会, 社区与初级学院认证委员会
Western Association of Schools and Colleges(WASC-ACSCU)	西部院校协会, 高级学院与大学认证委员会

第四，美国大众媒体评价对高中阶段学生综合素质评价的监督。《美国新闻与世界报道》等媒体对大学的评价对高等院校的招生产生巨大影响。① 该周刊自 1983 年起，每隔两年进行一次美国最好大学的排名，而在评价的诸多重要因素之中，新生质量指标有着举足轻重的作用。该评价体系中，衡量一所大学入学的新生质量指标包括：录取率、注册报到率、录取学生中高中排名前 10%比例和录取学生的高考成绩(SAT 或 ACT)。②

当然，如果在申请者所递交的申请书中或者在评价过程中出现了评价失实的情况，以高校为主体的相关部门直接有权对弄虚作假者做出退学等相应处罚。以哈佛大学为例，它就明确规定："偶尔，在与申请有关的方面，一个入学申请者会做出不准确的陈述或者提交了不真实的材料。在大多数情况下，这些事实的陈述在入学招生过程中会被发现，申请会被拒绝。如果一份失实陈述在申请人被录取之后被发现，入学资格通常将被取消。如果一份失实陈述在学生注册之后被发现，入学资格通常将被取消，学生将被要求退学。如果失实材料是在学位授予之后被发现，学位通常将被撤销。"

美国学生综合素质评价采用"多制并行"的组织管理模式，评价主要由高校组织实施，政府进行宏观调控，教育考试机构提供相关服务，学校向高校和申请人提供课程与成绩，其他相关部门、机构和人员为申请人提供

---

① 美国新闻与世界报道. 美国大学排名 [EB/OL]. http://www. usnews. com/usnews/edu/college/rankings/about/weight_brief.php.

② [美]德里克·博克. 美国高等教育[M]. 乔佳义，编译. 北京：北京师范学院出版社，1991：6.

相关证明；通过高校内部招生机构的指导培训开发招生专员的多方面能力；评价采用多元综合的运行操作模式，通过选择多元的评价主体，采用质量结合的评价方法与途径，明确评价定位，保障评价顺利实施；运用四维一体方式对学生综合素质评价进行监督调控。由此可见，美国高中阶段学生综合素质评价已形成十分完善的评价机制，有效地保障了高中阶段学生综合素质评价的顺利、有效实施。

2. 英国学生综合素质评价机制概述

英国学生综合素质评价机制现状不是一蹴而就的，它是英国教育经过长期的经验积累和改进逐渐形成的。20世纪以来，英国的学生评价经历了一个不断改进、不断创新的过程。20世纪初期，英国政府以"11岁考试"来测定学生能力并依此确定其能否升入文法中学或免费入学。进入20世纪20年代，"智力测验"被广泛应用到"11岁考试"中。由于"11岁考试"科目仅限于书面英语和算术，不能够对学生进行全面的评价，英国政府于1943年发表《教育改造》（Education Reconstruction）白皮书，对初级学校过分重视考试科目的现状进行了批判，并提出将来要根据学生的能力倾向进行评估，并非仅凭书面考试对11岁儿童进行选拔。

"二战"给英国经济带来了巨大的损失，教育资源也严重短缺。在此背景下，英国政府发布了《1944年教育法》，提出"三类中学"模式——文法中学、技术中学和现代中学。而这一分类的主要依据是"儿童的爱好与能力存在差异，因此给予他们的教育也要有所不同"，这一时期的"11岁考试"开始由地方教育当局负责举办，各地区考试程序基本一致，主要包括以下几种：（1）标准化的客观智力测验（通常称为"言语推理"测验）；（2）正规的英语和算术测验，一般是客观和标准化测验；同时，要参考小学校长对学生的鉴定报告和记录学生整个小学阶段成绩的报告单，少数地方教育当局还进行家访。学校通常会安排每年的2、3月份由学校教师执行测验，教师根据上级有关规定进行评分，并将"原始分数"转换为"标准分数"。地方教育行政部门将会根据成绩排名对考生进行分类。

随着科技革命的到来和经济的发展，原有的"三分制"中等教育的弊端日益显著，诸如教育公平、毕业生不能适应社会生活等。20世纪60年代中期，工党政府发布10号通告，英国政府将原来的"三类中学"转变为"综合中学"，"11岁考试"被废弃。在进步主义教育思想的影响下，教师抛弃了传统的班级教学模式，开始转向无固定结构的自由组织形式。教师根据对儿童活动的记录来评价儿童的学习态度以及他们的社会性、情感和智力发展水平。

20世纪80年代初，英国教育科学部专设成绩评定小组，该评定小组十分强调教师平时对学生的考察，要求对于即将升入文法中学或综合中学的学生，初等学校必须为其撰写"评语"，并记录学生的各科学习成绩及相关能力、爱好等，作为中学指导培训学生的参考。20世纪90年代末，工党领袖布莱尔在大选中获胜，开始推行"第三条道路"——强调包容、团结与合作，反对以阶级为基础的社会分野。在"第三条道路"政治主张的引领下，英国政府不仅重视提高学生的学习成绩标准，更加关注促进学生学习水平的提高，同时也考虑对学生的学习风格、学习动机、价值观等非智力因素进行评价。英国于1997年10月1日，通过《1997年教育法》，成立英国资格认证与课程局（Qualification and Curriculum Authority，QCA①）为的正是提升全民素质。1999年7月，英国国家课程改革方案出台，并决定新方案从2000年9月起开始实施，此次课程改革，英国政府特别强调的是课程的精神价值，着眼于迎接新世纪挑战的重要问题，以"为学生的未来生存做准备为目的"。②

---

① QCA成立于1997年10月1日，当时合并了原英国国家职业资格委员会和学校课程评审委员会两个机构，是英国教育和就业部下面的一个非部门性的政府机构，其委员会主要成员15名，其中有各级学校校长、教授、工商企业知名人士、地方教育官员、政府官员等，下设有多个专业委员会，其机构组织框架中主要包括执行主管对委员会主席负责，下设公共政策部、公共服务部、交流部、课程发展部、国家课程与学生评价部、普通教育资格证书和普通职业教育资格证书部、职业资格证书及行业标准部等各管理执行部门。引自徐学莹，肖家栅. 英国QCA的成立及统一的资格证书体系建设的最新发展[J]. 外国教育研究，1999(2)：42-46.

② 邓志伟. 中等教育[M]. 长春：吉林教育出版社，2000：89-95.

（1）英国学生综合素质评价——"课程作业"与"受控评价"

英国学生评价改革发展至今，形成了其特有的学生综合素质评价机制，即运用"课程作业"（Coursework）与"受控评价"（Controlled Assessment）来考察学生的知识、能力、理解、合作、沟通、综合运用、创造性、独立学习的技能、积极参与的态度以及在完成作业过程中的诚信度。通过这两种方式在全国性外部（除校内考试之外）统一考试（GCSE，A-Level）中通过表现性评价方式来评估学生的综合素质。

"课程作业"全称"中心评审课程作业（Centre-assessed Courework），作为 GCSE 考试①与 A-Level② 考试成绩的一部分，它是指在日常教学过程中，一般由教师布置或者学生自己确定，来考察学生实际表现的较为真实的作业任务；评价内容与标准有统一的规定，其成绩在总成绩中所占比重不低于 20%；它通过实验报告、论文、调查报告、实际操作、实验、调查、野外考察、演讲等多种方式，对学生的学习态度、实践活动、实验技能、动手操作能力、合作与沟通能力、语言表达能力、收集与整合资料的能力等进行评价。

"受控评价"（Controlled Assessment）作为 GCSE 考试重大的改革举措，是由 QCA 于 2008 年 3 月提出，并于 2009 年全面实施以代替"课程作业"的一种评价方式。受控评价更加适合来评价学科特殊技能，主要考察学生的综合运用和参与。作为外部测验的有益补充，受控评价的任务设置与"课程作业"一样由英国考试委员会规定和指导，其大部分作业必须在课堂内完成，并采用直接打分的方法，规避了原有"课程作业"在收集学生平时作品过程中存在的剽窃，父母、教师参与、协助学生完成等作弊可能，从而

---

①　GCSE 全称：General Certificate of Secondary Education，译为"英国普通中等教育证书"，是英国义务教育结束时进行的一种证书考试，也被称为 16 岁考试。

②　A-Level 全称：General Certificate of Education Advanced Level，译为"英国高中课程"它是英国的普通中等教育证书考试高级水平课程，是英国的全民课程体系，也是英国学生的大学入学考试课程，与我国的高考一样，A-Level 课程证书被几乎所有英语授课的大学作为招收新生的入学标准。

极大地提高了评价的信度和效度。

(2)英国学生综合素质评价机制

基于对英国学生综合素质评价内涵的这一理解，研究者从评价管理、评价实施、评价保障三个方面来探讨英国学生综合素质评价机制。

①评价管理

英国教育行政组织管理体制属于中央、地方、教师以及民间团体相互之间形成的"伙伴"关系，称之为"地方组织管理的国家制度"。1944年，英国已构建了中央、郡教育局和自治市教育局三级教育行政组织管理体制。现行的教育行政组织管理机构包括中央教育行政组织管理机构、教育与技能部和地方教育行政组织管理机构、地方教育局。"课程作业"与"受控评价"与其他GCSE考试和A-Level考试部分一样，由国家层面的QCA统一组织管理。QCA主要负责GCSE课程标准的制定以及考试标准的协调，并对考试做出评估，并对不同考试委员会——AQA(评价与资格联盟)、EdExcel(卓越教育委员会)和OCR(牛津剑桥考试中心)之间的均衡性、协调性和一致性进行调查监督。①

"课程作业"与"受控评价"是在GCE考试或GCSE考试中，由QCA统一制定和实施评价标准和相关政策；学校或大学评估中心再根据课程计划、教学大纲和相关政策进行目标设计和任务设计，并制定一系列评价学生实际表现的手段，并按不低于20%的权重纳入各个科目A级成绩的最后总分之中。评估中心为了提高评价的信、效度，进一步制定了一整套相关的标准，其指标体系具体细化到了每一个项目甚至行为。

"课程作业"与"受控评价"的具体评分工作由任课教师直接实施，评分结果按一定权重纳入学科考试最终成绩。教师的评价结果同时要接受第三方评价机构的监督与指导培训。

②评价实施

---

① 以上的三个考试委员会/考试中心都是经QCA批准注册成立，主要负责外部考试的组织、试题编制与评价、课程作业的评分和考试结果的报告等考试事务，并且皆为独立的专业性服务机构，除了举办组织考试外，还指导各类学校校内考试。

"课程作业"与"受控评价"的实施旨在探讨谁来评、评什么、如何评、评出来如何用等问题,与我国高中阶段学生综合素质评价不同的是,英国高中阶段学生综合素质评价的运行操作有其特殊性。

A. 评价主体

英国学生综合素质评价的政府层面主体是 QCA。在"课程作业"中学生综合素质评价具体实施层面的主体主要是教师。学生需要根据各个学科的课程标准和任课老师的安排完成"课程作业",并在完成"课程作业"的过程中确保是学生本人亲自实施,与此同时,学生在利用资源、查找资料过程中的诚信情况也是其"课程作业"的评价范畴。在任课教师根据课程标准对学生进行"课程作业"评价过程中要受到第三方机构的监督和指导培训。由此可见英国学生综合素质评价的真正主体是政府,在实施层面其主体是教师,后者要时刻接受第三方机构的监督和指导培训。

B. 评价内容

2014 年 3 月,根据不同学科的特点,AQA、EdExcel 和 OCR 三个英国最主要的第三方考试服务机构/中心共同提出了 GCSE 在不同学科中"课程作业"所占的权重、具体内容以及最后完成期限(详见表 2-4)。

表 2-4　GCSE 主要学科"课程作业"标准①

学科	权重	内容要求	最后期限
英语	40%(包括20%的口语)	创造性写作	2016 年秋季学期
		1914 年以后的戏剧	2016 年秋季学期
		莎士比亚	2015 年春季学期
		听/说(小组任务)	2015 年春季学期
		媒体	2016 年秋季学期

---

① OPTIONS GCSE. Curriculum Handbook：A Guide for BSN Students in Years 10 (2015-16) and 11 (2016-7)［EB/OL］. http：//issuu. com/bsnmarketing/docs/gcse _ curriculum_2015_2017_issuu? e=4079623/11071665.

续表

学科	权重	内容要求	最后期限
英国文学	30%	听/说(戏剧)	2016 年秋季学期
		散文研究	2016 年秋季学期
研究能力	100%	动机/目标确定	2015 年春季学期
		学习风格	
		自主学习的规划与时间安排	
		记忆技能与策略	
		研究能力	
		笔记能力与策略	
		文章谋篇布局与撰写能力	
		自我评价	
		复习和考试技巧	
		压力组织管理	
		有效的学习环境	
计算机科学	25%	将问题分解为子问题的能力	2015 年春季学期
		创造并应用算法	
		能够设计、编写、测试、评估项目	
艺术与设计	60%	参加主题艺术设计研讨会,通过实地考察等培养和掌握关键技能,形成档案	2015 年春季学期
		创造由自己选择的艺术作品,来展现学生在艺术、设计方面的经验、特长等	2016 年秋季学期
食品科学	60%	学生根据自身情况选择一项主题任务进行调查研究	2016 年秋季学期
戏剧	60%	设计场景进行表演(40%)	2016 年秋季学期
		写一份与本课程有关的报告(20%)	
地理学	25%	以数据收集为基础进行野外调查研究	2016 年级秋季学期
科学(物理、化学、生物)	25%	以课堂实践作业为基础展开评价,评价内容包括:调查研究技能;实践技能评价	两年课程的课堂时间内完成

学科	权重	内容要求	最后期限
音乐	100%	音乐表演、音乐创作、作品集	2016 年夏季学期
现代外语（德、法、西班牙、荷兰）	25%	在 11 年级要完成听、说、读、写四份课程作业，其中 3 份需要呈交（1 份必须在监督下完成）	在课堂中完成 2 年课程的家庭作业

"受控评价"作为英国学生综合素质评价的另一种评价方式，可以提供更为直接的评分，其大部分学科是由学生当堂直接递交课程作业单的形式进行评价。"受控评价"更适合对特殊能力进行评价，如：艺术设计、戏剧、技术与设计、表演等。"受控评价"有不同的控制水平，并且教师在课程开始之前就要知道控制水平，从而使教师有预期地合理组织管理评价和教学时间。"受控评价"的考试卷的问题类型比较宽泛，这样能够保障学生在答题时充分展现他们的已有经验知识和多方面的能力。此外，"受控评价"的内容还包括和整合英语、现代信息技术和数学技能等一系列认为学生必备的技能。

C. 评价方法与途径

英国学生综合素质评价，以"课程作业"和"受控评价"为主要形式，主要通过表现性评价的理念与方法展开。

科学（物理、化学、生物）课程作为英国 GCSE 课程的重要组成部分，其"课程作业"中对实验与探究能力的评价方法具有代表意义，下面以科学（物理、化学、生物）课程中对实验与探究能力的评价为例介绍英国"课程作业"的具体评价方法。科学（物理、化学、生物）课程在评分时，规定任课教师从以下四个方面对考生提交的"课程作业"进行评价，每个部分的分值比例详见表 2-5。

表 2-5　科学课程"课程作业"评分表

评价维度	满分分值	考生得分	评分理由陈述
制订计划的能力	8		
实施计划的能力	8		
分析论据得出结论的能力	8		
评估论据和过程的能力	6		

在科学(物理、化学、生物)课程学习结束之际,考生应向任课教师递交能够展现以上四方面技能的证据材料,任课教师则依据学生的日常课堂表现和递交的证据材料,按照考试机构提前制定的指导培训方案和评分细则对学生的课程作业成绩进行评分,还要提供给出该分数的评分理由和依据,同时应尽量准确地在作业中标注满足相关的评价标准的内容,以便考生及相关人员能够明晰得分的理由。最终,教师将"课程作业"评价成果以纸制"课程作业/档案袋"和"电子档案袋"(E-portfolio)的形式报送给授予委员会进行存档和应用。

受控评价在 GCSE 各科成绩中占有一定比例。在各学科中比例不同,25%、60%和100%的都有。受控评价在 GCSE 不同学科评价中的比例详见表 2-6。

表 2-6　受控评价在 GCSE 不同学科评价中的比例①

仅含外部测验	25%受控评价		60%受控评价
数学 经济学 拉丁语 法律 宗教研究 心理学 社会学	计算机科学 古代文明 地理 历史 人文学科 现代外语	产品设计 艺术与设计 公民 建筑和环境规划 技术与设计 表演	食品科学 戏剧 住宿与餐饮 休闲与旅游 制造 体育

　　"受控评价"一般由三个评价要素的控制水平来决定，它们是任务设置（Task Setting）、任务执行（Task Taking）、任务评分（Task Marking）（详见表2-7）。

表 2-7　受控评价的三个评价要素①

任务设置	任务执行	任务评分
◆对一些主要学科，评价任务由考试委员会来设置，任务每年改变一次	◆任务的完成将受到部分监管，以保证任务是学生自己完成的	◆有一些学科由考试委员会来评分
◆任务的设置要视当地的环境和可用的资源而定	◆但是，对研究技能的监管不能太多，以保证学生在教室外学习 ◆鼓励学生恰当地使用因特网和小组学习 ◆教师要肯定地鉴定学生的作业	◆大多数学科由教师评分，考试委员会监管 ◆有评价规则来保证评价是最高质量的 ◆考试委员会将给各中心提供受控评价的指南和带有示例的具体标准

　　"受控评价"作为一种评价方式是嵌入学科课程标准的，自从2009年9月份"受控评价"正式使用以来，"受控评价"就已经被引入课堂教学之中。在诸多学科之中，艺术学科的特殊能力评价最适合也必须通过"受控评价"的方式来评估。以《艺术与设计学科课程标准》为案例来剖析"受控评价"更具有代表意义。《艺术与设计学科课程标准》规定该科的最终成绩外部评价分值为40%，非测验评价即"受控评价"所占分值为60%。艺术课程的"受控评价"评价目标（Assessment Objectives，简称AO）由七个子目标构成（详见表2-8）。

---

　　①　柯政，崔允漷.进一步推动和完善我国普通高中综合素质评价的政策建议教育[R].教育部咨询报告，2011.

表 2-8　艺术与设计课程"受控评价"评价目标①

目标一	积极从事艺术设计过程，旨在培养有效和独立学习的学习者，并时刻以质疑的态度成为一名艺术与设计的批判、反思者
目标二	在交流和表达艺术设计的意义、感想和观点过程中培养学习者创造力、想象力和实践操作能力
目标三	在开发创造材料、工具、技术的过程中有自信和能力的冒险和从错误中学习
目标四	培养学习者的调查研究能力、分析能力、实验操作能力、解析能力和审美理解能力等
目标五	学习者能够理解艺术与设计领域的规范和惯例，并能在实践操作过程中有敏感的艺术与设计意识
目标六	能够表达对当代社会和其他时代和文化下对艺术与设计领域的知识和理解
目标七	培养学习者的自信、变通、毅力、自律等个人性向

艺术与设计课程的"受控评价"评价控制水平（Level of Control）包含三阶段：设置任务、执行任务、评价任务。为了确保"受控评价"的信度，对各个阶段的控制水平应尽量高（详见表 2-9）。

表 2-9　艺术与设计课程"受控评价"评价三要素②

任务设置——有限的控制	任务执行——媒介的控制	任务评分
◆学科标准中必须声明，申请者的档案袋必须由评价中心来设置	◆在非正式的监督下完成所有作业，在一定的监督下进行研究	◆教师评分要使用由授予委员会提供的评分计划和标准

———————————

　① OPTIONS GCSE. Curriculum Handbook：A guide for BSN students in Years 10（2015-16） and 11 （2016-7）［EB/OL］. http://issuu. com/bsnmarketing/docs/gcse _ curriculum_2015_2017_issuu？e＝4079623/11071665.

　② OPTIONS GCSE. Curriculum Handbook：A guide for BSN students in Years 10（2015-16） and 11 （2016-7）［EB/OL］. http://issuu. com/bsnmarketing/docs/gcse _ curriculum_2015_2017_issuu？e＝4079623/11071665.

续表

任务设置——有限的控制	任务执行——媒介的控制	任务评分
◆授予委员会必须提供任务的范例	◆授予委员会必须对学生为最终被评价的作品所作的准备提供清晰的指导培训 ◆授予委员会必须指出哪些是允许的教师支持的水平，教师的支持应该如何记录(反馈控制) ◆授予委员会必须指出完成任务的大致时间段。(时间控制：授予委员会必须提供包括规定申请者要求额外时间的指南，如残疾学生要求额外的完成时间) ◆标准必须阐述个体的工作可以与他人合作，但是申请者必须提交一个属于他个人的答案(合作控制) ◆标准必须阐述申请者是否有权使用资源是由评价中心决定的，要与授予委员会制定的评价规则相一致。(资源：授予委员会必须提供包括规定申请者的特殊要求的指南，如残缺学生的特殊要求)	◆授予委员会的评价要与《GCSE，GCE，GNVQ和 AEA 工作准则》(GCSE，GCE，GNVQ and AEA Code of Practice，April 2014)的要求相一致

D. 评价定位与功能

"课程作业"与"受控评价"作为英国的学生综合素质评价的主要手段，

其功能定位十分明确，即它们作为英国高中在全国性外部统一考试(GCSE考试和 A-Level 考试)中的一部分，运用表现性评价方式对学生的综合素质进行评估，其成绩分数与 GCSE 考试和 A-Level 考试其他部分一样，作为大学入学成绩分数的一部分，决定着英国高中阶段学生在高中毕业后是否能进入大学学习或者社会工作。

③评价保障

评分标准化是评分信、效度得以保障的重要手段。为了确保"课程作业"与"受控评价"评分信、效度，评价与资格证书联盟(AQA)①采取指导培训方式努力保证 AQA 和教师的评分标准化。AQA 历年秋天都为广大一线从事评价活动的教师举行课程作业评分标准化培训。在培训过程中，AQA 会细致地讲解在开展评价过程中，教师如何进行合理的课程作业任务设计和使用评分标准。AQA 这样做的目的是使评分标准化，从而得以保证在同一标准下，公平、公正、公开地评定每一位考生的测试成绩。AQA 选定一个人来负责内部标准的整体框架制订，在一般情况下该位负责人首先要召集所有参与评价的老师，并集中在一起让大家尝试给一些作品评分，负责人将根据大家的评分数据区分出不同类别的评分标准；随后，他将在所有评价教师都将要参与的培训会议上逐个讨论针对每一个项目的不同评分；而在教师培训会议上，AQA 会向所有参会教师发放参阅参考书目以及档案材料，诸如先前的作品或 AQA 的样本等，从而以保证各位老师与中心内部的评分实现标准化。此外，只要采取的方法切实有效，都是提倡和允许的，AQA 将在最后确定一个可供采用的统一的内部标准来评分。

为了提高"课程作业"与"受控评价"的信度与效度，英国政府采取了诸多有效的措施进行监督调控。

首先，AQA 采取签署声明的方式来确保申报考生材料的真实性。在签

① 英国资格评估与认证联合会(The Assessment and Qualifications Alliance)由英国联合考试局(The Associated Examining Board)和英国北方考试评估委员会(The Northern Examinations and Assessment Board)于 2000 年 4 月合并而成，目前为英国三大颁证机构之一。

署声明之前 AQA 将申请者在完成课程作业/档案袋的过程中可能会出现的违规行为告知申请者,具体如下:

提交不是自己亲自完成的作业;将作业借给其他申请者或者允许他们复制自己的作业;允许其他申请者得到,或者使用他们自己的资料,或者协助他人完成课程作业;在没有声明出处的情况下,直接从书本上、因特网或者其他资源上复制作业;在没有声明出处的情况下,提供由第三人进行印刷的或者文字处理的作业。

在此基础上,AQA 要求与课程作业相关的活动任务应尽可能地在教师的直接监督下进行。AQA 强调被评价的课程作业必须由考生单独完成,个别考生所接受他人的任何额外帮助,必须记录在课程作业的封面上。为了确保呈交的课程作业是考生自己的成果,考生和教师都必须签订声明,声明的签订以书面的形式记录了考生和教师的承诺,使诚信得到了有效的保障(具体声明详见表 2-10、表 2-11)。

表 2-10 学 生 声 明

信息和建议的来源
1. 在你完成课程作业的过程中,除了你的任课教师外,你还从其他人那里接受帮助或者获得信息了吗?
2. 如果你接受了其他人的信息或帮助,请说明详细情况,如有必要可以另加附页。
3. 如果你在完成课程作业时,使用了任何书籍、资料或其他资源(如视频、软件或因特网),请一一列出。从其他书籍或者资源中复制的材料如果没有注明出处的被认为是剽窃。
考生须知
你递交的课程作业必须是你自己的,如果你抄袭别人的,或者允许别人抄袭你的,或者以任何其他方式作弊,都可能会被取消考试资格。
考生声明
我已阅读并理解了考生须知,我在完成课程作业的过程中,除了评价方案中允许的帮助外,没有接受其他任何额外的帮助。
考生签名: 日期:

表 2-11 教 师 声 明

额外帮助的详细记录(如果有的话)
请在下面详细记录给该考生提供的任何额外的帮助(额外帮助是指超出给全体学生提供的共同帮助和考试说明中描述的帮助),如有必要可另加附页。
教师声明
我确认该考生的课程作业是在考试说明中安排的条件下完成的,我已经鉴定了该课程作业且感到满意,据我判断这是考生自己的成果。
教师签名: 日期:

其次,AQA 与教师协同对课程作业进行严密的监督调控和鉴定。在几乎所有的评价主体中教师应该是对考生的能力水平最为了解的,当考生所递交的课程作业不在他的能力范围之内时,教师一般应该可以第一时间发现。倘若教师发现了考生接受了除 AQA 规定范围以外的其他机构或者个人的额外帮助,教师就应该马上根据考生现实应具备的能力水平予以打分,当然,教师也必须同时签署一份评分鉴定结果的声明。如果教师没有按规定操作实施,一经 AQA 审查发现,该考生的作品将被视为无效,而教师也将受到相应的处理。另外,教师在向 AQA 提交考生的测试成绩时,还需同时填写一份考生记录表,而在记录表中的内容除去要详细记录考生各项评分标准的具体分值以外,还必须保证该考生所递交的作业仅有一份。

第三,仲裁员对学生的课程作业进行监控。任课教师在对考生课程作业进行评价的同时也必须要接受 AQA 的监督和指导。在评价结果公布之后,AQA 有权对教师的评价结果进行调整和平衡。教师必须将课程作业的评分递交 AQA 进行复查,并同时把部分课程作业邮寄给 AQA 随机指定的仲裁员,由仲裁员对递交部分的课程作业进行抽查,而且要进行重新打分,之后将重新打出的分数与教师原有的评分进行对比,依此来决定是否需对该教师所有课程作业进行调整,考生所在学校必须为可能的调整作好充分的前期准备,时刻准备将所有考生的课程作业递交给 AQA 接受检查。

AQA 在进行分数调整过程中一般会维持原有评价等级，倘若分歧较大，则 AQA 有权改变原有评价等级。在调整、复查后，原来递交的课程作业会返还学校并附带有仲裁员的反馈意见，如任务设置是否合理，评价是否准确，以及对评分所做的任何调整的详细理由等。部分考生的课程作业可能会作为存档文件保留在 AQA，而不返还考生所在的学校。

通过对"课程作业"和"受控评价"的剖析，英国学生综合素质评价有其独特的评价机制，在"课程作业"和"受控评价"的实施过程中充分体现了表现性评价融入课程的思想，在学生综合素质评价机制中构建规范性强、可操作的运行操作程序以及有效的指导培训和监督调控是学生综合素质评价得以顺利、有效实施的重中之重。

3. 日本学生综合素质评价机制概述

日本文部省于 1989 年 3 月通过公布新的《学习指导培训纲要》来推动基础教育改革。1998 年 6 月，日本教育课程审议会发表总结报告展示了 21 世纪日本新的学校教育课程的构想，日本本次课程方案的一大亮点是在课程中增设了综合学习时间，可见，其在 20 世纪末就已经对学生的综合素质有了足够的重视。相对我国而言，日本文部科学省尚未发布官方文件来对学生的综合素质的内容结构、评价标准等进行规定，其高中阶段的评价主要依据是在"学校教育法实施规则"的基础上制定的《高中教学大纲》。在《高中教学大纲》中规定了整个高中阶段的所有课程学习以及在校活动等内容，但在此文件中的这一系列的规定并不具有操作性。在《高中教学大纲》的基础上，文部科学省着手编制了《学业评价报告单》，其填写主体为教师，主要的目的是记录学生在校期间的学习、活动等综合素质表现，因此，《学业评价报告单》就成为了日本学生综合素质评价的主要载体。①

---

① 柯政，崔允漷. 进一步推动和完善我国普通高中综合素质评价的政策建议教育[R]. 教育部咨询报告，2011.

（1）日本学生综合素质评价——学业评价报告单

通过对日本学生《学业评价报告单》①进行分析发现，日本学生综合素质评价既包括学术能力方面的内容又包括非学术能力方面的内容，其学术能力方面的素质主要通过学科成绩来考察，即修满必修课和选修课之后所得的学分，非学术能力方面的素质主要通过综合学习时间和特别活动实时记录来进行定性考察。可见，日本学生综合素质评价与我国学生综合素质评价有相似之处，即都是以"报告单"为主要载体来对学生在读期间的综合素质进行评定，如日本的《学业评价报告单》，我国浙江省的三表——《学生学业水平情况记录表》《学生综合素养情况记录表》《浙江省普通高中毕业生综合素质信息表》②，上海的《上海市普通高中学生综合素质纪实报告》③。它们都将学业成绩作为学生综合素质评价的重要组成部分。

（2）日本学生综合素质评价机制

基于对日本学生综合素质评价内涵的这一理解，研究者从评价管理、评价实施、评价保障三个方面来探讨日本学生综合素质评价机制。

①评价管理

日本的教育组织管理模式属于中央集权与地方自治交融。文部省作为日本最高的中央教育行政机构，最早成立于1871年，建立之初称为文部大辅，后来改为文部大丞、文部卿，直到1885年实行近代内阁制后，才改为大臣，首任文部大臣为森有礼，此后直到2001年，为强调科学技术创造立国，将文部省与科学技术厅合并，改名为文部科学省。根据《文部科学省设置法》分为内局、外局和附属机构三个部分。内局由大臣官方（办公厅）、终生学习政策局、初等中等教育局、高等教育局、科学技术·学术振兴

① 维基百科日语版. 学习指导要领[EB/OL]. http://ja.wikipedia.org/wiki/%E5%AD%A6%E7%BF%92%E6%8C%87%E5%B0%8E%E8%A6%81%E9%A0%98.

② 浙江省教育厅. 关于完善浙江省普通高中学生成长记录与综合素质评价的意见[Z]. 浙教基〔2015〕45号.

③ 上海市教育委员会. 关于印发《上海市普通高中学生综合素质评价实施办法（试行）》的通知[Z]. 沪教委基〔2015〕30号.

局、研究振兴局、研究开发局和体台·青少年局组成。外局就是文化厅（还负责分管宗教事务）。国立大学 99 所、国立短期大学 2 所、国立核反应研究所、国立高能加速器研究所等教育科研实体，都为文部科学省的附属机构。另外还有中央教育审议会等咨询机构。① 作为教育主管部门的日本文部科学省下属的初等中等教育局根据"学校教育法实施规则"制定了《高中学习指导培训要领》和《高中教学大纲》。同时，文部科学省在《高中学习指导培训要领》和《高中教学大纲》的基础上编制了《学业评价报告单》，学校根据《高中学习指导培训要领》和《高中教学大纲》要求，由高中老师如实填写《学业评价报告单》。学校通过《学业评价报告单》记录学生在读期间的学习及活动情况，并最终由学校校长认定。高中毕业之时，如果毕业生选择推荐升学，其学籍档案与《学业评价报告单》内容相似则成为其升学考试的重要组成部分，学籍档案中的定性内容将被转化为量化分数，记入入学考试的总分。同时，对学生的综合素质进行认定和报告，还可以提供给用人单位和家长等有关方面参考使用。

②评价实施

《学业评价报告单》的评价实施旨在探讨谁来评、评什么、如何评、评出来如何用等问题。

A. 评价主体与内容

日本在中学阶段对学生进行综合素质评价的评价主体主要是学校、校长和教师，而其最终的决定权则在校长手中。

例如根据日本《高中教学大纲》规定，日本高中阶段学生是否能够毕业主要是取决于高中校长的认定，而高中校长在对学生毕业资格审核认定的时候，首先必须要考察的是学生是否修完在读期间的所有课程，并是否已经获取了相应的学分，如果学生已经根据学校的规定，完整地修满所有相关课程，并获取规定学分，就能够顺利毕业，拿到毕业证书。日本文部省规定的高中毕业基本学分为 76 个学分，但是实际落实到具体操作中各个学

---

① 王智新，潘立. 日本基础教育[M]. 广州：广东教育出版社，2004：93-94.

校规定的总学分数并非完全一致。但其学生综合素质评价的主要内容基本相似。

通过对《学业评价报告单》分析发现，日本学生综合素质评价内容主要包括三个部分，详见表2-12。

表2-12 日本学生综合素质评价内容表①

维度	内 容
学科	修满必修课、选修课，修得规定学分
综合学习时间	主要是指体验学习和问题解决学习，根据"学习指导培训要领"，综合学习时间的学习活动内容涉及国际理解、信息、环境、社保和健康等领域，跨越学科的界限，学校、家庭和地方协作，培养学生的生存能力
特别活动	主要包括以教师为中心的课外活动、社团活动和学生会活动等，培养学生的集体合作精神和态度，使学生的身心和谐发展

B. 评价方法与途径

日本学生综合素质评价方法是定性和定量相结合的，其中定量评价主要体现在修得学分部分，即在读期间的学习成绩、所获得的学分数等量化结果；定性评价则主要体现在"综合学习时间"和"特别活动"中。定性评价主要由教师来进行，如在《学业评价报告单》中有专门的栏目，由教师对学生的综合学习活动和特别活动撰写书面评语。学生如果参加校外活动，诸如志愿者、就业实习，或在竞技体育、文化领域等方面的活动取得重大成果的可以给予加分，但是否达到加分标准则需要校长认定学生的活动成果是否与高中教育的水准相当，从而来决定是否给予学分。日本文部省规定将"综合学习时间的学习活动"和"特别活动"中的表现作为重点考察对象，这些表现的内容在《学业评价报告单》中皆有详细的记载。

---

① 日本文部科学省. 高等学校学习指导要领[EB/OL]. http://www.mext.go.jp/b_menu/shuppan/sonota/990301/03122603.htm.

C. 评价定位与功能

日本学生综合素质评价的主要功能定位是记录学生在读期间的各方面活动。它与学生的升学之间的关系要视情况而定。在日本高中毕业之后有两种途径进入大学学习，分别是推荐入学和大学统考入学。在推荐入学过程中，日本高校将学生综合素质评价视为申请者能否进行大学进一步深造重要组成部分，主要体现在学校提供的学籍档案会影响到学生是否能够成功入学，而学籍档案则是由教师记载的学生在读期间在学校学习和生活活动基本情况，它在升学和就业过程中起着重要的作用，是高校和用人单位对毕业生进行考察的主要内容。学籍档案中所记载的主要内容与《学业评价报告单》的大部分内容极为相似。在大学推荐升学考试中，学籍档案中的定性内容会被量化，高校会将其作为招考的重要参考依据之一，学籍分数的高低将直接影响到申请者能否成功应试。而学籍档案的这一功能在日本一般性的大学统考中的作用却并不大，日本高中阶段学生中如果准备参加一般性的大学统考者就并不重视所在高中的学籍档案。

③评价保障

日本学校老师在填写《学业评价报告单》，进行高中学生综合素质评价过程中需要在其地方教育行政部门的指导和帮助下进行。关于《学业评价报告单》填写的指导培训主要由地方教育委员会事务局负责。地方教育委员会事务局会定期针对《学业评价报告单》填写等给予专业性的指导培训，包括每年关于《学业评价报告单》内容结构的变化，评价标准的确定，评分规则的变化，以及相关评价政策的变化。同时，教育委员会事务局还会专门派技术员、事务员，特别是指导培训主事到各个学校进行专门指导培训，解决学校老师在填写报告单过程中出现的问题。

关于《学业评价报告单》填写过程的监控主要包含两个层面，第一个层面是地方教育行政部门对学校《学业评价报告单》填写过程给予经常性的审查，这一层面的主要监督调控部门是地方教育委员会事务局，主要由他们所派的技术员和事务员负责；第二个层面是文部科学省的初等、中等教育局负责，该部门会不定期地对各个地方学校《学业评价报告单》填写情况进行抽查。无论是地方教育行政部门下属的教育委员会事务局还是文部科学省的初等、中等教育局，若在检查过程中发现存在弄虚作假、徇私舞弊现象，一并严惩。同时，日本高校在录取高中毕业生的过程中，尤其是推荐入学的高中毕业生，会着重参考毕业生的学籍。学籍与《学业评价报告单》基本相似，高校若发现学籍造假会直接取消考生的录取资格。

通过对日本《学业评价报告单》的剖析发现，日本虽然并未建立与我国一样的专门学生综合素质评价机制，但是《学业评价报告单》实施过程中的机制较为完善，值得我们借鉴。

4. 韩国学生综合素质评价机制

自 1954 年开始，韩国前后对本国的教育课程进行了七次改革，政策制订者和专家在这七次改革中不断对国家课程进行修订。1997 年，第七次教育课程改革提出了"弘益人间"的教育理念，该理念认为未来多元化社会所需要的人才应该为可以主导自己生活的、开放的、多层次发展的人。第七次教育课程改革提出了未来韩国教育的人才规格要求：（1）在全面发展的基础上，追求个性的人；（2）以基本能力为基础，发挥创造性能力的人；（3）以丰富的教养为基础，开拓前进道路的人；（4）在对韩国文化理解的基础上，创造新价值的人；（5）以民主市民意识为基础，为共同体发展做出贡献的人。这次教育课程改革开始强调实验、讨论、自主活动、社会服务等亲身体验学习活动的重要地位，以培养学生解决问题的能力，全面提高学生综合素质。

在韩国，学校主要通过生活记录簿的方式对学生的综合素质进行评价。[1]

（1）韩国学生综合素质评价——学生生活记录簿

韩国与中国在生活习俗、传统意识观念等方面有诸多相似之处，但韩国学生综合素质评价与我国学生综合素质评价在内涵上却不完全相同，韩

---

[1]　索丰. 韩国基础教育［M］. 呼和浩特：内蒙古教育出版社，2003：111.

国学生综合素质评价将学科成绩、非学科成绩(志愿者、调查研究、亲身体验等)和校外活动三者整合到"学生生活记录簿"(简称"学生簿")之中进行评价,从其评价的内容我们可以发现,韩国对学生综合素质内涵的界定相对更加宽泛,既包括学术能力又包括非学术能力,它反映了一名学生整体具备的一般意义上的所有的素质。韩国学生生活记录簿作为教育改革方案提出后,韩国中央教育审议会对其进行了更为深入具体地研究,并在韩国 240 个中小学进行了实验,在总结实验经验的基础上,韩国在其教育部训令第 527 号文件中公布,于 1996 年开始制定韩国中、小学生活记录簿制度,并依照此令于 1997 年在韩国所有中小学全面实施,利用一年的时间作为教育改革过渡阶段,将新的生活记录簿与原生活记录簿同步实施,从1999 年开始,正式全部使用新的学生综合生活记录簿。①

(2)韩国学生综合素质评价机制

基于对韩国学生综合素质评价内涵的这一理解,研究者从评价管理、评价实施、评价保障三个方面来探讨韩国学生综合素质评价机制。

①评价管理

韩国教育组织管理体制与我国教育组织管理体制相似,即实行中央集权的分层组织管理,分为中央、地方和学校三级教育行政组织管理体制。其评价主体是教育部、市道教育委员会或郡教育厅和学校。② 学生生活记录簿是以教育部训令为主要依据的一种反映学生综合素质的官方表格,许多具体细节的部分都必须要如实客观并带有强制性地记录下来,而且如果想对学生生活记录簿的格式进行修订和改正,必须要根据格式制定的严格程序和步骤进行。地方教育行政部门中的教育监是学生生活记录簿的具体监管和指导培训部门。教育监是韩国政府在市道有关教育、学艺事务的执行机关设立的部门,主要职责为执行国家教育行政事务中委托给市、道实行有关教育学艺的事务。教育监是在地方教育委员中以无记名投票的方式

---

① 索丰. 韩国基础教育[M]. 呼和浩特:内蒙古教育出版社,2003:199-200.

② 索丰. 韩国基础教育[M]. 呼和浩特:内蒙古教育出版社,2003:199-200.

选举出来的，同时还需要获得在籍教育委员半数以上的赞同，其任期为四年，只可重任一次，必须具备议员被选举权，不可为政党党员，须有20年以上教育经历或教育专门职员经历，且不可兼任国会、地方议会议员或教育委员等职务。① 学生生活记录簿最终是由学校具体实施，并接受国家教育部和地方教育监的指导培训和监督。

②评价实施

韩国学生簿的实施旨在探讨谁来评、评什么、如何评、评出来如何用等问题。

A. 评价主体与内容

韩国学生综合素质评价的主体为学生和教师，他们在填写和记录学生簿的过程中必须依据韩国教育人力资源部开发的"学生簿向导"，在其指引下进行学生综合素质评价。

学生簿可以全面地反映学生的学科成绩、非学科成绩(出席、志愿活动、体验活动等)及校外活动等方面，包括人籍、学籍、出席状况、资格证及认证取得状况、学科学习发展状况、行动特性及综合意见等(详见表2-13)。

表 2-13　韩国学生簿记录表(学生综合素质评价内容表)②

事项	内容	备注
人籍	学生：姓名、性别、身份证号码、地址 家长：姓名，生日	特记事项：可填写有助于了解学生的内容
学籍	入学前学校的校名、毕业年月日、检定考试合格情况 学籍变更情况：包括时间、校名及转学理由	
出勤	记录缺勤日数、迟到、早退次数，及其理由(疾病、无故、其他等)	

---

①　索丰. 韩国基础教育[M]. 呼和浩特：内蒙古教育出版社，2003：199-200.

②　韩国教育部网站[EB/OL]. http://english.moe.go.kr/enMain.do.

续表

事项	内容	备注
获奖	校内奖项：受奖项目的名称、等级、受奖年月日、授予机关名、参加对象 校外奖项：仅限于在教育人力资源部和市、道教育厅主办或主管的大会中，经学校校长推荐参加，并拿奖项的实际成绩	
资格证书	各类资格证书，如各类乐器的考级等	
毕业去向	学生的特长或兴趣，学生和家长的未来毕业去向的期望	
自主学习	一般性自主学习：学科、修习时间 创造性自主活动：活动领域或主题，连续修习时间	
特别活动	分自治、适应、行事活动，启发活动，志愿活动：记录活动时间，具体记录特记事项(参与度、活动欲望、态度变化等)	根据课程标准学校自主制定特别活动的活动内容、评价方法及标准
校外体验	学校确定的必修体验活动；学生自主参与校外体验活动：日期或期间、地点、主管机关名、活动内容及评价、时间等	学校参照市、道教育厅相关校外体验指南，制定和实施校外体验学习活动的类型、认证顺序、认证范围、认证期间等
学科学习发展状况	精读能力及特记事项：与学科相关的精读能力及技能评价、学习活动参与度及态度等；读书活动：提供读书状况的详细信息，如学科指导培训教师、任课教师、以及学生读书感受较深的主要图书名	学科学习发达状况的评价，根据"学科学习发达状况评价及组织管理"文件施行
行动特性及综合性意见	总体上能了解学生的综合性意见	以行动特性、出路适应检查、人性检查等各种心理检查结果或学习评价、特别活动、学科学习发达状况等为基础进行

B. 评价方法与途径

韩国学生综合素质评价的主要方法是将学科成绩分为 9 个等级进行量化评价，并记录每个科目的原始分数、平均分、标准差，同时学科成绩的不同等级还要求按不同学生比例进行分配(详见表 2-14、表 2-15)。

表 2-14　学科成绩登记表①

科目	学分数	原始分/平均分(标准差)	席次等级/学习人数
A	3	87/85(8)	7/120
B	2	98/83(10)	1/120
C	4	89/87(7)	5/120

表 2-15　学科成绩等级及其相应学生比例

等级	1	2	3	4	5	6	7	8	9
百分比	4	7	12	17	20	17	12	7	4

根据以上学科成绩的评价规则，韩国通过对其高中阶段学生在校学科成绩进行评价，学科成绩主要通过在期中和期末的笔试和在读期间的过程表现获得，并且在韩国不同的学校、学科，其具体的成绩计算方法与方式也有所不同。如仁川的晓星高中，以其高二学生成绩的计算方法为例，语文、数学、社会、科学等学科，期中和期末笔试成绩各占 30%，过程表现成绩占 35%；英语学科，期中和期末笔试成绩各占 20%，过程表现成绩占 50%；音乐、体育、美术等学科，无期中考试，期末笔试成绩各占 15%—35%，过程表现成绩占 65%—85%。在不同学科中，其过程表现评价的考察内容有所不同，社会学科往往倾向于考察调查研究、探究学习和自主学习，自然科学学科则主要考察实验报告书的完成情况等。

为了协助广大教师更好地记录学生簿，韩国教育人力资源部开发出了

---

① 韩国教育部网站[EB/OL]. http://english.moe.go.kr/enMain.do.

"学生簿向导"，旨在提高学生簿的信、效度。"学生簿向导"将大学的意见反映其中，以便为大学招生面试提供参考依据。"学生簿向导"具体要求（详见表 2-16）。

表 2-16　"学生簿向导"核心内容表①

项目	内　　容
注意事项	以客观事实为切入点制定；考虑学生的成长是渐进的因素，充实地输入信息；努力提高信息的正确性和信度；输入真实可信的资料；输入能够解释的资料
客观性和信度	自 2006 年开始在学校网站上公开教师教学计划、评价计划、内容和标准等，提高学生簿评价的信度
学业成绩组织管理委员会功能	为了提高学业成绩评价的公正性和信度，强化合理的评价组织管理和成绩组织管理，学生簿的组织管理，以及伴随的季度、座谈活动，组织运营学业成绩组织管理委员会。学业成绩组织管理委员会设委员长（校长担任）、副委员长和若干委员，处理评价计划、评价问题、评价结果分析，以及评价相关事务
信息获取渠道	学生簿的信息来源于学生、相关教师。比如，记载特记事项时，综合学生兴趣、适应性、心理检查结果，以及课任教师、商谈教师劝告的内容等与出路指导培训相关的事项，由课任教师输入。又如，对学生各学科读书活动状况中有关特记事项，到学期末，由学科指导培训教师或任课教师综合叙述记载阅读领域、阅读兴趣、理解水平等。行动特性及综合性意见，以平时观察记录的行动特性为基础，以文章形式记入，总体上反映学生的综合意见。校长还可以委托几位家长委员，加强家长意见的征集工作和学业成绩组织管理的透明性
扩大推荐人范围，全面介绍学生	过去只有校长才具有推荐入学的资格，而现在班主任、任课教师、宗教团体负责人、地方政府领导和企业领导等也具有推荐权，这样对一个学生情况的介绍就更加全面具体

---

① 韩国教育部网站［EB/OL］. http://english.moe.go.kr/enMain.do.

续表

项目	内　　容
规范的输入和保存	学生簿的资料输入和订正业务，原则上由当年担任本业务的人员来进行。制作学生簿所需的"辅助簿"，根据学校实际制定合适的计划及使用方式，原则上以电子输入来进行组织管理。当年学生簿的输入工作结束后，进行 2 次以上的对照确认，避免出差错。校长要保存学生簿，具体要求如下：学生簿Ⅰ，准永久保存；学生簿Ⅱ，毕业后保存 5 年，但高中阶段电子媒体资料要保存 10 年

C. 评价定位与功能

韩国学校生活记录簿是学校全面记录其在读学生在校活动过程和结果的法定记录簿。学生簿通过综合观察和评价的方式对学生的学业成就和思想品德等方面内容进行评价，为学生及其家长提供学生综合素质方面的相关信息促进学生自身成长和家长对学生学业水平的了解，同时也为教师提供相关资料，使教师了解必要的学生学业信息，改进教学计划，促进学生学习和素质发展，最终为上级学校和社会用人单位提供选拔资料依据。

近些年来，韩国大学招生考试制度制订过程中越来越重视学生簿的作用，并将其成绩加入入学成绩部分。为了呈现这一过程，先简单介绍一下韩国大学的招生考试制度。韩国大学招生分为"随时"和"正时"招生两种。"随时"招生每年两次，招生方案由招生高校自行制订。从目前的发展趋势上讲，"随时"招生名额在不断地增加。"正时"招生每年仅一次，自 1994年起，韩国大学需要根据毕业生在校成绩、大学修学能力考试成绩和各大学独自进行的考查成绩三个方面来选拔录取高中毕业生，而其中高中阶段学生在校成绩为必查部分，其他两个方面则视不同大学根据自己的实际情况进行自由选择，可以两者都选或都不选，也可以选择其中一个，而且这两者的考查内容也有一定限制，即：韩国政府的法律规定，各大学独自进行的考查只能采用小论文、面试等小测验方式，不许大学再次独自进行语、数、外等学科的正规考试。

2004 年 8 月韩国教育人力资源部公开发布了《2008 学年度高考制度改善试行方案》。新改革方案，降低了大学修学能力考试成绩所占的比重，并进一步提高了学生簿的比重；为防止"唯分数"现象，韩国教育人力资源部规定了大学修学能力考试成绩的九等级制，为大学仅提供等级有利于降低大学招生中大学修学能力考试成绩的影响。

③评价保障

学生生活记录簿以教育部训令的形式公布后，为了促使广大一线教育工作者能够尽快熟悉这一政策，韩国教育人力资源部开发出了"学生簿向导"，主要目的在于提高学生簿的信效度。同时，"学生簿向导"将大学的意见反映其中，以便为大学招生面试提供参考依据。地方教育行政部门，特别是地方教育监也在韩国教育部的委托下针对诸多具体细节问题给予老师指导培训。指导培训的形式多样，具体包括教育专家的专题讲座；人力资源部针对他们所开发的"学生簿向导"进行现场答疑；如果学生生活簿格式有所改动，还会专门针对具体改动进行专题讲解和答疑。

地方教育行政部门中的教育监是学生生活记录簿的具体监管和指导培训部门。学校学生生活记录簿的实施情况，在实施过程中存在的问题，实施的效果监控等都在地方教育监职责范围之内。教育监是韩国教育部委托地方教育行政部门监控和指导一线教育政策实施的独立部门，因此他们有权在法令或条例范围内，就其所属权限内的事务，对学生生活簿开展过程中的不合理行为和现象进行规定性的惩戒。

总之，以学生簿为载体的韩国学生综合素质评价方式在升学过程中所占的比重越来越大，可见韩国政府对学生综合素质评价的重视程度与日俱增。韩国的学生簿记录给我国的启示是学生综合素质评价的信度和效度至关重要，提高信、效度的直接手段是完善学生综合素质评价的制度建设，如韩国教育人力资源部开发出的"学生簿向导"。

二、国　　内

通过文献法、历史法和调查法，研究者对国内高中阶段学生综合素质评价机制的历史发展历程、现状进行了剖析。我国古代关于学生综合素质评价思想与评价机制都有哪些？不同时期它们都有哪些不同的特点？国内高中学生综合素质评价机制发展历程经历了哪几个时期？这些皆是本部分探讨的主要内容。

（一）发展历程

研究者运用历史法对我国从古至今的学生综合素质评价思想、评价机制进行了系统梳理后发现，虽然我国开展学生评价研究的起步较晚，而且曾经遭到过沉重的打击，但前人已在学生综合素质评价以及评价机制方面为我们积累了相当丰富的理论和实践经验。通过历史梳理，尤其是对1999—2015年，国家以"决定""文件""意见"或"通知"等形式发布的与"综合素质评价"问题相关的政策文本以及各个省、自治区、直辖市的学生综合素质评价方案或实施细则等进行了剖析之后，研究者归纳出我国高中阶段学生综合素质评价机制的历史发展历程大致分为四个阶段。

1. 文化积淀阶段（1999 年以前）

关于学生综合素质评价古而有之。《学记》中详载了我国西周时期考试制度："古之教者，家有塾，党有庠，术有序，国有学。比年入学，中年考校。一年视离经辨志，三年视敬业乐群，五年视博习亲师，七年视论学取友，谓之小成。九年知类通达，强立而不反，谓之大成。夫然后足以化民易俗，近者说服而远者怀之，此大学之道也。"①西周时期的教育考试制度中塾、庠、序、学四类机构分别负责对不同年龄阶段的学生进行评价；教育者们将"敬业乐群""博习亲师""论学取友"作为对学生人格养成、社会实践能力等学生综合素质的规定，亦针对不同年龄段学生提出了不同的培养和评价目标，也是综合素质评价机制在运行操作方面的体现。

春秋时期孔子十分重视个性教育，他的"因材施教"教育思想至今仍然

---

① 傅任敢.《学记》译述［M］. 上海：上海教育出版社，1982：3-4.

影响深远。孔子将人的性格分为"狂者""中行"和"狷者"三类，他个人认为"中行"最为理想，但他认为其他两种性格也都有善，即"狂者进取，狷者有所不为也"。① 他还通过日常谈话与观察来了解学生的志向、思想和言行。孔子还发现他的学生除年龄、出身等先天差异外，还在智力、性格、气质、才能、志向等多方面存在个体差异。因此，他在回答不同学生问的同一个问题时，都会根据个体差异给予不同的回答，如"求也退，故进之；由也兼人，故退之"。孔子采取的评价手段与其同时期的古希腊"三哲"相似，即皆通过谈话、观察对学生进行评价。

老子讲述教育时的表述一般比较极端，比如"绝圣弃智""绝仁弃义"等，因此给人们造成一种误解，认为老子否弃教育，但实际情况却并非如此，当我们深挖其思想内核时会发现老子的主张实际上是"自然之教"和"无为之教"。因为他主张教育要顺应天性和人性，认为学生有不同的生长环境和性情禀赋，对他们的教育应"或行或随""或嘘或吹""或强或羸""或挫或隳"②。作为教育者首先要了解不同学生的资质、兴趣爱好、性格特点、追求目标和需要，然后再给予不同的方式与之交往，努力做到"高者抑之，下者举之，有余者损之，不足者补之"③。老子思想是朴素无为的，如"辅万物之自然而不敢为"④，老子告诉我们教育要尊重学生的本性和基础，使学生养成自主发展与自我教育的能力。

春秋时期的学生综合素质评价思想以孔子和老子为主要代表，同时他们也对当时的学生综合素质评价机制进行了探讨，如孔子主张采用谈话、观察的评价方式、方法来评价学生；老子主张评价要尊重学生的本性和基础的理念。

汉代与太学制度并行的选拔官吏的制度为"察举选士"，"察举"即"荐

① 李维武编. 徐复观文集·第三卷中国人性论史·先秦篇[M]. 武汉：湖北人民出版社，2002：79.
② 老子，二十九章。
③ 老子，七十七章。
④ 老子，六十四章。

举"，意在"考察、推举"。"察举选士"为一种制度。汉高祖十一年（公元前196年），高祖下诏求贤，要求各地方州郡长官在其所组织管理的辖区内劝勉贤士应诏，并随时对其考察、选取人才，并推荐给上级或中央，经皇帝亲自出题策问后，再任命官职。① "郡守若遗贤不举则免官。"汉文帝二年（公元前178年），文帝下诏"举贤良方正能直言极谏者"。十五年（公元前165年），又下诏"诸侯王、公卿、郡守举贤良能直言极谏者，上亲策之，傅纳以言"②。分为"常科"和"特科"，前者主要包括孝廉、茂才或秀才。孝廉是指孝子和廉吏，而茂才或秀才是指才能优异、可委以重任的人才。"特科"指由当政者根据实际情况的需要而进行的不固定时间的察举科目，如"贤良"即指那些有意为朝廷工作的有德之士，"方正"指以"正直"等道德品德和人文素养为标准来推举贤人。③ 察举制是我国以学生综合素质评价为标准选拔人才的典范，而且已经建立了相当完善的学生综合素质评价组织管理制度。

魏晋南北朝时期，高祖文皇帝曹丕希望采用一种新的选官方式，便委任当时的吏部尚书陈群制九品官人法，后曹丕采纳了他的建议，称为"九品中正制"，该选官制度在初行之时，不拘泥于出身地位，对人物的测评比较注重才能的优劣和舆论的褒贬，在相当程度上继承了曹操任人唯贤的传统。④ "九品中正制"又称"九品官人法""九品中正法"，其主要内容为"州郡皆置中正以定其选，择州郡之贤有识鉴者为之，区别人物，第其高下"。⑤ 通俗而言，朝廷在各级地方设置中正官，中正官负责将当地人士分为九个等级：上上、上中、上下、中上、中中、中下、下上、下中、下下，朝廷依据士人被评定的等级授予官职，品高则官显，品低则官微。⑥

---

① 王斌华. 学生评价：夯实双基与培养能力［M］. 上海：上海教育出版社，2010：5-6.

② 《汉书·文帝纪》。

③ 谢青，汤德用. 中国考试制度史［M］. 合肥：黄山书社，1995：20.

④ 谢青，汤德用. 中国考试制度史［M］. 合肥：黄山书社，1995：41.

⑤ 《资治通鉴·魏纪》。

⑥ 谢青，汤德用. 中国考试制度史［M］. 合肥：黄山书社，1995：20.

"九品中正制"是通过量化等级的方式对考生的综合素质评价进行评级，从而为执政者授予官职提供依据；而其评价主体的选择（中正官）和评价组织管理制度的建立，为我国学生综合素质评价机制的建构提供了重要参考。

"科举制度"起源于隋朝，历经唐朝的发展和宋、元、明、清四朝的沿革，已经形成了一套较为完善的人才选拔制度，自隋朝大业元年（605年）科举制度诞生至清光绪三十一年（1905年）废止，共实施了1300年。科举制度是在我国历史上持续时间最长，影响最为深远的人才选择制度。科举制度实施之初就建立了常规考试制度，由初唐时期的国子监建立，包括旬试、月试、季试、岁试和毕业考试，并且确立了平时考试、学年考试和毕业考试相结合的考试制度；同时科举制度还包括逐级的选拔考试，大致可以分为地方考试、省级考试和中央考试。考生要先参加县试，然后参加府试，通过者称为"童生"，并取得参加省学政（亦称学道、学台）主持的院试，院试录取者称"生员"，亦称"秀才"；院试通过后方可参加省城举行的省级考试称谓"乡试"，录取者称"举人"，第一名称"解元"；举人有机会参加下一年在京由礼部举行的中央考试，即会试。会试录取者称"贡士"或"中式进士"，第一名称为"会元"；会试通过后，凡贡士或中式进士均可参加殿试，殿试结果按三甲公布成绩和放榜，一甲三人称"进士及第"，二甲若干人称"进士出身"，三甲若干人称"同进士出身"。一甲头名称"状元"、第二名"榜眼"、第三名"探花"，合称"三鼎甲"。殿试后无需再经吏部考试，直接授予官职（详见图2-1）。

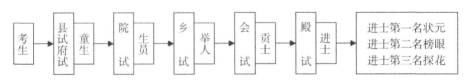

图2-1 科举制度中的逐级选拔流程①

---

① 王斌华. 学生评价：夯实双基与培养能力［M］. 上海：上海教育出版社，2010：8.

科举考试最主要的科目有三类：常科、制科和行卷。常科是指每年都要进行的常设科目，同时也是最主要的科目，主要包括秀才、进士、俊士、明经、明字、明法、明算、一史、三史、开元礼、道举、童子科等五十多种。其中，秀才、明经、进士、明法、明字、明算等为常设科目，一史、三史、开元礼、首举、童子等为非常设科目，且明法、明字、明算等科目不为人所重视，俊士等科目不经常举行，秀才一科在唐代初期要求过高，这些科目后来均先后被废除，此后明经和进士两科逐渐发展成为最为主要的两个科目。常科的生源有两类，一是生徒，二是乡贡。① 制科由皇帝亲诏，主要是根据当时的社会现实需求，为选拔具有某方面专门知识和特长的非常之才或异等之才，如"贤良方正""直言极谏"等。"行卷"是指"到礼部报考进士科的考生，为了能被录取，常常托请有政治地位的达官显贵或有名气的学者，把自己推荐给主考官，这在唐代是公开进行的。这些考生为取得推荐人的信任和赏识，便把自己的文学作品用工整的字体写成卷轴，呈现给推荐人。②

科举制亦采用多种考试方法，主要包括贴经、墨义、策问、经义、诗赋和口试。帖经又称"贴文""试帖"，与现在的填空题相类似，主要考查考生记诵能力；墨义，类似于现在的笔试简答题，主要考查考生的记忆力；策问类似于现在公务员考试的申论，由主考官根据当时的政治、经济、文化、军事等现状，提出有待解决的问题，并由考生解答；经义类似于现在的论述题，与贴经、墨义不同的是，它主要考察和培养学生通经致用能力，允许考生有较多发挥自己思想的余地；诗赋类似于现在的作文题，主要考查学生的文学才能；口试与现在的面试差不多，主要考查学生的语言表达和逻辑思维能力。

---

① 生徒：经过学校学习并考试合格，再送往京城参加考试者；乡贡：没有经过学校学习而学有所成者，可以向所在县提出书面申请，经过考试和重试合格者，再送往京城参加考试者。

② 任立达，薛希洪. 中国古代官吏考试选制度史［M］. 青岛：青岛出版社，2003：128.

科举制度自北宋起，建立起了严格的升级制和积分制。升级制缘起于北宋熙宁四年（1071 年），王安石在太学中实行"三舍法"，即升级制，明确规定太学分三个等级，一等为"外舍"，定员 2000 人；二等为"内舍"，定员 1000 人；三等为"上舍"，定员 100 人。新生入学后先进外舍，然后会依据考试成绩，逐步升入内舍和上舍，直至授官入仕。同时，为了配合"三舍法"还实施了严格的积分制作为计算学生考试成绩和决定他们能否升级入仕的配套措施。宋代的积分制考试内容主要包括"行"和"艺"两个方面，"行"即学生的操行表现，"艺"即学生的考试成绩。积分制主要通过对学生"行"和"艺"两个方面考核后所获得最终等级给予不同的学分。①

科举制度虽然是一种考试制度，但其组织管理制度的建立、评价方法的选择以及升级制和积分制的实施也凸显了我国古代学生综合素质评价理念，为我国现如今高中阶段学生综合素质评价机制的建构积累了丰富的经验。

20 世纪初，科举考试被废止，当时西方测验运动盛行，国内学者开始引进西方教育测量理论并结合实践展开了一些研究。但这一系列研究很快就被八年抗战中断。中华人民共和国成立初期，我国开始全盘照搬苏联模式，已有的研究积累被苏联模式完全否定。之后的"文化大革命"又给我国的学生评价研究带来了毁灭性的打击。至 1977 年恢复高考，教育评价研究已中断了 20 年之久。② 1985 年 5 月，中共中央颁布了《中共中央关于教育体制改革的决定》，明确提出要对教育进行评价的问题，学生评价亦作为教育评价中一个重要组成部分进入了研究者的视野，有关学生评价的各种研究相继展开。③

---

① 顾明远. 教育大辞典［M］. 上海：上海教育出版社，1998：625.

② 陈玉琨，李如海. 我国教育评价发展的世纪回顾与未来展望［J］. 华东师范大学学报，2000（1）：1-10.

③ 刘尧. 中国教育评价发展历史述评［J］. 北京工业大学学报（社会科学版），2003（9）：91-92.

2. 前期酝酿阶段(1999—2004 年)

1999 年 6 月,国务院颁布《中共中央国务院关于深化教育改革全面推进素质教育的决定》(中发[1999]9 号)提出"高考科目设置和内容的改革应进一步突出对能力和综合素质的考查"。① 首次在国家层面的政策文本中运用"综合素质"这一概念,可见从素质教育提出之初,就蕴含着对学生"综合素质"的关注。2001 年 5 月,国务院颁布《国务院关于基础教育改革与发展的决定》提出"加强对学生能力和素质的考查,改革高等学校招生考试内容,探索多次机会、双向选择、综合评价的考试、选拔方式,推进高等学校招生考试和选拔制度改革。"②该文件提出了"综合素质"这一概念的具体落脚点——高校招生考试和选拔制度的改革,即对学生综合素质进行评价的主要目的是为高校招生考试和选拔制度改革提供基础和条件。2001 年 6 月,教育部印发《基础教育课程改革纲要(试行)》十分明确地提出"改变课程评价过分强调甄别与选拔的功能,发挥评价促进学生发展、教师提高和改进教学实践的功能";"评价不仅要关注学生的学业成绩,而且要发现和发展学生多方面的潜能,了解学生发展中的需求,帮助学生认识自我,建立自信。发挥评价的教育功能,促进学生在原有水平上的发展",该文件从课程改革的视角提出了学生综合素质评价的理念和具体要求。

2002 年 12 月,教育部颁布《教育部关于积极推进中小学评价与考试制度改革的通知》③,从中小学评价与考试制度改革的原则;建立和完善建立促进学生发展为目标、有利于促进教师职业道德和专业水平提高、有利于提高学校教育质量的中小学生评价体系;中小学升学考试与招生制度的改革;高中阶段会考制度的改革;继续深化高考改革,积极探索综合评价;

---

① 国务院. 中共中央国务院关于深化教育改革全面推进素质教育的决定[Z]. 中发[1999]9 号.

② 国务院. 国务院关于基础教育改革与发展的决定[Z]. 国发[2001]21 号.

③ 教育部. 教育部关于积极推进中小学评价与考试制度改革的通知[Z]. 教基[2002]26 号.

择优录取的高等学校招生办法以及评价组织实施七个方面进行了规定，其中与高中阶段学生综合素质评价机制息息相关的有以下三个方面：

第一，提出了中小学考试与评价制度改革的原则："（1）中小学评价与考试制度改革，要全面贯彻党的教育方针，从德、智、体、美等方面综合评价学生的发展，培养学生热爱党、热爱社会主义、热爱祖国，诚实守信、助人为乐的高尚道德品质、终身学习的愿望和能力、健壮的体魄、良好的心理素质以及健康的审美情趣；（2）中小学评价与考试制度改革的根本目的是为了更好地提高学生的综合素质和教师的教学水平，为学校实施素质教育提供保障。充分发挥评价的促进发展的功能，使评价的过程成为促进教学发展与提高的过程；（3）对学生、教师与学校评价的内容要多元，既要重视学生的学习成绩，也要重视学生的思想品德以及多方面潜能的发展，注重学生的创新能力和实践能力；既要重视教师业务水平的提高，也要重视教师的职业道德修养；既要重视学校整体教学质量，也要重视在学校的课程组织管理、教学实施等组织管理环节中落实素质教育思想，形成生动、活泼、开放的教育氛围。评价标准既应注意对学生、教师和学校的统一要求，也要关注个体差异以及对发展的不同需求，为学生、教师和学校有个性、有特色的发展提供一定的空间；（4）评价方法要多样，除考试或测验外，还要研究制定便于评价者普遍使用的科学、简便易行的评价办法，探索有利于引导学生、教师和学校进行积极的自评与他评的评价方法；（5）对学生、教师和学校的评价不仅要注重结果，更要注重发展和变化过程，要把形成性评价与终结性评价结合起来，使发展变化的过程成为评价的组成部分；（6）重视学生、教师和学校在评价过程中的作用，使评价成为教育行政部门、学校、教师、学生和家长共同参与的交互活动。

第二，建立了以促进学生发展为目标的评价体系，并将学生发展目标分为基础性发展目标和学科学习目标。其中基础性发展目标包括道德品质、公民素养、学习能力、交流与合作能力、运动与健康、审美与表现等，为学生综合素质评价提供了基本的内容结构与框架，为今后学生综合素质评价的实施奠定了基础。

第三，在继续深化高考改革、积极探索综合评价、择优录取的高等学校招生办法方面提出高等学校招生制度改革要继续按照有助于高等学校选拔人才、有助于中学实施素质教育、有助于高等学校扩大招生自主权的原则，坚持德智体全面衡量、择优录取和公平竞争、公正选拔。高考内容改革将更加注重对考生素质和能力的考查，积极引导中学加强对学生全面素质的培养。高考科目设置改革要将统一性与选择性相结合，在满足高等学校选拔人才的同时，促进学生全面发展与个性发展。高等学校选拔方式的改革要进一步探索建立在文化考试基础上综合评价、择优录取的办法。同时，高中应探索建立综合性的评价体系，增加反映学生在校期间参加研究性学习、社会公益活动及日常表现等真实、典型的内容，为高等学校招生工作提供更多的学生成长信息，逐步使中学对学生的评价记录成为高等学校招生择优录取的重要参考之一。此外，该《通知》还针对本次改革的组织管理、指导培训、监督调控进行了专门的规定。

2004 年 2 月 25 日，《国家基础教育课程改革实验区 2004 年初中毕业考试与高中阶段招生制度改革的指导培训意见》颁布并第一次提出"综合素质评价"概念。2004 年，已是新课程改革以来首次中考，本次中考与高中阶段招生工作，改变了以往仅以升学考试分数作为高中阶段学校唯一录取标准的办法，力求在初中毕业生学业考试、综合素质评定、高中招生录取三方面实现突破，对初中毕业生综合素质评价的结果提出了具体要求，并将其作为衡量初中生能否顺利毕业以及高中阶段学校招生的重要依据。① 该阶段在国家层面，国务院和教育部分别颁布有关高考制度改革、高校招生制度改革以及新一轮基础教育改革等重要方针政策，高中阶段学生综合素质发展也逐渐成为这一系列改革方针政策的核心目标与重要内容。高中阶段学生综合素质评价作为高中学生综合素质是否得以发展的保障，在新课程改革开始之际，其重要意义已不言而喻，但

---

① 教育部. 国家基础教育课程改革实验区 2004 年初中毕业考试与普通高中招生制度改革的指导意见[Z]. 教基〔2004〕2 号.

这一时期国家并未颁布针对高中毕业考试和高校招生制度改革尤其是高中阶段学生综合素质评价的具体指导培训意见,更谈不上形成完善的高中阶段学生综合素质评价的组织管理、指导培训、运行操作与监督调控等评价机制。研究者认为该阶段尚处于高中阶段学生综合素质评价政策的酝酿期和实践的筹备期,为高中阶段学生综合素质评价改革的顺利实施做好了前期准备。

3. 经验积累阶段(2005—2009 年)

2005 年,教育部颁布了《关于进一步加强高中阶段新课程实验工作的指导培训意见》,该文件在原有广东、山东、海南、宁夏四省(区)实验区的基础上新增了江苏和福建两省作为新的实验区,并就加强对高中阶段新课程实验工作的指导培训、建立健全实验省(区)推进高中阶段新课程实验的工作机制、进一步加大对实验省(区)校长和教师开展培训工作的力度等工作做了具体的安排,并着重对高校招生考试制度改革提出了要求,促进了高中阶段学生综合素质评价改革实验的正式启动。① 2006 年,在经验总结和国际比较的基础上,在 2006 年 2 月 15 日至 17 日,由教育部基础教育司主办的高中阶段新课程实验省(区)综合素质评价工作研讨会在北京召开。广东、山东、宁夏、海南、江苏以及当年准备进入实验的福建、安徽、浙江、辽宁、天津十省(市)教育行政、教研、招生办负责人及部分中考改革实验区代表参加了会议并展开了积极的交流与探讨,并借鉴实验区初中综合素质评价的实践经验以及理论研究成果,第一次提出了高中阶段学生综合素质评价的概念,即"通过描述学生在校期间的学习行为和表现状况、社会公益活动、综合实践活动情况和日常表现,从德、智、体、美、劳等方面对学生的素质进行全面、客观、公正地评价,真实反映高中阶段学生的素质发展状况,作为衡量学生是否达到毕业要求的重要依据,

---

① 教育部. 关于进一步加强普通高中新课程实验工作的指导意见[Z]. 教基〔2005〕6 号.

并为高等学校择优录取学生提供重要参考",① 为进一步推进高中阶段学生综合素质指明了方向。此后,全国各个省、自治区、直辖市相继颁布了"高中学生综合素质评价实施方案和实施细则",部分省份的"实施方案和实施细则"对高中阶段学生综合素质评价的组织管理、指导培训、运行操作以及监督调控等评价机制进行了初步的规定。

2008 年,教育部颁布《教育部关于高中阶段新课程省份深化高校招生考试改革的指导培训意见》,指出本次改革的主要任务为加强对高校招生考试、录取和中学综合评价的统筹,推进综合改革,促进高校招生考试改革与高中课程改革相结合,促进国家统一考试改革与高中综合评价改革相结合,促进考试改革与高校录取模式改革相结合,逐步建立和完善在国家统一考试录取基础上的全面、综合、多元化的考试评价制度和高等学校多样化的选拔录取制度。文件还提出本次改革的三方面主要内容:(1)建立和完善对高中阶段学生的综合评价制度,并逐步纳入高校招生选拔评价体系。各地要加快建设在国家指导培训下由各省份组织实施的高中阶段学业水平考试和学生综合素质评价制度,切实做到可信可用,逐步发挥其对高中阶段教育教学质量进行组织管理和监督调控,对高中学生学业水平和综合素质进行全面、客观评价,以及为高校招生选拔提供参考依据的作用;(2)进一步深化统一考试内容改革。考试内容改革是高考改革的重点。考试内容要实现与高中新课程内容的衔接,进一步贴近时代、贴近社会、贴近考生实际,注重对考生运用所学知识分析问题、解决问题能力的考查。考试科目为语文、数学、外语和相关科目,相关科目一般为文科综合或理科综合,也可以根据本省实际设置其他科目,各科目考试范围由国家制订的新课程《考试大纲》规定。是否增加选考内容以及选考内容比重等,由各地根据本省份高中课程改革实际及各考试科目的特点确定。全国统一考试时间为两天;(3)进一步推进高等学校选拔录取模式和方式改革。高等学

---

① 教育部. "普通高中新课程实验省(区)综合素质评价工作研讨会"会议材料[Z]. 北京,2006.

校招生录取要在高考成绩基础上逐步增加对学生学业水平考试及综合素质的考察。一些国家重点建设的高水平大学要深化自主选拔录取改革，在选拔综合素质高、有创新精神和潜质的人才方面，进一步探索高考、高中学业水平考试和综合素质评价与学校测试相结合的多元化评价选拔办法；示范性高等职业院校和条件成熟的省市要进一步探索符合高等职业教育培养规律和特点的人才选拔模式，可将学生学业水平考试成绩与学校组织的考试成绩相结合作为录取依据；各地要进一步总结、完善和推广在统一考试录取中实行平行志愿、分段填报志愿、公开征集志愿等录取方式，降低填报志愿的风险，增加考生选择机会，提高考生志愿满意度。① 该文件明确提出了改革的主要内容是要建立和完善高中阶段学生综合素质评价制度，高等学校招生录取要在高考成绩基础上逐步加强对高中学生综合素质的考察。

我国高中阶段学生综合素质评价在前期酝酿准备的基础上，进入了初步试误的经验积累阶段。此前学生综合素质评价实施主要学段为初中，经过多年的实践积累，初中生综合素质评价改革虽然在其评价机制方面已取得了一系列的成果，如已初步形成了初中学生综合素质评价组织管理、指导培训、运行操作和监督调控等评价机制，但其评价机制尚不够健全和完善，如组织管理制度不健全、运行操作性差、指导培训不到位，缺乏相对完善的监督调控等。该阶段将高中阶段学生综合素质评价改革提上了改革日程。初中与高中学生综合素质评价虽然有一定的共同点，但他们又有着质的区别，即后者与前者相比而言，无论是对于学生本人、家长、学校还是对于整个社会而言都被给予极大的关注，因为高中阶段涉及高考、升学这样的关乎每个高中阶段学生的未来发展，关乎着每个孩子背后的每一个家庭，甚至也关乎着国家和民族未来的发展和命运。因此，在经验积累的基础上，形成一套健全、完善的高中阶段学生综合素质评价组织管理、指

---

① 教育部. 教育部关于普通高中新课程省份深化高校招生考试改革的指导意见[Z]. 教学〔2008〕4 号.

导培训、运行操作和监督调控等评价机制显得格外重要。

4. 试点实施阶段(2010年至今)

2010年7月29日教育部颁布《国家中长期教育改革和发展规划纲要(2010—2020)》,文件中有十次提到要提高学生的"综合素质",五次提到要全面实施和完善"综合素质评价",并明确提出要"全面实施高中学业水平考试和综合素质评价";2013年11月12日,由中国共产党第十八届中央委员会第三次全体会议通过的《中共中央关于全面深化改革若干重大问题的决定》再次强调要"推行初高中学业水平考试和综合素质评价"。可见,高中阶段学生综合素质评价改革已经成为我国当前教育改革的基本政策。

2014年9月3日,国务院颁布《国务院关于深化考试招生制度改革的实施意见》①,提出要在2014年启动考试招生制度改革试点(上海、浙江),2017年全面推进,到2020年基本建立中国特色现代教育考试招生制度,形成分类考试、综合评价、多元录取的考试招生模式,健全促进公平、科学选才、监督有力的体制机制,构建衔接沟通各级各类教育、认可多种学习成果的终身学习"立交桥"。并进一步规范高中学生综合素质评价,要求综合素质评价主要反映学生德智体美全面发展情况,是学生毕业和升学的重要参考。建立规范的学生综合素质档案,客观记录学生成长过程中的突出表现,注重社会责任感、创新精神和实践能力,主要包括学生思想品德、学业水平、身心健康、兴趣特长、社会实践等内容。严格程序,强化监督,确保公开透明,保证内容真实准确。2014年出台规范高中学生综合素质评价的指导培训意见。各省(区、市)制定综合素质评价基本要求,学校组织实施。文件还要求,2014年上海市、浙江省分别出台高考综合改革试点方案,从2014年秋季新入学的高中一年级学生开始实施。试点要为其他省(区、市)高考改革提供依据。该文件从国家层次对高中阶段

---

① 国务院.国务院关于深化考试招生制度改革的实施意见[Z].国发[2014]35号.

学生综合素质评价改革提出了具体的要求和改革时间表，为高中阶段学生综合素质评价的试点实施提供了政策依据。

2014年12月，教育部出台了《关于加强和改进高中阶段学生综合素质评价的意见》①，提出了高中阶段学生综合素质评价重要意义、基本原则、评价内容、评价程序以及组织管理等具体的高中阶段学生综合素质评价实施指导培训意见。文件指出综合素质评价是对学生全面发展状况的观察、记录、分析，是发现和培育学生良好个性的重要手段，是深入推进素质教育的一项重要制度；开展高中阶段学生综合素质评价的重要意义在于"三个有利于"，即有利于促进学生认识自我、规划人生，积极主动地发展；有利于促进学校把握学生成长规律，切实转变人才培养模式；有利于促进评价方式改革，转变以考试成绩为唯一标准评价学生的做法，为高校招生录取提供重要参考。

文件还对高中阶段学生综合素质评价组织管理、指导培训、运行操作以及监督调控等评价机制提出了初步的规定性要求，如"开展高中阶段学生综合素质评价应遵循方向性、指导培训性、客观性和公正性四项原则；评价应围绕高中阶段学生的思想品德、学业水平、身心健康、艺术素养、社会实践五项内容展开；评价要严格按照写实记录、整理遴选、公示审核、形成档案、材料使用的评价程序实施；评价的组织管理应加强组织领导、坚持常态化实施和建立健全监督制度"。在开展评价过程中要加强指导培训，协调各方面专业力量，为学校开展综合素质评价提供支持和帮助；要加强培训，提升校长和教师实施综合素质评价的能力；要加强组织管理，可以全国中小学生学籍信息组织管理系统为基础，以省(区、市)为单位建立综合素质评价工作电子化组织管理平台，为招生录取工作和用人单位提供服务；要加强督导，把综合素质评价工作作为评估地方各级教育行政部门和学校工作的重要内容。综合素质评价由学校组织实施，学校要

---

① 教育部. 关于加强和改进普通高中学生综合素质评价的意见[Z]. 教基〔2014〕11号.

建立健全学生成长记录规章制度，明确本校综合素质评价的具体要求；要注重在日常教育教学活动中，指导培训学生及时收集整理有关材料，避免集中突击；要充分发挥学校党团、学生组织的作用；建立公示制度，畅通举报渠道；建立检查制度，对档案材料真实性进行抽查；建立申诉与复议制度，对有争议的结果重新进行审核确认；建立诚信责任追究制度，对弄虚作假者按照《普通高等学校招生违规行为处理暂行办法》等有关规定给予严肃处理。

2015 年，作为国家高考综合改革试点省份，在《关于加强和改进高中阶段学生综合素质评价的意见》的指导培训下，上海与浙江分别于 2015 年 4 月 15 日和 2015 年 4 月 13 日，由上海市教育委员会制定和颁布了《上海市普通高中学生综合素质评价实施办法(试行)》①，由浙江省教育厅制定和颁布了《浙江省教育厅关于完善浙江省普通高中学生成长记录与综合素质评价的意见》。② 分别对本省高中阶段学生综合素质评价的具体实施以及评价的组织管理、指导培训、运行操作以及监督调控等评价机制提出了初步的规定性要求。高中阶段学生综合素质评价试点实施阶段是在总结初中学生综合素质评价已有成果与经验的基础上，选取上海与浙江两个具有丰富教育改革经验的省份展开试点工作，希望总结成功试点经验，进一步推进和完善高中阶段学生综合素质评价改革。高中阶段学生综合素质评价历经经验积累阶段、前期酝酿阶段、经验积累阶段和试点实施阶段四个阶段的实践发展，其影响的持久性和广泛性不言而喻，但发展至今其评价机制尚不够健全与完善，这就导致了高中阶段学生综合素质评价实践过程中会出现一系列的实践问题，如组织管理不明确导致了评价改革难以推进、步履维艰；运行操作不顺畅导致评价实施可操作性不强、教师负担过重等；指导培训不到位导致负责评价的教师并未理解改革的理念、缺乏相应评价

---

① 上海市教育委员会. 上海市教育委员会关于印发《上海市普通高中学生综合素质评价实施办法(试行)》的通知[Z]. 沪教委基〔2015〕30 号.

② 浙江省教育厅. 浙江省教育厅关于完善浙江省普通高中学生成长记录与综合素质评价的意见[Z]. 浙教基〔2015〕45 号.

素养、评价能力水平低等；监督调控不完善导致评价可信度大打折扣、高校对评价结果不采纳等。

(二) 现状分析

教育部于 2014 年 12 月 10 日颁布《教育部关于加强和改进普通高中学生综合素质评价的意见》(教基二〔2014〕11 号)，就加强和改进普通高中学生综合素质评价提出了指导性意见。该《意见》要求各省(区、市)要提出高中学生综合素质评价基本要求，制定具体办法，于 2015 年 8 月底前报教育部备案。义务教育阶段学生综合素质评价，由各省(区、市)根据学生年龄特点，参照本《意见》制定实施办法。在《意见》的指导下，上海市教育委员会和浙江省教育厅分别于 2015 年 4 月 24 日和 2015 年 4 月 13 日分别颁布了《上海市普通高中学生综合素质评价实施办法(试行)》(沪教委基〔2015〕30 号)和《浙江省教育厅关于完善浙江省普通高中学生成长记录与综合素质评价的意见》(浙教基〔2015〕45 号)，作为试点对上海市、浙江省普通高中学生综合素质评价进行了规定。随后，全国各个省、自治区和直辖市相继制定了普通高中学生综合素质评价指导意见、实施办法或者方案。

研究者依照试点优先，兼顾区域的原则，根据不同省/市的地理分布和各地普通高中学生综合素质评价实施情况，选择辽宁(东北)、甘肃(西北)、北京(华北)、上海(华东)、浙江(华东)、山东(东部)、重庆(华中)、广东(华南)八个省/市的高中学校学生和教师进行了问卷调查。在每个省/市采用随机抽样的方法分别在城镇和农村各选择一所学校，每所学校选择 20 位教师和高一、高二、高三各 20 名，共 60 名同学作为调查对象。本次调查共发放教师问卷 320 份，回收 300 份，回收率 93.75%，回收的有效问卷 296 份，有效率 98.67%；共发放学生问卷 960 份，回收 932 份，回收率 97.08%，回收的有效问卷 928 份，有效率 99.57%(详见表 2-17)。此外，研究还对教育部以及样本省/市普通高中学生综合素质评价实施办法/方案、意见等政策文件进行了文本分析。在调查研究和文本分析的基础上，从评价管理、评价实施、评价保障三个维度对国内学生综合素质评价机制现状进行了剖析。

表 2-17　问卷调查样本分布表①

	城镇				农村			
	教师	学生			教师	学生		
		高一	高二	高三		高一	高二	高三
辽宁	20	20	16	20	20	20	19	20
甘肃	15	20	20	15	18	17	20	20
北京	20	20	20	20	16	20	16	20
上海	20	20	18	19	19	20	20	20
浙江	20	20	20	20	20	20	18	20
山东	20	20	20	20	19	20	20	20
重庆	15	20	20	18	20	20	15	17
广东	14	20	20	20	20	20	20	20

1. 评价管理制度不完善

《教育部关于加强和改进普通高中学生综合素质评价的意见》（教基二〔2014〕11号）规定：各省（区、市）要提出高中学生综合素质评价基本要求，制定具体办法；综合素质评价由学校组织实施，并建立健全学生成长记录规章制度，明确本校综合素质评价的具体要求；要注重在日常教育教学活动中，指导学生及时收集整理有关材料，避免集中突击；要充分发挥学校党团、学生组织的作用。上海市在《上海市普通高中学生综合素质评价实施办法（试行）》和《上海市中等职业学校学生综合素质评价实施办法》中规定实行市、区县、学校三级组织管理制度，共同负责、协调、落实综合素质评价的组织、实施和组织管理。成立上海市中小学生综合素质评价工作领导小组，

---

① 该问卷调查样本分布表中数据为有效问卷数据。

委托市校外联办协调市委宣传部、市文明办、市科委、市文广影视局、市体育局、团市委、市科协等部门共同为学生志愿服务(公益劳动)、体育艺术科技活动、研究性学习等活动提供支持。市教委和区县教育局要建立市、区县两级综合素质评价数据库。浙江省在《浙江省普通高中学生成长记录与综合素质评价的意见》中规定各市、县(市、区)教育行政部门全面负责评价工作的实施和指导培训监督,包括咨询、投诉、复议等事宜的处理;学校负责实施方案、实施细则规章制度的制订以及评价工作的实施。但对部分地区的高中阶段学生综合素质评价实施办法/方案、意见进行分析后发现其并未对高中阶段学生综合素质评价组织管理给予明确、全面的规定,更谈不上形成完善的制度,如部分地区仅对学校层面如何组织管理学生综合素质评价给予规定,而对各级教育行政机构与部门在高中阶段学生综合素质评价过程中的组织管理功能与职责没有给予明确规定。

虽然教育部和各个省、自治区、直辖市都制定了高中阶段学生综合素质评价实施办法/方案、意见等政策文件,对学校如何组织管理综合素质评价进行了明确规定,但访谈与问卷调查结果却并不乐观。通过访谈得知,部分省份建立了省、市、学校(市、区县、学校)三级组织管理制度。学校按规定成立综合评价领导小组,少数学校领导小组组长由校长直接担任,而大部分学校领导小组组长由分管副校长担任,具体工作由教导处、学生处或者其他相关部门①负责组织实施。部分重视的学校会建立专门的学生综合素质评价部门,并安排专人对学校学生综合素质评价工作的开展进行组织管理。但落实到具体操作层面时,各教育行政机构、部门甚至学校却都显得十分乏力,主要问题聚集在综合素质评价无形中又加重了师生的负担,造成了综合素质评价改革过程中的教师阻抗。

针对"所在学校是否有专门负责综合素质评价的部门或机构"这一问题的统计分析发现有近70%的学生选择学校无专门负责综合素质评价的部门

---

① 不同地区不同学校负责的机构或部门名称有所差异,调查发现主要包括:学生处、德育处、政教处、教导处等。

或机构(详见表2-18)。

表 2-18　您所在学校是否有专门负责综合素质评价的部门或机构(学生)

	频数	有效百分比
是	279	30.1
否	649	69.9
总计	928	100

　　针对"所在学校是否有专门负责综合素质评价的人员"这一问题的统计分析发现有45.5%的学生选择学校无专门负责综合素质评价的人员(详见表2-19)。

表 2-19　您所在学校是否有专门负责综合素质评价的人员(学生)

	频数	有效百分比
是	506	54.5
否	422	45.5
总计	928	100

　　针对"所在学校对综合素质评价的重视程度"这一问题的统计分析发现有33.8%的学生认为学校一般重视或不重视综合素质评价(详见表2-20)。

表 2-20　您认为所在学校对综合素质评价的重视程度如何(学生)

	频数	有效百分比
很重视	200	21.5
重视	415	44.7
一般重视	259	28.0
不重视	54	5.8
总计	928	100

针对"您所任职的学校是否经常对学生的综合素质进行评价"这一问题的统计分析发现有 51.3%的教师选择学校偶尔或从未对学生综合素质进行评价(详见表 2-21)。

表 2-21 您所任职的学校是否经常对学生综合素质进行评价(教师)

	频数	有效百分比
经常	144	48.7
偶尔	140	47.2
从未	12	4.1
总计	296	100

针对"学生综合素质评价具体由哪些部门或机构组织实施"这一问题的统计分析发现有 76.1%的老师选择了学校,有 18.3%的老师选择了教育行政部门(详见表 2-22)。

表 2-22 学生综合素质评价具体由哪些部门或机构组织实施(教师)

	频数	有效百分比
学校	225	76.1
第三方评价	11	3.6
教育行政部门	54	18.3
其他	6	2.0
总计	296	100

针对"学校是否成立了综合素质评价工作领导小组或类似组织"这一问题的统计分析发现有 41%的老师选择学校并未成立综合素质评价工作领导小组或类似组织(详见表 2-23)。

表 2-23　学校是否成立了综合素质评价工作领导小组或类似组织（教师）

	频数	有效百分比
是	175	59.0
否	121	41.0
总计	296	100

　　针对"明确各部门综合素质评价职责权限的重要程度"这一问题的统计分析发现有 72.4% 的教师认为明确各部门综合素质评价职责权限重要或很重要（详见表 2-24）。

表 2-24　明确各部门综合素质评价职责权限的重要程度（教师）

	频数	有效百分比
很重要	61	20.6
重要	153	51.8
一般重要	76	25.6
不重要	6	2.0
总计	296	100

　　针对"学校在综合素质评价实施过程中各部门职责划分的明确程度"这一问题的统计分析发现有 45.8% 的教师认为学校在综合素质评价实施过程中部门职责划分不明确（详见表 2-25）。

表 2-25　学校在综合素质评价实施过程中各部门职责划分的明确程度（教师）

	频数	有效百分比
很明确	144	12.6
明确	140	41.6
不明确	12	45.8
总计	296	100

调查研究显示，从学生的视角来看，学校无论是从机构、部门的设置，人员配备和还是对综合素质评价重视程度上并未给予足够的重视；从教师的视角来看，学校综合素质评价组织管理情况也不容乐观；学校是学生综合素质评价工作开展的实施主体；各层教育行政部门的组织管理职能没有得到充分的体现；绝大部分教师认为明确各部门综合素质评价职责权限十分重要，但现实情况却有将近五成教师认为学校在综合素质评价实施过程中部门职责划分不明确，且有四成的老师选择学校并未成立综合素质评价工作领导小组或类似组织。

通过政策文本分析，结合调查研究的结果，我们发现当前高中阶段学生综合素质评价的组织管理制度并不完善，具体表现为部分省市所制定的高中阶段学生综合素质评价实施办法/方案、意见并未对高中阶段学生综合素质评价的组织管理制度进行明确的规定，即使在对高中阶段学生综合素质评价的组织管理制度进行了明确的规定的地区，当这一政策落实到学校时，部分学校虽然设置相应的机构或者部门，但往往都是走形式，为了完成上级教育行政部门检查而应付了事。高中阶段学生综合素质评价组织管理制度不完善，十分不利于改革政策的顺利推进和有效实施。

2. 评价实施过程不规范

评价实施过程不规范具体表现为评价实施过程中指导培训体系的不健全和在具体操作实施层面，走形式、应付检查现象较为突出。

《教育部关于加强和改进普通高中学生综合素质评价的意见》（教基二〔2014〕11号）指出要加强指导，协调各方面专业力量，为学校开展综合素质评价提供支持和帮助；要加强培训，提升校长和教师实施综合素质评价的能力；学校要建立健全学生成长记录规章制度，明确本校综合素质评价的具体要求；要注重在日常教育教学活动中，指导学生及时收集整理有关材料，避免集中突击；要充分发挥学校党团、学生组织的作用。上海市在《上海市普通高中学生综合素质评价实施办法（试行）》中规定将来开发《上海市普通高中学生综合素质评价手册》，指导培训各学校校长、教师以及相关工作人员开展评价工作。浙江省在《浙江省普通高中学生成长记录与综合素质评价的意见》中规定各市、县(市、区)教育行政部门全面负责评价工作的实施和指导培训,包括咨询事宜的处理。

纵观国内学生综合素质评价指导培训可以发现其尚未形成体系,受政策影响较大,且目前十分缺乏专门的学生综合素质评价指导培训机构。学生综合素质评价指导培训多是在政策的引导下由相关的教育行政机构或部门临时组织实施,并存在以下诸多问题:第一,由于没有专门的学生综合素质评价指导培训机构,无法对各级各类指导培训进行协调、组织与管理;第二,由于没有专门的学生综合素质评价指导培训机构,无法确定和统计这些机构什么时候对哪些人做了何种培训,培训的针对性、系统性和连续性就无法得到保证;第三,由于没有专门的学生综合素质评价指导培训机构,由学生综合素质评价指导培训的承担机构确定培训者,对于培训者缺乏程序化的资质认定,很难保证学生综合素质评价指导培训的效果。调查研究过程中我们发现当前我国高中阶段学生综合素质评价指导培训存在诸多问题,如有部分学校将《学生综合素质评价手册》发放给班主任、科任老师、学生等评价主体,并未对各评价主体进行系统的指导培训,只是要求其按照手册要求根据自己的评价职责权限客观、真实填写,但在手册填写过程中却出现所有内容都由学生代为填写等不规范情况。

针对"您所在学校对综合素质评价具体如何开展进行的指导"这一问题的统计分析发现有近50%的学生认为学校对如何开展综合素质评价的指导一般明确或不明确(详见表2-26)。

表 2-26　您所在学校对综合素质评价具体如何开展进行的指导(学生)

	频数	有效百分比
很明确	157	16.9
明确	337	36.4
一般明确	276	29.7
不明确	158	17.0
总计	928	100

针对"学校对学生综合素质评价具体实施进行指导的明确程度"这一问题的统计分析发现有 43.4% 的老师认为学校对学生综合素质评价具体实施进行指导一般明确或不明确(详见表 2-27)。

表 2-27　学校对学生综合素质评价具体实施进行指导的明确程度(教师)

	频数	有效百分比
很明确	23	7.7
明确	145	49.0
一般明确	100	33.6
不明确	28	9.7
总计	296	100

针对"学校通过何种方式指导培训学生综合素质评价"这一问题(多选)的回答,发现当前学生综合素质评价分别通过经验交流(56.0%)、专家讲座(45.0%)和案例分析(43.4%)三种主要方式对学生综合素质评价进行指导培训,且以上三种指导培训方式有效性程度由高到低分别为经验交流(66.3%)、案例分析(61.3%)和专家讲座(41.2%)(详见表 2-28、表 2-29)。

表 2-28　学校通过何种方式指导培训学生综合素质评价(教师)

	频数	有效百分比
专家讲座	133	45.0
案例分析	128	43.4
经验交流	166	56.0
其他	40	13.6
总计	467	158

(备注:本问题为多项选择题,因此存在频次总数大于有效样本总数和有效百分比超过 100% 的情况,特此说明)

表 2-29　通过哪种培训和指导方式对您开展综合素质评价最有帮助（教师）

	频数	有效百分比
专家讲座	122	41.2
案例分析	181	61.3
经验交流	196	66.3
其他	13	4.5
总计	512	173.3

（备注：本问题为多项选择题，因此存在频次总数大于有效样本总数和有效百分比超过100%的情况，特此说明）

针对"学校开展综合素质评价过程中是否经常有老师对您进行自我评价指导"这一问题的统计分析发现有23.9%的学生认为老师经常对其进行自我评价指导，有57.6%的学生认为老师偶尔对其进行自我评价指导，有18.5%的学生认为老师从未对其进行过自我评价指导（详见表2-30）。

表 2-30　学校开展综合素质评价过程中是否经常有老师对您进行自我评价指导（学生）

	频数	有效百分比
经常	222	23.9
偶尔	535	57.6
从未	171	18.5
总计	928	100

调查发现有近五成学生认为学校并未对如何开展综合素质评价进行明确的指导，教师关于这一问题的回答也不容乐观，虽然未达到五成，但也有四成以上的教师认为学校并未对如何开展综合素质评价进行明确的指导；调查显示教育行政部门或学校大多通过经验交流、专家讲座和案例分析三种方式对学生综合素质评价进行指导培训，但老师们认为这三种指导培训方式中经验交流最为有效，其次为案例分析和专家讲座；在综合素质评价开展过程中学校及其教师并不重视对学生自我评价的指导，有近八成

的学生指出学校和老师偶尔或从未对学生如何进行自我评价进行指导。

通过政策文本分析,结合调查研究发现我国当前高中阶段学生综合素质评价指导培训体系尚不健全,具体表现为指导培训受政策影响较大,缺乏专门的学生综合素质评价指导培训机构,教育行政部门或学校未能对如何开展高中阶段学生综合素质评价给予明确的指导培训,阻碍了评价主体评价素养的提高,影响了高中阶段学生综合素质评价改革政策的顺利推进。

《教育部关于加强和改进普通高中学生综合素质评价的意见》(教基二〔2014〕11号)将评价主体规定为学校、教育行政部门,评价内容规定为思想品德、学业水平、身心健康、艺术素养、社会实践,评价方法规定为行为观察、情景测验、学生成长记录等,评价实施程序规定为写实记录、整理遴选、公示审核、形成档案、材料使用,评价结果以等级和评语的形式呈现,并将其作为高校招生参考。

《上海市普通高中学生综合素质评价实施办法(试行)》(沪教委基〔2015〕30号)和上海市教育委员会关于印发《上海市中等职业学校学生综合素质评价实施办法》的通知(沪教委规〔2015〕35号)将评价主体规定为学校、教师、学生,评价内容规定为品德发展与公民素养、修习课程与学业成绩、身心健康与艺术素养、创新精神与实践能力,将评价记录方法与程序规定为写实记录、整理遴选、公示审核、导入系统、形成档案。上海市教委建立上海市高中阶段学生综合素质评价信息管理系统,以学校为记录主体,采用客观数据导入、学校和社会机构统一录入,学生提交实证材料相结合的方式,客观记录学生的学习成长经历。上海市普通高中学生综合素质评价主要通过上海市学生成长记录册,并将其最终结果一并呈现在《上海市普通高中学生综合素质纪实报告》《上海市中等职业学校学生综合素质纪实报告》之中,并将成为高等院校招生录取的重要参考。

《浙江省教育厅关于完善浙江省普通高中学生成长记录与综合素质评价的意见》(浙教基〔2015〕45号)将评价主体规定为学校、教师、学生本人、学生互评,评价内容规定为品德表现、学业水平、运动健康、艺术素养、创新实践,将评价方式、方法规定为成长记录档案、学生自评、学生互评和教师评议相结合,将评价程序规定为客观记录、民主评定、结果呈现、公示审核、形成档案，综合素质评价档案结果将被填写到《学生学业水平情况记录表》《学生综合素养情况记录表》和《浙江省普通高中毕业生综合素质信息表》三表中，一并作为高校招生录取的重要参考。

同时，《教育部关于加强和改进普通高中学生综合素质评价的意见》（教基二〔2014〕11号），《上海市普通高中学生综合素质评价实施办法（试行）》（沪教委基〔2015〕30号），《浙江省教育厅关于完善浙江省普通高中学生成长记录与综合素质评价的意见》（浙教基〔2015〕45号）都专门对高中阶段学生综合素质评价实施程序进行了较为翔实的阐述（详见表2-31）。

表2-31　教育部、上海、浙江高中阶段学生综合素质评价实施程序对照表

教育部	上海市	浙江省
（1）写实记录。教师要指导学生客观记录在成长过程中集中反映综合素质主要内容的具体活动，收集相关事实材料，及时填写活动记录单。一般性的活动不必记录。活动记录、事实材料要真实、有据可查	（1）写实记录。教师要指导学生客观记录集中反映综合素质主要内容的具体活动，收集相关事实材料，每学期及时填写《上海市学生成长记录册》。学校在信息管理系统内统一录入学生自我介绍、军事训练、农村社会实践、国防民防活动、党团活动、先进个人荣誉称号、违纪违规情况、基础型课程成绩、拓展型和研究型课程学习经历、研究性学习专题报告和学校特色指标等内容。学生基本信息、参加志愿服务（公益劳动）信息、高中学业水平考试成绩、《国家学生体质健康标准》测试综合得分、体育艺术科技活动项目等内容采用客观数据导入的方式记录	（1）客观记述。学校要建立学生成长记录制度，采用写实方法，客观记述每一位学生每学期最为突出的个人综合素质发展情况，并全面、全程录入"浙江省普通高中学生成长记录系统"，做到有人记录、有人核对，可供查询

续表

教育部	上海市	浙江省
(2)整理遴选。每学期末，教师指导学生整理、遴选具有代表性的重要活动记录和典型事实材料以及其他有关材料。用于招生使用的材料，学生要签字确认	(2)整理遴选。每学期末，教师指导学生整理、遴选用于撰写自我介绍的材料；高中毕业前，学生要在整理遴选材料的基础上撰写自我介绍，以及遴选最具代表性的研究性学习专题报告	(2)民主评议。学校要通过民主评议方式，组织学生和教师对每一个学生的品德表现、运动健康、艺术素养、创新实践逐项进行评定。评议采用学生互评和教师评议相结合的办法，依照事先约定比例合成评定结果，其中学生互评权重不低于70%。评价结果分三等，用A、B、C表示，分别代表"优秀""好""尚需努力"。各地应充分考虑所属学校类别、特色，合理确定各校测评项目的等第比例。以市或县级区域为单位，A等比例不超过应届学籍人数的25%，C等比例不超过5%。有多科目合成的评定项目，每一科目各学年均需控制适当比例，确保多科目合成后符合总体比例要求
(3)公示审核。遴选出来、用于招生使用的活动记录和事实材料必须于每学期末在教室、公示栏、校园网等显著位置公示。班主任及有关教师要对公示后的材料进行审核并签字	(3)公示审核。由学校统一录入的内容(除涉及个人隐私的信息外)及相关实证材料在录入信息管理系统之前必须于每学期末在教室、公示栏、校园网等显著位置公示。由上海市学生社会实践信息记录电子平台导入的志愿服务(公益劳动)信息需先在该电子平台公示。相关部门和社会机构需要事先审核导入信息管理系统的客观信息与数据	

续表

教育部	上海市	浙江省
(4)形成档案。各省(区、市)要对学生综合素质档案格式提出基本要求。学校要对相关材料进行汇总，为每位学生建立综合素质档案。档案主要内容：①主要的成长记录，包括思想品德、学业水平、身心健康、艺术素养、社会实践五个方面的突出表现；②学生毕业时的简要自我陈述报告和教师在学生毕业时撰写的简要评语；③典型事实材料以及相关证明	(4)导入系统。学校公示后的信息及基础型课程成绩由学校统一录入信息管理系统，客观数据由相关部门审核后统一导入信息管理系统，学生每学期对信息管理系统中的信息进行网上确认，如有异议，可以向学校提出更正申请	(3)公示确认。学业水平考试成绩由系统自动导入。其他材料在学期末，由教师指导学生进行整理、遴选。班级学生互评结果需在班级内公示，并附相关事实材料；学校评议结果包括学生互评结果、教师评议结果和综合评价结果，需在学校公示栏和校园网上公示，公示时间须5个学习工作日以上。最终结果须经学生签名确认
(5)材料使用。高中教师要充分利用写实记录材料，对学生成长过程进行科学分析，引导学生发现自我，建立自信，指导学生发扬优点，克服不足，明确努力方向。学校要将学生综合素质档案提供给高校招生使用。高等学校在招生时要根据学校办学特色和人才培养要求，制定科学规范的综合素质评价体系和办法，组织教师等专业人员对档案材料进行研究分析，采取集体评议等方式做出客观评价，作为招生录取的参考	(5)形成档案。学生高中毕业前，信息管理系统自动生成《上海市普通高中学生综合素质纪实报告》或《上海市中等职业学校学生综合素质纪实报告》，经学生确认后在本校公示。公示无异议后，由学生本人签字，再经班主任和校长签字以及学校盖章后存档，并供高等学校招生参考使用。由外省市转学进入上海市普通高中就读的学生，其综合素质评价信息经相关部门认定后导入信息管理系统	(4)形成档案。学校要对相关材料进行汇总，为每位学生建立综合素质档案。学校要将毕业生的综合素质主要信息提供给高校作为招生录取参照。用于高校招生录取参照的档案必须告知学生并由学生签名确认。档案主要内容包括《学生学业水平情况记录表》《学生综合素养情况记录表》《浙江省普通高中毕业生综合素质信息表》

通过对我国各个省、自治区、直辖市的高中阶段学生综合素质评价实施办法/方案、意见等政策文件的文本分析发现，大部分地区对高中阶段学生综合素质评价运行操作过程进行了较为规范的规定，而落实到具体操作层面时，政策执行过程不免会走样。调查研究过程中我们发现高中阶段学生综合素质评价在运行操作过程中仍然不够规范，在具体操作实施层面，走形式、应付检查现象较为突出。

针对"您主要通过何种渠道了解学生综合素质评价"这一问题(多选)的统计分析发现有76.3%的学生认为自己主要通过就读学校了解学生综合素质评价(详见表2-32)；教师认为自己首先是通过学校宣传(62.8%)，其次是教育行政部门(26.6%)和进修培训(24.1%)了解学生综合素质评价(详见表2-33)。

表2-32 您主要通过何种渠道了解学生综合素质评价(学生)

	频数	有效百分比
网络媒体	180	19.4
电视新闻	100	10.8
就读学校	708	76.3
其他	63	6.8
总计	1051	113.3

(备注：本问题为多项选择题，因此存在频次总数大于有效样本总数和有效百分比超过100%的情况，特此说明)

表2-33 您主要通过何种渠道了解学生综合素质评价(教师)

	频数	有效百分比
网络媒体	65	22.1
学校宣传	186	62.8
进修培训	71	24.1
教育行政部门	79	26.6
总计	401	135.6

(备注：本问题为多项选择题，因此存在频次总数大于有效样本总数和有效百分比超过100%的情况，特此说明)

针对"您所就读的学校是否经常对学生综合素质进行评价"这一问题的统计分析发现有 12.7%的学生认为其所就读的学校从未对学生综合素质进行过评价(详见表 2-34);有 4.1%的老师认为其所就读的学校从未对学生综合素质进行过评价(详见表 2-35)。

表 2-34　您所就读的学校是否经常对您的综合素质进行评价(学生)

	频数	有效百分比
经常	277	29.8
偶尔	534	57.5
从未	117	12.7
总计	928	100

表 2-35　您所任职学校是否经常对学生的综合素质进行评价(教师)

	频数	有效百分比
经常	144	48.7
偶尔	140	47.2
从未	12	4.1
总计	296	100

针对"您所在学校规定都有哪些人可以对学生综合素质进行评价"这一问题(多选)的统计分析发现,学生认为老师(班主任,86.2%;科任,59.5%)是综合素质评价开展的最重要的主体(详见表 2-36);教师认为老师(班主任,93.0%;科任,63.3%)、学生(学生本人,58.3%;其他同学,41.2%)以及家长(36.3%)是综合素质评价开展的重要主体(详见表 2-37)。

表 2-36 您所在学校规定的学生综合素质评价主体构成 (学生)

	频数	有效百分比
学生本人	400	43.1
其他同学	402	43.3
班主任	800	86.2
科任	552	59.5
家长	337	36.3
社区	146	15.7
其他	16	2.6
总计	2653	286.7

（备注：本问题为多项选择题，因此存在频次总数大于有效样本总数和有效百分比超过 100%的情况，特此说明）

表 2-37 您所在学校规定的学生综合素质评价主体构成 (教师)

	频数	有效百分比
学生本人	173	58.3
其他同学	122	41.2
班主任	275	93.0
科任	187	63.3
家长	100	33.7
社区	42	14.1
其他	4	1.4
总计	903	305

（备注：本问题为多项选择题，因此存在频次总数大于有效样本总数和有效百分比超过 100%的情况，特此说明）

　　针对"您所在学校规定通过哪些方法对学生的综合素质进行评价"这一问题(多选)的统计分析发现，学生认为学校主要通过考试(77.6%)、观察(45.6%)、档案袋(41.5%)、访谈(30.9%)等方法对学生综合素质进行评价(详见表 2-38)；老师认为学校主要通过档案袋(74.9%)、观察(57.8%)、考试(55.3%)、访谈(41.7%)等方法对学生综合素质进行评价(详见表 2-39)。

表 2-38　您所在学校规定通过哪些方法对您的综合素质进行评价(学生)

	频数	有效百分比
考试	720	77.6
观察	421	45.4
访谈	287	30.9
档案袋	385	41.5
其他	65	7
总计	1878	202.4

　　(备注：本问题为多项选择题，因此存在频次总数大于有效样本总数和有效百分比超过 100%的情况，特此说明)

表 2-39　您所在学校规定通过哪些方法对学生综合素质进行评价(教师)

	频数	有效百分比
考试	164	55.3
观察	171	57.8
访谈	123	41.7
档案袋	222	74.9
其他	6	2
总计	686	231.7

　　(备注：本问题为多项选择题，因此存在频次总数大于有效样本总数和有效百分比超过 100%的情况，特此说明)

　　针对"您所在学校规定主要通过何种途径对学生的综合素质进行评价"
这一问题(多选)的统计分析发现,有73.3%的学生认为学校通过纸质材料
呈现学生综合素质评价结果,有34.7%的学生认为学校通过电子平台呈现
学生综合素质评价结果(详见表2-40);有54.8%的教师认为学校通过纸质
材料呈现学生综合素质评价结果,有35.7%的教师认为学校通过电子平台
呈现学生综合素质评价结果(详见表2-41)。

表2-40　您所在学校主要通过何种途径对您的综合素质进行评价(学生)

	频数	有效百分比
纸质材料	680	73.3
电子平台	322	34.7
其他	102	11.0
总计	1104	119

　　(备注:本问题为多项选择题,因此存在频次总数大于有效样本总数和有效百分比
超过100%的情况,特此说明)

表2-41　您所在学校主要通过何种途径对学生综合素质进行评价(教师)

	频数	有效百分比
纸质材料	162	54.8
电子平台	106	35.7
其他	89	30.2
总计	357	120.7

　　(备注:本问题为多项选择题,因此存在频次总数大于有效样本总数和有效百分比
超过100%的情况,特此说明)

　　针对"您所在学校如何呈现学生综合素质评价结果"这一问题(多选)的
统计分析发现,有45.0%的学生认为学校通过等级呈现学生综合素质评价
结果,有30.2%的学生认为学校通过分数呈现学生综合素质评价结果,有

37.7%的学生认为学校通过评语呈现学生综合素质评价结果，有16.4%的学生认为学校通过报告呈现学生综合素质评价结果（详见表2-42）；有73.7%的教师认为学校通过等级呈现学生综合素质评价结果，有36.2%的教师认为学校通过分数呈现学生综合素质评价结果，有66.3%的教师认为学校通过评语呈现学生综合素质评价结果，有25.6%的教师认为学校通过报告呈现学生综合素质评价结果（详见表2-43）。

表 2-42　您所在学校如何呈现学生综合素质评价结果（学生）

	频数	有效百分比
等级	418	45.0
分数	280	30.2
评语	350	37.7
报告	152	16.4
其他	69	7.4
总计	1269	136.7

（备注：本问题为多项选择题，因此存在频次总数大于有效样本总数和有效百分比超过100%的情况，特此说明）

表 2-43　您所在学校如何呈现学生综合素质评价结果（教师）

	频数	有效百分比
等级	218	73.7
分数	107	36.2
评语	196	66.3
报告	76	25.6
其他	9	3.0
总计	606	204.8

（备注：本问题为多项选择题，因此存在频次总数大于有效样本总数和有效百分比超过100%的情况，特此说明）

针对"您在读期间的综合素质评价结果将会如何利用"这一问题(多选)的统计分析发现,有48.5%的学生认为其在读期间的综合素质评价结果将作为学校毕业依据,有44.3%的学生认为其在读期间的综合素质评价结果将作为升学依据,有63.9%的学生认为其在读期间的综合素质评价结果将作为升学参考(详见表2-44);有49.7%的老师认为其在读期间的综合素质评价结果将作为学校毕业依据,有27.6%的老师认为其在读期间的综合素质评价结果将作为升学依据,有54.3%的老师认为其在读期间的综合素质评价结果将作为升学参考(详见表2-45)。

表2-44 学生在读期间的综合素质评价结果将会如何利用(学生)

	频数	有效百分比
毕业依据	450	48.5
升学依据	411	44.3
升学参考	593	63.9
其他	74	8.0
总计	1528	164.7

(备注:本问题为多项选择题,因此存在频次总数大于有效样本总数和有效百分比超过100%的情况,特此说明)

表2-45 学生在读期间的综合素质评价结果将会如何利用(教师)

	频数	有效百分比
毕业依据	147	49.7
升学依据	82	27.6
升学参考	161	54.3
其他	34	1.6
总计	424	133.2

(备注:本问题为多项选择题,因此存在频次总数大于有效样本总数和有效百分比超过100%的情况,特此说明)

　　针对"您所在学校多长时间对学生综合素质进行一次评价"这一问题的统计分析发现，大部分学生认为学校每学期(55.8%)对学生综合素质进行一次评价(详见表2-46)；大部分老师认为学校每学期(67.4%)对学生综合素质进行一次评价(详见表2-47)。

表2-46　您所在学校多长时间对学生综合素质进行一次评价(学生)

	频数	有效百分比
每周	107	11.5
每月	120	13.0
每学期	518	55.8
每学年	113	12.2
其他	70	7.5
总计	928	100

表2-47　您所在学校多长时间对学生综合素质进行一次评价(教师)

	频数	有效百分比
每周	15	5.0
每月	37	12.6
每学期	200	67.4
每学年	38	13.0
其他	6	2.0
总计	296	100

　　针对"您主要通过哪些手段和途径对自己的综合素质进行评价"这一问题(多选)的统计分析发现，大部分学生通过自我总结(70%)的方式进行综合素质评价(详见表2-48)。

表 2-48 您主要通过哪些手段和途径对自己的综合素质进行评价

	频数	有效百分比
自我总结	650	70.0
作品展示	217	23.4
获奖证书	239	25.8
其他	165	17.8
总计	2377	137

（备注：本问题为多项选择题，因此存在频次总数大于有效样本总数和有效百分比超过100%的情况，特此说明）

针对"您所在学校在开展综合素质评价过程中是否规定了一定的评价程序"这一问题的统计分析发现，有31.7%的学生认为学校规定了综合素质评价程序（详见表2-49）；有56.5%的教师认为学校规定了综合素质评价程序（详见表2-50）。

表 2-49 您所在学校在综合素质评价过程中是否规定了一定的评价程序（学生）

	频数	有效百分比
是	294	31.7
否	634	68.3
总计	928	100

表 2-50 您所在学校在综合素质评价过程中是否规定了一定的评价程序（教师）

	频数	有效百分比
是	167	56.5
否	129	43.5
总计	296	100

针对"您所在学校在开展综合素质评价过程中是否遵循所规定的评价程序"这一问题的统计分析发现，仅有 28.1% 的学生认为学校遵循所规定的综合素质评价程序(详见表2-51)；有 23.7% 的教师认为学校遵循所规定的综合素质评价程序(详见表2-52)。

表 2-51　您所在学校在综合素质评价过程中是否遵循所规定的评价程序(学生)

	频数	有效百分比
是	261	28.1
否	667	71.9
总计	928	100

表 2-52　您所在学校在综合素质评价过程中是否遵循所规定的评价程序(教师)

	频数	有效百分比
是	70	23.7
否	226	76.3
总计	296	100

调查发现，大部分学生和教师是通过学校来了解学生综合素质评价；大部分学校偶尔或从未对学生综合素质进行评价；高中阶段学生综合素质评价主体以老师和学生为主；学校主要通过考试、观察、访谈、档案袋等方法对学生的综合素质评价进行评价；学校主要通过纸质材料和电子平台等媒介来呈现高中阶段学生综合素质评价结果；学校主要通过等级与评语的方式来呈现高中阶段学生综合素质评价结果；高中阶段学生综合素质评价主要作为毕业依据和高校招生的重要参考；学校一般会每学期对综合素质进行一次评价；学生主要通过自我总结的方式对自身综合素质进行评价；仅有部分学校对学生综合素质评价程序进行了规定，虽然有规定的评价程序，但大部分学校并未遵循已有规定执行。

通过政策文本分析，结合调查研究发现我国当前高中阶段学生综合素质评价实施过程尚不规范，具体表现为评价主体较为单一；学校只是偶尔甚至从未对高中阶段学生综合素质评价进行过评价；虽然部分学校对学生综合素质评价程序进行了规定，但大部分学校并未遵循已有规定执行。高中阶段学生综合素质评价运行操作过程不规范阻碍了高中阶段学生综合素质评价改革的科学化、合理化进程。

3. 评价保障不到位

《教育部关于加强和改进普通高中学生综合素质评价的意见》（教基二〔2014〕11号）规定要加强督导，把综合素质评价工作作为评估地方各级教育行政部门和学校工作的重要内容，同时，建立健全监督制度，建立公示制度，畅通举报渠道；建立检查制度，对档案材料真实性进行抽查；建立申诉与复议制度，对有争议的结果重新进行审核确认；建立诚信责任追究制度，对弄虚作假者按照《普通高等学校招生违规行为处理暂行办法》等有关规定给予严肃处理。

上海市在《上海市普通高中学生综合素质评价实施办法（试行）》和《上海市中等职业学校学生综合素质评价实施办法》中分别建立了信息确认制度、信誉等级制度和公示与举报投诉制度。信息确认制度是指提供综合素质评价信息的各相关社会机构、录入信息管理系统的比赛活动项目和荣誉称号等由相关管理部门进行确认；学校、社会机构、区县和市级相关部门负责对各自录入或导入信息管理系统的信息与数据进行确认。信誉等级制度是指对综合素质评价涉及的学校、社会机构等主体，由相关部门评定信誉等级。信誉等级评定采用等级下调的方式，一年评定一次。下调信誉等级的学校和社会机构将受到内部通报，连续两年被下调信誉等级的学校和社会机构将依纪依规严肃处理。公示与举报投诉制度是指学校需要在全校公示本校综合素质评价的具体实施办法；学校统一录入信息管理系统的学生信息（除涉及个人隐私的信息外）都要公示；各高等学校要制定综合素质评价信息的使用办法并提前在网上公布。对公示的综合素质评价内容，学生可以向所在学校、区县教育局和市教委逐级举报投诉。高等学校在招生过程中发现不实信息可向市教委学生处举报投诉。对学校和社会机构的举报投诉一经查实，将采取下调信誉等级等措施给予严肃处理。对学生个人的举报投诉一经查实，将按照《普通高等学校招生违规行为处理暂行办法》等有关规定给予严肃处理。

浙江省在《浙江省普通高中学生成长记录与综合素质评价的意见》中规定各市、县(市、区)教育行政部门要高度重视，加强领导，精心组织，并根据指导意见要求，完善评价工作机制，全面负责评价工作的实施和指导监督，包括咨询、投诉、复议等事宜的处理；要切实加强过程监控与质量评估，建立健全检查制度和诚信责任追究制度，对弄虚作假者按国家有关规定予以严肃处理；要认真受理咨询、投诉和复议申请，保障评价工作民主公平，评价结果真实可用；要注重在日常教育教学活动中，指导学生适时收集整理有关材料，切实避免毕业前搞突击记载。

通过对我国各个省、自治区、直辖市的高中阶段学生综合素质评价实施办法/方案、意见等政策文件的文本分析发现，大部分省市对其综合素质评价制定了一定的监督调控制度、机制，但落实到具体操作层面后，其对该政策实施的监督调控之保障仍然不到位，具体表现为监督主体不明确、监督内容模糊化、信息公开机制缺位以及诚信文化建设失位等方面。①同时，这些问题也在调查研究过程中得到了印证。

针对"您所在地区或学校是否建立了学生综合素质评价监控制度"这一问题的统计分析发现，仅有27.4%的学生认为学校建立了学生综合素质评价监控制度(详见表2-53)；有45.9%的教师认为学校建立了学生综合素质评价监控制度(详见表2-54)。

---

　　①　王润，周先进. 高中生综合素质评价监督机制的构建——基于新一轮高考改革的思考[J]. 教育理论与实践，2015(26)：9-11.

表 2-53 您所在地区或学校是否建立了学生综合素质评价监控制度(学生)

	频数	有效百分比
是	254	27.4
否	674	72.6
总计	928	100

表 2-54 您所在地区或学校是否建立了学生综合素质评价监控制度(教师)

	频数	有效百分比
是	136	45.9
否	160	54.1
总计	296	100

针对"您所在学校建立了哪些保障学生综合素质评价得以顺利实施的制度"这一问题(多选)的统计分析发现,老师认为学校主要建立了公示制度(62.3%)、监督制度(40.7%)和问责制度(33.7%)以对高中阶段学生综合素质评价实施过程进行监督调控(详见表 2-55)。

表 2-55 您所在学校建立了哪些保障学生综合素质评价得以顺利实施的制度(教师)

	频数	有效百分比
申诉制度	149	16.1
公示制度	578	62.3
听证制度	126	13.6
问责制度	313	33.7
监督制度	378	40.7
复议制度	112	12.1
其他制度	108	11.6
总计	1386	190.1

(备注:本问题为多项选择题,因此存在频次总数大于有效样本总数和有效百分比超过 100% 的情况,特此说明)

针对"您所在学校是否建立了专门监控综合素质评价实施的部门或机构"这一问题的统计分析发现，仅有 23.5% 的学生认为学校建立了专门监控综合素质评价实施的部门或机构(详见表 2-56)；有 55.7% 的教师认为学校建立了专门监控综合素质评价实施的部门或机构(详见表 2-57)。

表 2-56 学校是否建立了专门监控综合素质评价实施的部门或机构(学生)

	频数	有效百分比
是	218	23.5
否	710	76.5
总计	928	100

表 2-57 学校是否建立了专门监控综合素质评价实施的部门或机构(教师)

	频数	有效百分比
是	165	55.7
否	131	44.3
总计	296	100

针对"您所在学校对综合素质评价实施的具体监控内容是否明确"这一问题的统计分析发现，仅有 13.6% 的学生认为学校对综合素质评价实施的具体监控内容进行了明确的规定(详见表 2-58)；有 35.8% 的教师认为学校对综合素质评价实施的具体监控内容进行了明确的规定(详见表 2-59)。

表 2-58 您所在学校对综合素质评价实施的具体监控内容是否明确(学生)

	频数	有效百分比
是	126	13.6
否	802	86.4
总计	928	100

表 2-59　您所在学校对综合素质评价实施的具体监控内容是否明确（教师）

	频数	有效百分比
是	106	35.8
否	190	64.2
总计	296	100

调查发现，在实践操作层面，大部分地区与学校并未建立完善的学生综合素质评价监控制度；部分学校建立了公示制度、监督制度和问责制度；仅有部分学校建立了专门监控综合素质评价实施的部门或机构；大部分学校对学生综合素质评价实施的具体监控内容不够明确。

通过政策文本分析，结合调查研究发现我国当前高中阶段学生综合素质评价监督调控保障尚不到位，具体表现为监控制度不完善、监控主体不明确、监控内容不清晰。高中阶段学生综合素质评价监督调控保障尚不到位致使高中阶段学生综合素质评价改革政策难以落实，阻碍了该综合素质评价改革政策的顺利推进。

三、必要性与可行性

高中阶段学生综合素质评价机制作为高中阶段学生综合素质评价政策实施的"助推器"和"润滑剂"，它保障了高中阶段学生综合素质评价各要素之间的有机结合，并能够科学、有效地促使高中阶段学生综合素质评价政策能够达到预期的功效，实现既定的目标。可见，建构一套科学、完善的高中阶段学生综合素质评价机制或"机制丛"十分必要。通过对国外高中阶段学生综合素质评价机制发展历程、现状分析的探讨和国内高中阶段学生综合素质评价机制发展历程、现状剖析发现，我国高中阶段学生综合素质评价机制的构建可以在一定程度上借鉴国外经验，并在国内已有理论研究和实践探索基础上具备了一定的可行性。

（一）必要性

通过对国内高中阶段学生综合素质评价机制发展历程、现状的剖析发现，我国高中阶段学生综合素质评价机制无论是在理论研究方面，还是在政策制定和实践探索过程中尚未受到应有的足够重视，更未形成完善的评价机制。高中阶段学生综合素质评价机制的缺失以及导致的诸多实践问题具体表现在以下四个方面：其一，高中阶段学生综合素质评价在管理上不够明确，不同级别组织管理部门的职责、权力不够清晰，这就导致了在政策推进过程中，未能受到足够的重视，上级部门领导不足，学校走形式严重；其二，高中阶段学生综合素质评价在实施过程中不够流畅，导致了评价流程不够清晰、评价定位不够明确、评价结果呈现受到质疑、评价结果反馈不及时等诸多问题；其三，高中阶段学生综合素质评价的保障措施不够完善，导致评价在实施过程中走形式，评价结果受到社会质疑，高校在招生过程中对评价报告不重视。此外，在指导培训上不到位，导致了政策执行者尤其是学校教师对评价理念认识不清晰，评价相关的知识和能力缺失，评价素养不足，使评价实施处于茫然之中。可见，我们十分有必要建构一套科学、完善的高中阶段学生综合素质评价机制或"机制丛"。

（二）可行性

国外高中阶段学生综合素质评价机制已具有相当丰富的经验。我国高中阶段学生综合素质评价改革政策从酝酿到试点实施已历经十多年的时间，无论是在理论研究层面抑或是实践操作层面都积累了十分丰富的经验。国内外在理论研究和实践探索上为高中阶段学生综合素质评价机制的创建提供了必要的条件。

首先，国外高中阶段学生综合素质评价机制较为完善，值得借鉴。国外已具备一套较为完善的高中阶段学生综合素质评价机制，各个国家的高中阶段学生综合素质评价在管理上权责分明、机构较为完善，在评价实施上流程比较清晰、定位基本明确，在评价保障上能够多管齐下、制度基本完善。较为完善的高中阶段学生综合素质评价机制，促使国外高中阶段学生综合素质评价基本上达到了预期的功效和既定的目标，促进了国外高中阶段学生综合素质的全面、个性化发展。国外较为完善的高中阶段学生综合素质评价机制给我们创建具有中国特色的高中阶段学生综合素质评价机制提供了充足的养料。

其次，研究者们已直接或间接对高中阶段学生综合素质评价展开了丰富的理论研究。笔者于 2015 年 8 月 6 日在中国知网，以"综合素质评价"为篇名关键词，检索到文献 1375 篇；以"综合素质评价"和"高中"为篇名关键词，检索到论文 136 篇；以"综合素质"和"评价机制"为篇名关键词，检索到论文 10 篇。此外，国内许多专家也对高中阶段综合素质评价展开了一系列的课题研究，其中具有代表性的专家有靳玉乐、崔允漷、刘志军、罗祖兵等。虽然，国内理论研究者针对高中阶段学生综合素质评价机制的直接研究较少，但研究者们在自己的研究过程中都或多或少地涉及评价机制问题，为我国高中阶段学生综合素质评价机制的建构提供了理论基础。

最后，实践层面已对高中阶段学生综合素质评价进行了一系列的有效探索。如：2007 年，北京市开始着力推进高中学生综合素质评价的研究与实践。并将评价类型分为过程性评价和终结性评价两种。王薇(2010)针对北京市高中阶段学生综合素质评价的关键环节、评价功能、实施建议、主要成效进行了全面解析与深入反思。[1] 张红梅(2009)在上海徐汇区范围内对《上海市中学生成长记录册》使用情况进行了问卷调查和访谈，总结了成长记录册取得的成效，并针对存在的问题提出了成长记录册使用的改进建议。[2] 金付栓，魏丽华(2013)为进一步推进北京市延庆县初中学生综合素质评价工作，于 2011 年 6 月至 8 月，对延庆县 20 所初中学校的部分师生展开调研，旨在了解北京市延庆县初中生综合素质评价的实施现状，了解

---

① 王薇. 北京市普通高中学生综合素质评价的实践探索[J]. 教育测量与评价（理论版），2010(12)：8-11.

② 张红梅.《上海市中学生成长记录册》使用效果调查报告[J]. 上海教育科研，2009(4)：28-32.

参与者对该评价的认识、评价方法、评价过程、评价效果等情况，发现综合素质评价设计或者实施中可能存在的问题，并提出可行性的建议，促进初中生综合素质评价改革的发展。①

可见，高中阶段学生综合素质评价机制的建构，无论从政策实施方面，还是从理论研究方面，抑或是国内外实践操作经验方面都已获得了丰富的理论研究和实践经验基础，我们已经具备构建高中阶段学生综合素质评价机制的可行性。

---

① 金付栓，魏丽华.初中学生综合素质评价的现状——以北京市延庆县为例[J].北京教育学院学报，2013(4)：69-73.

第三章　构建思路

高中阶段学生综合素质评价机制的构建并非研究者凭空臆想，而是具有一定的理论和实践依据且遵循一系列科学合理的构建原则，同时，在整个构建过程中还以科学的方法论为指导。

一、构建依据

任何事物的存在都有其内在原因，高中阶段学生综合素质评价机制亦不例外。高中阶段学生综合素质评价机制作为高中阶段学生综合素质评价系统内部诸要素的结构、功能及其内在机理的组织、运作过程与方式，其构建必然依据一定的科学理论与实践经验。

(一)理论依据

高中阶段学生综合素质发展评价理念绝非凭空臆想，其中主要理论依据如下：

1. 多元智能理论

多元智能理论指出，学生评价的目的在于发现和促进学生多方面智能的发展，激发学生多种智能组合的整体发展。这一理论恰好迎合了学校教育中片面追求分数和升学率这一现象的对立情绪，符合当前高中教育改革的需要，对构建我国高中阶段学生综合素质评价机制有如下三点启示。①

---

① ［美］James Bellance 等. 多元智能与多元评价——运用评价促进学生发展［M］. 夏惠贤等，译. 北京：中国轻工业出版社，2004：21-22.

第一，学生的综合素质发展是多元的。学生综合素质发展评价不能仅仅考查语言和数理逻辑领域的能力，应从诸如语言表达、动手操作、人际交往合作以及创新等多个维度进行综合评价，全方位反映高中阶段学生的综合素质。每个个体都拥有多方面的智能，只是它们的组合和发展程度不同，在对学生进行评价过程中不能判定某个个体是最优秀的，只能说其在某一个方面发展的比别人更优秀。在培养学生过程中，我们应注意挖掘个体的优势智能，并将其迁移到弱势智能，从而实现弱势智能向优势智能的有效转化。高中学生综合素质评价机制构建应该挖掘学生的突出素质如人际交往与合作、音乐或者体育等，以突出素质来带动其他素质的发展。

第二，应对学生的综合素质进行最直接的评价。多元智能理论强调，每项智能的发展都有其独特的发展轨迹，通过测验或者考试分数来推导诸如音乐智能、空间智能、人际交往智能等是不合适、不准确的，在对这些智能潜力进行评价时，应采用直接观察的方式，尽量减少甚至避免中间媒介的干扰。这样会使评价更加客观、真实地反映学生的智能发展状况。高中学生综合素质评价机制构建应更多地注重对学生的观察，多采用质性的评价方式与方法。

第三，学生评价应注重在生活情景中解决实际问题。"多元智能理论指出，人的智能是在特有的社会和文化背景下产生的，因此，个体的智能是以能否解决现实问题或生产制造出社会所需要的有效产品的能力为核心和评价标准的。"高中阶段学生综合素质评价机制构建应该基于具体的文化背景和实际的问题情境，只有这样才能有助于对学生综合素质发展的整体观察和评价。

2. 人的全面发展理论

人的全面发展理论与剩余价值理论、唯物史观三者并称为马克思主义对人类的三大卓越贡献，在新的社会历史发展条件下，人的全面发展理论，是全面建设小康社会的内在要求，是实现每个人的"中国梦"之根本保障。人的全面发展理论对构建高中阶段学生综合素质评价机制有如下三点启示。

第一，智力与体力的和谐发展。马克思认为，劳动力是"体力与智力的总和"①，恩格斯认为作为生产要素的人应包括他们的"肉体活动和精神活动"②。因此，一个全面发展的人应该包括智力和体力两方面，并且智力和体力的各方面都应该得到全面的和谐发展。"中国梦"的提出，构想了我们每一个人在物质生活，思想和精神生活，以及在社会、政治、经济、文化等方面全面发展，它进一步拓展了马克思关于人的全面发展理论。

第二，个体发展与社会发展的统一。马克思和恩格斯把人的全面发展、人的自由发展和人的普遍发展提到同一个标准，其本意是应将"人的全面发展"转变为"个人全面发展"，基于此才能把个人生产能力的全面发展同社会生产能力的全面发展进行有效区分。人的全面发展理论正是在这个基础上提出的。③ 但我们需要指出的是此处的"个人"是指"每个人""任何人"，即全体社会成员之中的每一个个体。作为个体的个人素质与整个社会人的整体素质是相互影响、相互促进的有机统一体。

第三，作为个体人自由充分的发展。恩格斯认为"自由在于根据对自然界的必然性的认识来支配我们自己和外部自然界；因此，它必然是历史发展的产物"。④ 人的自由同时受到个体自身主观能动和客观现实的双重限制，它是主客体间的关系。任何个体的人能够按照自己的意愿自由地发展自己想要发展的素质和能力，是马克思、恩格斯关于未来社会人的全面发展的理想模式。⑤ 个体只有能够自由、充分地发展才有利于其创造力的发

---

① 中共中央马克思恩格斯列宁斯大林著作编译局编. 马克思恩格斯全集(第3卷)[M]. 北京：人民出版社，1956：5.

② 中共中央马克思恩格斯列宁斯大林著作编译局编. 马克思恩格斯全集(第1卷)[M]. 北京：人民出版社，1956：607.

③ 陈桂生. 人的全面发展理论与现时代[M]. 上海：上海教育出版社，1988：4.

④ 陈桂生. 人的全面发展理论与现时代[M]. 上海：上海教育出版社，1988：4.

⑤ 吴德刚. 关于马克思主义人的全面发展学说的再认识[J]. 教育研究，2008(4)：5.

展。人的全面发展理论在不同学生身上体现为不同的组合，呈现出因人而异的独特性，这种独特性正是当前社会所必需的不同类型的人才所应该具备的。因此，我们的学校教育在顺应当前社会文化发展趋势的过程中，应极力推动每个学生都能获得自由、充分、全面、协调的发展。

3. 人本主义理论

人本主义理论创立于 20 世纪 60 年代，该理论的倡导者认为心理学应该探讨的是完整的人，而并非将人的各个从属方面(如行为表现、认知过程、情绪障碍等)割裂开来加以分析。① 人本主义理论对构建高中阶段学生综合素质评价机制有如下三点启示。

第一，人本主义理论注重以人为本，它尊重每一个人的价值和尊严，将人的发展提升到最高的地位，认为人才是整个世界的本体，它十分强调只有人能够说明人之为人自身。人本主义重视"全人"的教育，它反对把人当成"工具"和"手段"，认为教育应该培养的是一个完整的人，即古希腊时期的"通才"，文艺复兴时期的"绅士"和现代的"自我生成"与"自我实现"。人不仅在身体与精神、理智与情感各方面达到了整体化，而且在内部世界与外部世界的联系方面也应达到和谐一致。②

第二，人本主义者主张个体的认知与情感应该是和谐发展。在当下应试教育大背景下，学生的认知发展与情感发展未达到和谐发展，这一后果造成了学生身心发展不平衡和人格不健全等严重的问题。随着我国高中综合素质评价的推进，促使评价理念进一步理清、评价体系不断地完善，这对于改革当下我国高中教育评价中重认知、智力，轻综合素质发展的评价方式具有重要的现实意义。

第三，人本主义理论主张教育应挖掘学生的潜能，促进学生达到自我实现。他们认为人生来就具有诸多方面的潜能，但在现实中因为主客观方

① 施良方. 学习论[M]. 北京：人民教育出版社，2001：381-383.
② 张传燧，赵同森. 解读人本主义教育思想[M]. 广州：广东教育出版社，2006：56.

面的因素制约，人们没有将它们展现出来，我们应该给学生发展提供良好的平台，尊重、关心、理解、信任他们。只有以此为基础构建高中学生综合素质评价机制，才能促进学生综合素质的发展，将发展的可能性有效地转化为现实性。

4. 发展性评价理论

发展性教育评价理论始于 20 世纪 80 年代，作为一种教育评价理念，研究者认为评价目的不在于证明什么，而在于改进和促进评价对象的发展。他们不求"最好"，只求"更好"，因为评价的结果都具有暂时性。教育评价应最大限度地改进和促进评价对象的全面发展和进步，应尊重差异和学生的个性发展。因此，发展性评价要求其评价标准、内容以及方法应多元化，评价者更应该以积极的眼光，以多种视角去审视评价对象，挖掘其长处和优势，使他们有成功体验的机会，建立评价对象的自信。发展性评价理论对高中学生综合素质评价机制构建有如下三点启示。

第一，发展性评价强调评价的过程性。学生的综合素质发展有一个过程，促进学生的综合素质发展也要经历一定的过程。发展性评价强调在学生综合素质发展过程中对学生发展的全过程给予积极关注，在学生综合素质发展的每个环节促进学生发展。[①] 它同时亦强调形成性评价、诊断性评价和终结性评价并重，从而形成对学生综合素质发展变化的整体认知。

第二，发展性评价方法，强调质化与量化相结合。前者以解释学为基础，主要通过观察、访谈、描述等方式，对现实教育情境、教育问题和教育现象进行了说明，旨在改进教育情境、教育问题和教育现象。作为教育研究对象的人是不断发展和完善的，我们仅通过量化是无法实现对人的全

---

① 马云鹏，刘学智. 发展性学生评价的理论与方法[M]. 长春：东北师范大学出版社，2006：8.

面了解的，因此，对高中阶段学生进行综合素质发展评价亦应质、量结合。

第三，发展性评价标准，既强调应用绝对性评价又关注内在性评价。前者以事先明确的目标为衡量基准，对每个学生的综合素质发展状况的达成度进行评价，标准的设定存在于评价对象整体之外，统一的标准规定了每一个学生综合素质发展应达到的水平，但问题在于统一标准与学生个体之间的差异存在一定的矛盾。为了解决这一矛盾，发展性评价理论又提出个人发展的内评价，它是以每一个学生自身为基准，关注每一个学生自身发展目标的一种评价理念。高中阶段学生综合素质发展评价的标准既要有一个绝对的、每一个学生都应该达到的最基本的标准，同时，也应该为学生设计一套内在评价标准，只有这样综合素质评价机制才能更清晰明确。

5. 高中阶段学生发展特点

高中阶段学生综合素质评价机制构建应基于高中阶段学生发展的特点，尤其是异于幼儿阶段、小学阶段、初中阶段各阶段所独有的发展特点。高中阶段学生综合素质评价机制应关注高中阶段学生所特有的与综合素质评价密切相关的认知、情感发展特点。高中阶段的学生，随着生理的成熟，已进入青少年发展时期的中期，认知、情感发展也已基本成熟。

与身体发展类似，高中阶段学生的思维也产生了巨大的变化。他们能够掌握更为高级的认知能力，能够运用逻辑进行有效的推理、更好地解决问题；他们能够脱离具体事物的束缚进行抽象思维和反思，并能够设置个人目标，对未来做出一定的规划。按照皮亚杰的认知发展阶段理论，该阶段学生已经处于形式运算发展阶段。他们能够对变量进行演绎性创设和检验，能够监控和内省自己的思维活动，进行更抽象的思维，个体心理操作功能有了进一步的发展，他们主动地进行了自我监控、调整和反省自己的认知过程。① 高中阶段的学生已经能够对自己和他人的思想进行思考，但是他们过于关注自己的心理状态，常常以为别人与自己的想法相同，认为自己的一举一动都在他人的关注之下。该阶段学生具有很强的敏感性，他们往往高估自己的行为所导致的社会接受或拒绝程度，难于克服来自同伴的压力。

此外，高中阶段的学生常常认为自己的经历、体验、观点和价值都是独特的，并会带给自己名声、财富、荣誉，或者巨大的成就。不仅如此，他们还认为自己无所不能，能够抗拒一切侵害。②

高中阶段学生的情绪、情感表达方式大体发展方向是由外在冲动性向内在文饰性转变；情绪、情感持续的时间逐渐增长，出现了心境化的趋势；情绪、情感体验的内容更加深刻丰富，社会性情绪、情感占主导地位。同时，该阶段学生的自尊感强烈，而且一般比较稳定，但个体之间存在自尊发展差异，不同个体之间自尊的发展变化具有差异性，相同个体在自尊的不同维度之间也不同。③

结合以上五个方面的理论依据，我们尝试构建了高中阶段学生综合素质评价机制的基本框架。理论依据的复杂性决定了其框架结构的复杂性。

(二)实践依据

在对美国、英国、日本、韩国四国以及辽宁(东北)、甘肃(西北)、北京(华北)、上海(华东)、浙江(华东)、山东(东部)、重庆(华中)、广东(华南)八个省/市高中阶段学生综合素质评价机制实施现状进行剖析的基础上，研究者运用理论研究法初步尝试归纳析出了组织管理、指导培训、运行操作以及监督调控四个维度(详见表3-1、表3-2)。

---

① 张文新. 青少年发展心理学[M]. 济南：山东人民出版社，2002：210.
② 李晓东，孟威佳. 发展心理学[M]. 北京：北京大学出版社，2013：174-175.
③ 张文新. 青少年发展心理学[M]. 济南：山东人民出版社，2002：359-360.

表 3-1 国外高中阶段学生综合素质评价机制现状

维度 国家	组织管理	指导培训	运行操作					监督调控
			评价主体	评价内容	评价方法	评价实施	功能定位	
美国	政府宏观调控；高校组织实施；教育考试组织机构提供课程和政策；大学评估中心制定标准	高校招生处负责指导培训招生人员公关能力，营销能力，其他相关人员提供证明	高校	学业测试，非学业测试：学生评，教师评，校长评，知情人评	标准化考试：（SAT、ACT、AP、IB）；评语	大学只提供一个大致的指导培训性要求，学生自己收集提供各种证据表现，大学据此评价学生的综合素质	大学招生参考依据	招生委员会；多元主体；地方性认证机构；大众媒体评价
英国	QCA（资格与课程局）统一制定和实施评价标准和政策	AQA（评价与资格联盟）	政府	学习态度，技能和实践活动能力	中心评审课程作业（Centreassessed Coursework），受控评价（Controlled Assessment）	教育主管部门规定具体的考试内容和评分标准，学生根据要求提供作业表现，教师根据评分标准进行评分，结果折算进总分，供大学等社会各方使用	传统考试的补充，通过在一个更为真实的环境下评价学生更为全面的素质	AQA采取签署声明；AQA与教师协同；仲裁员

169

续表

维度 / 国家	组织管理	指导培训	运行操作				功能定位	监督调控
			评价主体	评价内容	评价方法	评价实施		
日本	文部科学省制定《学业评价报告单》;学校指导培训教师填写《学业评价报告单》	地方教育委员会事务局定期指导培训	学校	学科、综合学习时间、特别活动	定性和定量结合	教育主管部门制定基本框架,学校根据有关记录以及学生提供的信息,对学生的综合素质进行认定,报告,结果供大学,家长等有关方面参考使用	学生在校表现的记录的参照;大学录取的参照	文部科学省初等、中等教育局;地方教育委员会事务局
韩国	教育部统一组织管理并制订政策与方案;人力资源开发学生簿向导;教育行政部门,特别是地方教育监督调控,指导培训学校实施	韩国教育人力资源开发"学生簿向导";地方教育行政部门,特别是给予教师指导培训	学校	学生学科成绩、非学科成绩(出席,志愿活动,体验活动等)及校外活动	学生簿记录	教育部规定基本框架,学生提供证据表现,学校教师进行认定,报告,大学,企业,家长等社会各方据此来评价学生的综合素质	学生在校生活的记录,大学录取的参照	地方教育行政部门,教育监督管

表 3-2 国内样本省市高中阶段学生综合素质评价机制现状

维度 / 部门	组织管理	指导培训	运行操作					监督调整
			评价主体	评价内容	评价方法	评价实施	结果呈现	
教育部①	各省（区、市）要提出高中学生综合素质评价基本要求，为学校制定具体办法；综合素质评价由中学校组织实施，并建立健全学生成长记录规章制度，明确综合素质评价的具体要求	要加强指导培训，协调各方面专业力量，为学校开展综合素质评价提供支持和帮助。要加强培训，提升校长和教师实施综合素质评价的能力	学校、教育行政部门	思想品德、学业水平、身心健康、艺术素养、社会实践	行为观察、情景测验、学生成长记录等	写实记录、整理遴选、公示审核、形成档案、材料使用	高校招生参考（等级、评语）	将综合素质评价工作作为评估地方各级教育行政部门和学校工作的重要内容；建立公示制度、检查制度，申诉与复议制度和诚信责任追究制度

① 国务院.关于深化考试招生制度改革的实施意见[Z].国发〔2014〕35号.教育部.关于加强和改进普通高中学生综合素质评价的意见[Z].教基二〔2014〕11号.

续表

维度／部门	组织管理	指导培训	运行操作					监督调整
			评价主体	评价内容	评价方法	评价实施	结果呈现	
辽宁省①	省教育厅负责评价方案的制定与实施;各市、县教育行政部门不定期组织专家组对学校综合素质评价工作进行检查、评估;学校成立由校长任组长的评价工作领导小组,负责制定实施细则,审定评价结果,受理咨询、申诉和复议申请	开发《辽宁省高中阶段学生综合素质评价手册》,指导培训教师开展评价工作	学生自评、同伴互评、任课教师评价、班主任评价、学校评价	道德品质、公民素养、学习能力、交流与合作能力、运动与健康、审美与表现	日常评价、学生成长记录、模块考试、阶段学生综合质评价手册	各级教育行政部门及学校组织实施并进行检查、评估;成立校长任组长的工作领导小组;建立《辽宁省高中阶段学生综合质评价手册》,在期末和毕业前,学校应以书面形式将评价等级通知学生本人及其家长	高校招生参考(等级、评语)	建立公示制度、申诉,复议制度;市、县教育行政部门不定期组织学校综合素质评价工作进行检查、评估

① 辽宁省教育厅.辽宁省教育厅关于印发《辽宁省普通高中学生综合素质评价方案(试行)》的通知[Z].辽教发[2007]72号.

续表

维度 部门	组织管理	指导培训	运行操作					监督调控
			评价主体	评价内容	评价方法	评价实施	结果呈现	
甘肃省①	各地各学校要成立学生综合素质评价领导小组及班级评价小组	教育行政部门和学校要对评价者进行专项培训，规范评价过程	学校领导、教师和学生、家长代表	道德品质、公民素养、学习能力、交流与合作能力、运动与健康、审美与表现	制定实施细则，实施多元评价，促进学生发展，建立成长记录袋，以实证为依据，结果认定，等级评定，建立档案	建立校级综合素质评价领导小组主要负责学校综合素质评价实施细则的制定、组织实施、监督指导等级工作。班级评价小组由班主任（任课教师和学生代表组成，负责对班级综合素质评价的具体评价工作	高中毕业，高中、高校招生参考（等级、评语）	申诉、举报和监督调控制度

① 甘肃省教育厅关于印发《甘肃省普通高中新课程学生综合素质评价指导意见（试行）》的通知[Z].甘教基〔2010〕68号.

续表

维度 部门	组织管理	指导培训	运行操作					监督调控
			评价主体	评价内容	评价方法	评价实施	结果呈现	
北京市①	依据《北京市学生综合素质评价工作先进单位和先进个人评选方案》开展评先工作，以推动工作深入而有效地开展；区（县）、学校依据《北京市高中阶段学生综合素质评价手册》实施评价工作。校长（或主管校长）为第一责任人，负责具体工作实施	开发《北京市高中阶段学生综合素质评价手册》，指导培训教师开展评价工作	学生本人、教师、同学和家长	基础指标：思想道德、学业成就、合作与交流、运动与健康、审美与表现；发展指标：特长和有创意的成果及实践等	定性与定量相结合	校长作为第一责任人，区县教委、学校应依据《北京市初高中学生综合素质评价方案（试行）》实施《北京市综合素质评价手册》评价工作	高校招生参考（等级、分数、评语）	申诉、举报和监督调控制度

① 北京市教育委员会.北京市教育委员会关于修订北京市普通高中学生综合素质评价方案（试行）的通知[Z].京教基[2010]26号.

续表

维度部门	组织管理	指导培训	运行操作				监督调控
			评价主体	评价内容	评价方法	评价实施	结果呈现	
上海市①	实行市、区县、学校三级组织管理制度，共同负责、协调，落实综合素质评价的组织、实施和组织管理	开发《上海市普通高中学生综合素质评价手册》，指导教师开展评价工作	学校、教师、学生	品德发展与公民素养，修习课程与学业成绩，身心健康与艺术素养，创新精神与实践能力	上海市学生成长记录册	写实记录，整理遴选，公示审核，导入系统，形成档案	高校招生参考（等级、分数，等级、评语）	建立信誉等级制度；建立公示与举报投诉制度

① 上海市教育委员会关于印发《上海市普通高中学生综合素质评价实施办法（试行）》的通知[Z].沪教委基〔2015〕30号.

续表

维度　部门	组织管理	指导培训	运行操作					监督调整
			评价主体	评价内容	评价方法	评价实施	结果呈现	
浙江省①	各市、县（市、区）教育行政部门全面负责的实施和指导培训监督、投诉、复议等事宜的处理；学校负责实施方案、实施细则及章程的制订以及评价工作的实施	各市、县（市、区）教育行政部门全面负责评价工作的实施和指导培训，包括咨询事宜的处理	学校、教师、学生本人、学生互评	品德表现、学业水平、运动健康、艺术素养、创新实践	成长记录档案、学生自评、互评和教师评议相结合	客观记录，民主评定，结果呈现，公示审核，形成档案	高校招生参考（等级、评语）	各市、县（市、区）教育行政部门全面负责评价工作的监督，包括投诉、复议等事宜的处理

① 浙江省教育厅.浙江省教育厅关于完善《浙江省普通高中学生成长记录与综合素质评价的意见》[Z].浙教基〔2015〕45号.

续表

维度 部门	组织管理	指导培训	运行操作					监督调控
			评价主体	评价内容	评价方法	评价实施	结果呈现	
山东省①	省教育厅负责全面指导培训;各市负责评价实施细则的制定;学校成立评价委员会;委员会下设评价小组	开发《山东省高中阶段学生综合素质评价手册》,指导培训教师开展评价工作	学生、教师、组织管理者、家长	道德品质、公民素养、学习与创新能力、交流合作与动手能力、运动与健康、审美与表现	观察、访谈和调阅学生的成长记录	搞好学生评价的组织工作;组织学生自评和家长评价;组织学生互评、初定评定等级;草拟定评定等级;向学生征求意见;撰写评定报告及报审、记录	高校招生参考(等级、评语)	公示、复议

① 山东省教育厅.山东省教育厅关于印发《山东省普通高中学生基础素养评价方案(试行)》的通知[Z].鲁教基字〔2006〕13号.

续表

维度 部门	组织管理	指导培训	运行操作					监督调整
			评价主体	评价内容	评价方法	评价实施	结果呈现	
重庆市①	市教委基教处负责组织管理,各区县教育评估院负责组织,指导组织管理;市教育评估院具体负责组织管理,指导评估评价电子网络平台的开发与组织管理;各区县教委成立领导小组与指导培训小组;学校成立领导小组,校长任组长	市教育评估院具体负责指导培训;各区县教委指导培训小组负责对区县基础教育工作的相关科室,教科研机构和教育信息中心,负责对学校评价工作的督查,指导培训,以及电子网络平台的维护与监管	学生本人,同学,家长,老师	道德品质,公民素养,学习与创新能力,交流合作与能力,运动与健康,审美与表现	成长记录袋	高中建立"高中学生综合素质成长记录袋"和"重庆市高中学生综合素质评价电子网络平台"	高校招生参考(等级、评语)	市教育评估院每学年对区县教委和学校进行评估,并根据评估结果给予相应的惩罚和奖励;各区县教委领导小组负责拟定规章制度,监督调控评价程序,接受申诉与举报;查处违规行为;学校成立领导小组,评审定评价结果,评价工作的咨询,指导培训和复核;建立诚信机制,落实公示,监督

① 重庆市教育委员会.关于印发《重庆市普通高中学生综合素质评价实施办法(试行)》的通知[Z].渝教委基[2011]15号.

续表

维度\部门	组织管理	指导培训	运行操作				结果呈现	监督调整
			评价主体	评价内容	评价方法	评价实施		
广东省①	省、市、学校三级组织管理制度	省级工作领导小组,负责对全省高中阶段学生综合素质评价方案实施工作进行全面指导培训;各市教育行政部门负责对学校进行指导培训	高中校领导、教师代表、学生代表、学校家长	模块修习记录、基本素质评价、实验操作考查和信息技术等级考试等	学分记录;成长记录袋;考试	省级工作领导小组全面指导培训;市级工作领导小组负责实施,监督指导培训,咨询,投诉和复议;学校具体实施	高中毕业、高校招生参考(等级、评语)	市级工作领导小组对学校评价工作的监督指导,咨询,投诉和复议等宜的处理;校级工作领导小组,对学校进行的评价工作进行监督指导培训,负责审定评价结果,受理咨询,投诉和复议申请;逐步建立综合评价诚信等级制度

① 广东省教育厅.广东省教育厅关于印发《广东省普通高中学生综合素质评价方案(试行)》的通知[Z].粤教研[2006]10号.

1. 国外经验

研究者通过对美国、英国、日本、韩国四国高中阶段学生综合素质评价机制的剖析发现，不同文化背景和教育体制下导致了样本四国在高中阶段学生综合素质评价机制上存在诸多差异。但在差异的背后又存在共同的规律，这种规律体现在各国高中阶段学生综合素质评价的组织管理、指导培训、运行操作和监督调控四个方面的评价机制之中。

(1)组织管理——权责分明、机构完善

高中阶段学生综合素质评价的组织管理是指领导和组织管理综合素质评价得以顺利实施的一种运作方式，它是综合素质评价各级部门间相互联系、配合、协调，以实现综合素质评价的理想目标的过程和方式。通过对国外高中阶段学生综合素质评价机制现状的审视发现各个样本国家综合素质评价的组织管理权责都十分明确，机构也相当完善。如美国是联邦共和立宪制国家，其教育行政组织管理是地方分权制，美国的教育权力归属于地方。美国以高校录取招生的方式来对高中阶段学生综合素质进行评价，其组织管理采用"多制并行"的方式，政府大部分采用指令性组织管理模式对高校招生进行宏观调控；高校负责录取招生的组织实施，其主要决策、审议和咨询机构是"招生委员会"，职能部门"招生办公室"；美国两大独立于联邦政府、州政府和高校教育考试服务机构：教育考试服务中心(ETS)和美国高等院校测验中心(ACT)分别主要负责 SAT 和 ACT 考试试卷的命题与考试组织；学校主要负责学生在校期间学业水平进行评估，并在学生申请大学过程中向高校与申请人提供相关课程学习成绩证明材料；其他相关组织机构与个人也应配合高校和申请者提供相关证明。英国教育行政组织管理体制属于中央、地方、教师以及民间团体相互之间形成的"伙伴"关系，称之为"地方组织管理的国家制度"；英国以"课程作业"与"受控评价"的方式来对其高中阶段学生进行综合素质评价，这两种评价方式由国家层面的 QCA(资格与课程局)统一负责组织管理并制定和实施评价标准和相关政策；学校或大学评估中心再根据课程计划、教学大纲和相关政策进行目标设计和任务设计，并制定一系列评价学生实际表现的手段，进一步制定了一整套相关的标准，且其指标体系具体细化到了每一个项目甚至行为；"课程作业"与"受控评价"的具体评分工作由任课教师直接实施，评分结果按一定权重纳入学科考试最终成绩。日本的教育组织管理模式属于中央集权与地方自治交融；日本以《学业评价报告单》的方式来对其高中阶段学生进行综合素质评价，文部科学省作为日本国家层面的教育机构在《高中学习指导培训要领》和《高中教学大纲》的基础上编制了《学业评价报告单》，学校根据《高中学习指导培训要领》和《高中教学大纲》要求，由高中老师如实将学生在读期间的学习及活动情况填入《学业评价报告单》，并最终由学校校长认定后，作为日本高校推荐入学的重要组成部分。韩国教育组织管理体制与我国教育组织管理体制相似，即实行中央集权的分层组织管理，分为中央、地方和学校三级教育行政组织管理体制；韩国以"学生生活记录簿"的方式来对高中阶段学生综合素质进行评价，学生生活记录簿是以教育部训令为主要依据的一种反应学生综合素质的官方表格，许多具体细节的部分必须如实客观并带有强制性地记录下来，而且如果想对学生生活记录簿的格式进行修订和改正，必须要根据格式制定的严格程序和步骤进行；地方教育行政部门中的教育监是学生生活记录簿的具体监管和指导培训部门；学生生活记录簿最终是由学校具体实施，并接受国家教育部和地方教育监的指导培训和监督。

（2）指导培训——内容全面、形式多样

综合素质评价的指导培训是指为了落实高中阶段学生综合素质评价改革政策与理念，在综合素质评价实施过程中，政策制定者和理论研究者对执行或实施学生综合素质评价的相关部门、机构或个人，如学生、教师、家长、校长等进行理论与实践指导培训的过程和方式。国外高中阶段学生综合素质评价的指导培训内容非常全面，而且指导培训的形式多样。如美国高中阶段学生综合素质评价的指导培训主要由各高校招生处内部负责，主要指导培训的对象为招生人员，指导培训的主要目的是为了正确、有效地建立学生档案，招生人员必须十分清楚招生策略、目标以及招生方案。指导培训形式主要为"师徒制"并结合"案例教学"，培训机构会在指导培训之前向培训对象发一份学习材料,内含联邦政府和州政府教育部门颁布的与招生相关的政策文件,本校最新的招生方案以内容丰富的案例供招生人员学习,此外,还会请相关专家对招生人员的针对公关能力、营销能力、文件处理能力等提升进行专题指导培训。英国高中阶段学生综合素质评价的指导培训的主要目的是增加其评价分数的标准化程度,为了确保"课程作业"与"受控评价"评分信、效度,评价与资格证书联盟(AQA)历年秋天都为广大一线从事评价活动的教师举行课程作业评分标准化培训。在培训过程中,AQA 会细致地讲解在开展评价过程中,教师如何进行合理的课程作业任务设计和使用评分标准。AQA 这样做的目的是使评分标准化,从而得以保证在同一标准下,公平、公正、公开地评定每一位考生的测试成绩。AQA 通过选定一个人来负责内部标准的整体框架制订,在一般情况下该位负责人首先要召集所有参与评价的老师,并集中在一起让大家尝试给一些作品评分,负责人将根据大家的评分数据区分出不同类别的评分标准;随后,他将在所有评价教师都将要参与的培训会议上逐个讨论针对每一个项目的不同评分;而在教师培训会议上,AQA 会向所有参会教师发放参阅参考书目以及档案材料,诸如先前的作品或 AQA 的样本等,从而以保证各位老师与中心内部的评分实现标准化。日本高中阶段学生综合素质评价主要是学校老师填写《学业评价报告单》,在进行评价过程中需要在其地方教育行政部门的指导培训和帮助下进行;关于《学业评价报告单》填写的指导培训主要由地方教育委员会事务局负责;地方教育委员会事务局会定期针对《学业评价报告单》填写等给予专业性的指导培训,包括每年《学业评价报告单》内容结构的变化,评价标准的确定,评分规则的变化,以及相关评价政策的变化。同时,教育委员会事务局还会专门派技术员、事务员,特别是指导培训主事到各个学校进行专门指导培训和培训,解决学校老师在填写报告单过程中出现的问题。韩国的学生生活记录簿以教育部训令的形式公布后,为了促使广大一线教育工作者能够尽快熟悉这一政策,韩国教育人力资源部开发出了"学生簿向导",主要目的在于提高学生簿的信效度。同时,"学生簿向导"将大学的意见反映其中,以便为大学招生面试提供参考依据。地方教育行政部门，特别是地方教育监也在韩国教育部的委托下针对诸多具体细节问题给予老师指导培训。指导培训的形式多样，具体包括教育专家的专题讲座；人力资源部针对他们所开发的"学生簿向导"进行现场答疑；如果学生生活簿格式有所改动，还会专门针对具体改动进行专题讲解和答疑。

（3）运行操作——流程清晰、定位明确

高中阶段学生综合素质评价运行操作是指综合素质评价运作的内在方式、原理，即综合素质评价运行操作应该遵循的规范与程式。通过对国外高中阶段学生综合素质评价机制现状的审视发现各个样本国家综合素质评价的运行操作在流程上十分清晰并且定位也相当明确。如美国的高校招生录取在运行操作过程中采用了多元化的评价主体，其主体包括学生本人、教师、校长或学校官员、知情人以及校友；评价方法以定量和定性相结合的方式，即学业测试与非学业测试相结合的方式，学业测试包括 SAT、ACT、AP 测试、IB 测试等标准化测试；非学业测试主要通过语言描述的方式，陈述申请者的教育经历、经验以及多方面能力素质；高中阶段学生综合素质评价的定位与功能主要作为高校判定申请者能否进入大学的重要依据。英国学生综合素质评价的真正主体是政府，在实施层面其主体是教师，后者要时刻接受第三方机构的监督和指导培训；其评价内容由 AQA、EdExcel 和 OCR 三个英国最主要的第三方考试服务机构/中心共同提出，且整合到 GCSE 在不同学科中"课程作业"和"受控评价"之中；评价以"课程作业"和"受控评价"为主要形式，并基于表现性评价的理念的方法与途径展开；"课程作业"和"受控评价"作为英国的学生综合素质评价的主要手段，其功能定位十分明确，即它们作为英国高中在全国性外部统一考试（GCSE 考试和 A-Level 考试）中的一部分，其成绩分数与 GCSE 考试和 A-Level 考试其他部分一样，作为大学入学成绩分数的一部分，决定着英国高中阶段学生在高中毕业后进入大学学习或者社会工作的重要参考。日本学生综合素质评价主体主要是学校、校长和教师，而其最终的决定权则在校长手中；其评价方法是定性和定量相结合，定量评价主要体现在修得学分部分，定性评价则主要体现为"综合学习时间"和"特别活动"；日本学生综合素质评价的主要功能定位是记录学生在读期间的各方面活动。它与学生的升学之间的关系要视情况而定，若选择推荐入学，其综合素质将被量化成为毕业生入学成绩的一部分，因此十分重要，而如果选择大学统考入学，综合素质评价则没有任何作用，但可以反馈给家长和就读学校以了解学生在校表现情况。韩国学生综合素质评价的主体为学生和教师，他们在填写和记录学生簿的过程中必须依据韩国教育人力资源部开发的"学生簿向导"，在其指引下进行学生综合素质评价；韩国学生综合素质评价亦采用定量与定性相结合的方法，定量方法主要是将学科成绩分为 9 个等级进行量化评价，并记录每个科目的原始分数、平均分、标准差，同时学科成绩的不同等级还要求按不同学生比例进行分配，而定性的方法就是针对学生在校期间的学习活动和日常表现以定性的方式记录到"学生生活记录簿"中；"学生生活记录簿"为学生及其家长提供学生综合素质方面的相关信息促进学生自身成长和家长对学生学业水平的了解，同时也为教师提供相关资料，使教师了解必要的学生学业信息，改进教学计划，促进学生学习和素质发展，最终是为上级学校和社会用人单位提供选拔资料依据。

(4)监督调控——多管齐下、制度完善

高中阶段学生综合素质评价监督调控从综合素质评价的整体运作出发通过督导、评价、反馈等手段，对综合素质评价运作的基本环节，即：评价理念、评价目标、评价内容、评价标准、评价实施、评价结果的应用进行监督、调控、指导培训，力争通过建立良性互动的运作系统，来缩小综合素质评价运作理想状态与实际状态之间的距离，使综合素质评价朝着预定方向顺利运作的一种规范化、制度化的内在方式及原理。国外高中阶段学生综合素质评价的监督调控采用多种方式多管齐下，并建立了比较完备的制度体系。如美国在高校招生制度中采用四维一体的监督调控机制，其一是美国高校在进行招生的过程中设置了专门的机构——"招生委员会"来审查申请者所递交的申请书来审核申请者的综合素质，他们往往都能够遵循法制意识和诚信文化；其二是美国学生综合素质评价的一个主要特点就是多元主体的参与，多元主体参与能够在某种程度上确保信息之间的相互印证；其三是学生综合素质评价接受美国地方性认证机构监督；其四是美国大众媒体评价对高中阶段学生综合素质评价的监督。英国的资格评估与认证联合会(AQA)采取签署声明的方式来确保申报考生材料的真实性；通过 AQA 与教师协同对课程作业进行严密的监督调控和鉴定；AQA 还指定仲裁员对学生的课程作业进行监督调控。日本关于《学业评价报告单》填写过程的监督调控主要包含两个层面，第一个层面是地方教育行政部门对学校《学业评价报告单》填写过程给予经常性的审查，这一层面的主要监督调控部门是地方教育委员会事务局，主要由他们所派的技术员和事务员负责；第二个层面是文部科学省的初等中等教育局负责，该部门会不定期地对各个地方学校《学业评价报告单》填写情况进行抽查。无论是地方教育行政部门下属的教育委员会事务局还是文部科学省的初等中等教育局，若在检查过程中发现存在弄虚作假、徇私舞弊现象，一并严惩。同时，日本高校在录取高中毕业生的过程中，尤其是推荐入学的高中毕业生，会着重参考毕业生的学籍，学籍与《学业评价报告单》基本相似，高校若发现学籍造假会直接取消考生的录取资格。韩国对高中阶段学生综合素质评价的监督调控由地方教育行政部门中的教育监负责，学校学生生活记录簿的实施情况，在实施过程中存在的问题，实施的效果监督调控等都在地方教育监职责范围之内。教育监是韩国教育委托在地方教育行政部门监督调控和指导培训教育政策实施的独立部门，因此他们有权在法令或条例范围内，就其所属权限内的事务，对学生生活簿开展过程中的不合理行为和现象进行规定性的惩戒。

2. 国内趋势

研究者对辽宁、甘肃、北京、上海、浙江、山东、重庆、广东八个省/直辖市高中阶段学生综合素质评价机制发展现状剖析的基础上，探索了我国高中阶段学生综合素质评价机制的未来发展趋势。

(1)逐步完善组织管理制度

高中阶段学生综合素质评价机制系统包含了组织管理、指导培训、运行操作和监督调控四个子机制，其中组织管理作为整个机制系统的重要组成部分，是整个高中阶段学生综合素质评价机制系统中的动力部分，组织管理是否科学完善不仅影响整个高中阶段学生综合素质评价组织管理体系充分发挥预期功能，还将制约着整个高中阶段学生综合素质评价改革的顺利推进。因此，高中阶段学生综合素质评价改革过程中我们必须关注高中阶段学生综合素质评价组织管理的研究与构建。高中阶段学生综合素质评价组织管理是指领导和组织管理综合素质评价得以顺利实施的一种运行操作方式，它是综合素质评价各级部门间相互联系、配合、协调，以实现高中阶段学生综合素质评价预期目标的内在方式与原理。完善组织管理制度、机制需要解决的核心问题可以归纳为高中阶段学生综合素质评价组织管理的功能定位是什么、高中阶段学生综合素质评价组织管理的主体构成、高中阶段学生综合素质评价组织管理的机理等。

（2）不断健全指导培训体系

高中阶段学生综合素质评价指导培训是指为落实高中阶段学生综合素质评价改革政策与方案，在综合素质评价实施过程中，政策制定者、理论研究者以及教师对学生综合素质评价运行操作相关主体，包括学生、家长、教师、校长以及负责综合素质评价实施的教育行政部门进行理论与实践指导培训的过程和内在方式。综合素质评价政策能够落到实处，评价理念是否能够得到社会的认可，评价的内容、结构、指标体系是否可行以及评价的实施过程如何操作等一系列理论与实践问题都急需建立一套科学、合理的指导培训体系作为保障。建立、健全高中阶段学生综合素质评价指导培训体系、机制需要解决的核心问题可以归纳为高中阶段学生综合素质评价指导培训的功能定位、高中阶段学生综合素质评价指导培训具体由哪些要素构成、高中阶段学生综合素质评价指导培训的机理是什么等。

（3）切实规范运行操作模式

高中阶段学生综合素质评价运行操作是指高中阶段学生综合素质评价运行操作的内在方式、原理，即高中阶段学生综合素质评价运行操作应该遵循的规范与程式。综合素质评价运行操作所探讨的核心问题主要包括理清综合素质评价运行操作所指涉的几个环节的内在联系，使评价主体、评价对象、评价理念、评价目标、评价内容、评价标准、评价方法以及评价结果的运用等要素成为一个有机联系、运行操作畅通的整体。当前高中阶段学生综合素质评价存在诸多问题的根本原因就在于理论研究者和实践操作者尚未厘清综合素质评价运行操作的基本环节，也更谈不上形成科学、规范的高中阶段学生综合素质评价运行操作。当前高中阶段学生综合素质评价研究急需厘清其运行操作的基本环节，并在此基础上探讨各个环节间的内在联系，从而构建一套科学、规范、合理的运行操作，使评价主体、评价对象、评价理念、评价目标、评价内容、评价标准、评价实施以及评价结果的应用成为一个有机联系的运行操作畅通整体。规范高中阶段学生综合素质评价运行操作模式需要解决的核心问题可以归纳为高中阶段学生综合素质评价运行操作的功能定位有哪些、高中阶段学生综合素质评价运行操作的构成要素有哪些、高中阶段学生综合素质评价运行操作的范型是什么等。

(4)逐步建立监督调控制度

高中阶段学生综合素质评价监督调控是指从高中阶段学生综合素质评价的整体运行操作出发通过督导、评价、反馈等手段，对综合素质评价的组织管理、指导培训、运行操作进行监督、调控，旨在建立良性的互动监督调控系统以缩小综合素质评价改革理想状态与实际状态之间的距离，使综合素质评价朝着既定的方向顺利运行操作的一种规范化、制度化的内在方式及原理。高中阶段学生综合素质评价改革在政策制定过程中，政策制定者们决不可能对该政策将来所带来的结果有准确的预测，但他们可以针对政策运行操作过程中可能发生的问题建立一套预警或者调控机制予以保障。因此，在高中阶段学生综合素质评价实施过程中，需要一套较为科学、完善的监督调控体系来对高中阶段学生综合素质评价的组织管理、指导培训、运行操作进行不断的监督、调控，从而推动高中阶段学生综合素质评价改革顺利实施。建立高中阶段学生综合素质评价监督调控制度需要解决的核心问题可以归纳为高中阶段学生综合素质评价监督调控的功能定位是什么、高中阶段学生综合素质评价监督调控的内容有哪些、高中阶段学生综合素质评价监督调控的机理等。

二、构建原则

高中阶段学生综合素质评价机制构建有其独特性，在构建过程中我们应遵循以下四项基本原则。

(一) 全面性

人的全面发展理论认为，人类应不断追求智力与体力的和谐发展；追求个体发展与社会发展的统一；追求作为个体人的自由充分的发展。高中阶段学生综合素质发展评价的全面性体现在评价内容、评价标准两方面。高中阶段学生综合素质评价机制构建的根本目的是保证最终实现高中阶段学生的全面发展，达到智力与体力、个体与社会以及个体自由统一发展。高中阶段的学生无论是在认知方面还是在情绪情感方面已基本成熟，他们已经具备全面发展的条件。当然，每一个高中阶段学生不可能在所有评价内容、标准上都达到优秀，但评价内容和标准必须体现高中作为教育系统工程中基础教育的最终阶段，必须引导和激励毕业生走向全面发展。

(二) 发展性

发展性评价理论认为，教育评价目标应该强调评价的过程性；在评价方法方面，强调质化与量化方法相结合；在评价标准方面，既强调应用绝对性评价又关注内在性评价。高中阶段学生综合素质评价机制构建的根本宗旨并非只对学生的综合素质发展进行评定，而最终目标是为了促进其综合素质的发展。我们在进行高中阶段学生综合素质评价机制构建时应充分考虑到将其视为动态的过程，探究其发展过程中存在的问题和原因，探索促进其素质发展的有效途径和策略。在评价方法的选择上强调质性评价方法与量性评价方法的有效结合；评价标准，既强调学生综合素质发展的绝对性评价，又关注其内在性评价。

(三) 个性化

多元智能理论认为，人的智力构成成分间彼此有很大的差异，每个人不可能在所有智力方面都能得到均衡、全面的发展，而只可能在某个或某几个强势智能方面表现突出。① 因此，高中阶段学生综合素质评价机制构建要注重个性化，即要关注、认可和鼓励每位高中阶段学生的强势智能的发展，以学生的优势素质带动其他弱势素质的发展。综合素质评价的整个评价标准应该是弹性化的，能够因个人的独特性而进行个性化的调整，评价的内容、评价标准和评价机制都应该考虑个性化。

(四) 生本化

人本主义理论注重以人为本，尊重每一个人的价值和尊严，将人的发展提升到最高的地位，重视"全人"的教育，它反对把人当成"工具"和"手段"，认为教育应该培养的是一个完整的人；它主张个体的认知与情感应和谐发展，主张教育应挖掘学生的潜能，尊重每一个学生，促进学生达到自我实现。

当前考试制度严重地损坏了高中阶段学生敏感的自尊心，从而导致高中阶段学生课业压力大，厌学情绪严重、甚至感觉"活着没意思"②。这一现象的根源就在于现行考试制度只见分数不见人。这种考试制度究其根本是违背人性的。高中阶段学生综合素质评价机制构建应该完成这一根本性转变，从而尊重每一位学生。高中阶段学生综合素质评价的目标、内容、标准、实施以及结果的反馈无不应该体现对学生的认可、关注和鼓励，只有这样才能促进他们健康、自信、快乐地发展。

---

① 黄志红. 新课程背景下普通高中学生综合素质评价的研究与构想[J]. 课程·教材·教法，2006(11)：17-22.
② 杨德广. 对中国"三过"教育现状的分析及对策探索[J]. 上海师范大学学报(哲学社会科学版)，2012(5)：7.

三、构建方法

《现代汉语词典》和《辞海》都从两个层面对方法论进行了界定，即（1）关于认识世界、改造世界的根本方法的学说；（2）在某一门科学上所采用的研究方式、方法的综合。概而言之，方法论，就是人们认识世界、改造世界的根本方法，是一种以解决问题为目标的体系或系统，通常涉及对问题阶段、任务、工具、方法技巧的论述。本研究遵循辩证唯物主义方法论，在理清综合素质评价、评价机制、高中阶段学生综合素质评价机制之概念的基础上，通过解读机制词源分析、高中阶段学生综合素质评价政策实施特点以及专家咨询对高中阶段学生综合素质评价机制结构进行了分析。

（一）词源分析

机制构成的探讨，可以为高中阶段学生综合素质评价机制构建提供参考。从词源学角度对机制进行考察后发现，机制最初的内涵为"机器的构造和工作原理"①。因此，机制构成的探讨，首先需要了解和分析机器本身的组成与构造。"从功能角度分析，一般的机器基本由四个部分组成，即动力部分、传动部分、执行部分、控制部分。"②其中，动力部分是机器的动力源，没有它机器就无法运行；传动部分主要负责把动力部分的运动和动力传输给执行部分；执行部分负责完成机器预先设定的功能，亦称工作部分；最后的控制部分又称操纵部分，主要负责控制机器的启动、停止、换向和运动速度等（详见图3-1）。③

---

① 夏征农. 辞海（1999年版缩印本）[Z]. 上海：上海辞书出版社，2002：746. 中国社科院语言研究所词典编辑室编. 现代汉语词典[Z]. 北京：商务印书馆，2002：582.

② 王继焕. 机械设计基础[M]. 武汉：华中科技大学出版社，2008：1-2.

③ 师素娟，林菁，杨晓兰. 机械设计基础[M]. 武汉：华中科技大学出版社，2008：3.

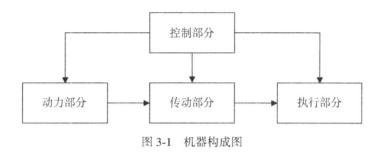

图 3-1　机器构成图

（二）政策解读

本研究通过对教育部与各个省、自治区、直辖市颁布的高中阶段学生综合素质评价的"实施方案""指导意见""实施办法"等政策文本内容框架进行文本分析，剖析了高中阶段学生综合素质评价政策实施特点（详见表3-3）。

表 3-3　高中阶段学生综合素质评价"实施方案""指导意见"分析表①

部门	文件框架
教育部	重要意义、基本原则、评价内容、评价程序、管理
上海市教育委员会	指导思想、基本原则、记录和评价内容、记录方法与程序、评价结果应用、管理保障
浙江省教育厅	指导思想、基本原则、评价内容、评价程序和方法、录入要求、制度保障
北京市教育委员会	评价的指导思想、评价目的、评价的基本原则、评价指标体系、评价的组织与实施、评价结果的呈现和应用

---

①　研究者通过对全国所有行政区包括台湾、香港、澳门地区进行了网上检索，最终获得30个省、自治区、直辖市的普通高中学生综合素质评价实施办法、方案、指导意见。

续表

部门	文 件 框 架
广东省教育厅	指导思想、基本原则、组织机构、评价内容和方法、评价结果的使用、保障措施
安徽省教育厅	指导思想、评价的内容和标准、评价的组织与实施、评价结果的使用、制度保障
福建省教育厅	实施评价的指导思想、基本原则、评价的主要内容、评价结果的表达、评价表及其使用说明、评价实施的管理
甘肃省教育厅	指导思想、基本原则、评价内容、评价结果、评价方法、评价管理
广西壮族自治区教育厅	指导思想、基本原则、内容标准、方法程序、结果运用、组织实施、保障措施
贵州省教育厅	指导思想、评价内容、评价等第、评价方式、组织实施、结果运用、保障制度
海南省教育厅	评价的指导思想、评价的目的和意义、评价的组织和方法、评价的内容及说明、评价结果的使用、制度建设及要求
河北省教育厅	指导思想、基本原则、评价内容、评价方法、组织实施、结果的应用
河南省教育厅	总体要求、基本原则、内容与标准、组织与实施、评价结果的应用、保障措施
黑龙江省教育厅	评价的功能和价值、评价内容与结果呈现、评价主体、程序和方法、方式、评价组织机构与职能、评价实施、评价保障措施、评价结果使用
湖北省教育厅	评价目的、评价原则、评价内容与方式、评价工作程序、评价结果呈现、组织和保障措施
湖南省教育厅	指导思想和目标、评价的基本原则、评价的主要内容与要求、评价的组织实施、评价的保障机制

部门	文件框架
吉林省教育厅	学生综合素质评价工作的指导思想、学生综合素质评价的基本原则、学生综合素质评价的内容与方法、学生综合素质评价结果的报告与运用、学生综合素质评价工作的制度保障、学生综合素质评价工作的组织实施
江苏省教育厅	指导思想、内容与要求、组织实施、结果应用、保障制度
江西省教育厅	指导思想、基本原则、内容标准、方法程序、结果运用、组织实施、保障措施
辽宁省教育厅	指导思想、基本原则、评价内容与评价标准、评价方式与措施、评价的组织实施
宁夏回族自治区教育厅	实施学生综合素质评价的指导思想、实施学生综合素质评价的原则、评价的内容与方法、学生综合素质评价的呈现方式及其结果的使用、保障措施、组织领导
青海省教育厅	指导思想、基本原则、评价的内容、指标、标准、评价的组织与实施、评价结果的使用、制度保障
山东省教育厅	高中阶段学生基础素养评价的主要内容、高中阶段学生基础素养评价的基本原则、高中阶段学生基础素养评价的组织实施、评价结果的呈现形式和评价资料的处理、高中阶段学生基础素养评价应当注意的几个问题
山西省教育厅	指导思想、基本原则、评价的内容、指标、标准、评价的组织与实施、评价结果的使用、制度保障
陕西省教育厅	实施评价的指导思想、实施评价的基本原则、评价的主要内容、综合素质评价的基本要求、评价的实施与管理
四川省教育厅	评价原则、评价内容和评价指标、评价方式及结果呈现、评价工作程序、保障措施

续表

部门	文 件 框 架
天津市教育委员会	指导思想、评价原则、内容与方法、组织实施、结果的应用
新疆维吾尔自治区教育厅	指导思想、基本原则、评价实施、组织实施、结果应用、保障措施
云南省教育厅	指导思想、基本原则、评价指标、评价方法、评价方式、组织实施、保障措施、结果应用
重庆市教育委员会	指导思想、基本原则、评价内容、组织实施、结果的呈现与应用、保障措施
内蒙古自治区教育厅	指导思想、评价原则、内容与方法、组织实施、结果的应用

通过对教育部以及各个省、自治区、直辖市的高中阶段学生综合素质评价的"实施方案""指导意见""实施办法"内容框架的文本分析发现，我们可以将教育部以及大部分省、自治区、直辖市的高中阶段学生综合素质评价的"实施方案""指导意见""实施办法"内容框架主题归纳为组织管理、指导培训、运行操作、监督调控四个方面。如浙江省教育厅关于完善《浙江省普通高中学生成长记录与综合素质评价的意见》中将浙江省普通高中学生综合素质评价的管理规定为各市、县(市、区)教育行政部门全面负责评价工作的实施和指导监督，包括咨询、投诉、复议等事宜的处理；学校负责实施方案、实施细则规章制度的制订以及评价工作的实施；指导规定为各市、县(市、区)教育行政部门全面负责评价工作的实施和指导，包括咨询事宜的处理；运行过程中的评价主体为学校、教育行政部门，评价内容为品德表现、学业水平、运动健康、艺术素养、创新实践，评价方法为成长记录档案、学生自评、学生互评和教师评议相结合，评价实施为客观记录、民主评定、结果呈现、公示审核、形成档案，结果呈现为以等级或

评语的形式为高校招生提供重要参考；监控规定为各市、县(市、区)教育行政部门全面负责评价工作的监督，包括投诉、复议等事宜的处理。重庆市教育委员会关于印发《重庆市高中阶段素质评价方案(试行)》的通知中将重庆市高中阶段学生综合素质评价的组织实施规定为市教委下属基教处负责管理，市教育评估院具体负责组织、管理、指导与评估、评价电子网络平台的开发与管理，各区县教委成立领导小组与指导小组；学校成立领导小组，校长任组长；指导规定为市教育评估院具体负责指导；各区县教委指导小组由区县教委负责基础教育工作的相关科室、教科研机构和教育信息中心组成，负责对学校评价工作的督查、指导，以及电子网络平台的维护与监管；运行过程中的评价主体为学校、教育行政部门，评价内容为道德品质、公民素养、学习与创新能力、交流合作与能力、运动与健康、审美与表现，评价方法为成长记录袋，评价实施为高中建立"高中学生综合素质成长记录袋"和"重庆市高中学生综合素质评价电子网络平台"，结果呈现为以等级或评语的形式为高校招生提供重要参考；监控规定为市教育评估院每学年对区县教委和学校进行评估，并根据评估结果给予相应的惩罚和奖励；各区县教委领导小组负责拟定规章制度，监控评价程序，接受申诉与举报，查处违规行为；学校成立领导小组，审定评价结果，评价工作的咨询、指导和复核；建立诚信机制，落实公示、监督。

通过对高中阶段学生综合素质评价的组织管理、指导培训、运行操作、监督调控四个方面与体现机器的构造和工作原理的"机器构成图"(详见图3-1)之间关系的深入剖析发现，两者有共通之处，即在某种程度上组织管理与动力部分，指导培训与传动部分，运行操作与执行部分，监督调控与控制部分存在一一对应关系。高中阶段学生综合素质评价的组织管理是指领导和管理综合素质评价得以顺利实施的一种运作方式，它是综合素质评价各级部门间相互联系、配合、协调，以实现综合素质评价的理想目标的过程和方式，从某种程度上承担着推动高中阶段学生综合素质评价改革的落实。其原因在于我国教育行政管理体制属于中央、地方、学校三级教育管理体制，这就导致了任何一项改革必须遵从自上而下的线性模式，因此教育改革的实施需要管理的推动，也自然而然成为了改革的动力，类似于机器结构中的动力部分；高中阶段学生综合素质评价的指导培训是指为了落实高中阶段学生综合素质评价改革政策与理念，在综合素质评价实施过程中，政策制定者和理论研究者对学生综合素质评价相关主体，包括学生、教师、家长、校长、教研员以及负责综合素质评价执行或实施的教育政策部门进行理论与实践指导的过程和方式，它在将改革理念付诸行动的过程中负责传动，类似于传动部分；高中阶段学生综合素质评价的运行操作亦可称为执行，是指综合素质评价运作的内在方式、原理，即综合素质评价运作应该遵循的规范与程序，类似于机器结构中的执行部分；高中阶段学生综合素质评价的监督调控是指从综合素质评价的整体运作出发通过督导、评价、反馈等手段，对综合素质评价运作的基本环节，即：评价理念、评价目标、评价内容、评价标准、评价实施、评价结果的应用进行监督、调控、指导，力争通过建立良性互动的运作系统，来缩小综合素质评价运作理想状态与实际状态之间的距离，使综合素质评价朝着预定方向顺利运行的一种规范化、制度化的内在方式及原理，类似于机器结构中的控制部分。

根据机制词源分析以及其最初基本结构的理性分析和高中阶段学生综合素质评价政策文本内容框架的文本分析，我们尝试建构了高中阶段学生综合素质评价机制构成图（详见图 3-2），其中组织管理是高中阶段学生综合素质评价改革的动力部分，负责推动改革的实施；指导培训是高中阶段学生综合素质评价改革的传动部分，负责改革理念与改革实践之间的转换；运行操作是高中阶段学生综合素质评价改革的执行部分，负责改革的具体实施；监督调控是高中阶段学生综合素质评价改革的控制部分，负责对其他三个环节的监督、调控与指导，以确保改革朝着预定的目标方向顺利运行。最后，我们以专家访谈的方式对这一基本结构进行论证分析，并最终形成高中阶段学生综合素质评价机制四方面内容结构，即组织管理、指导培训、运行操作和监督调控。

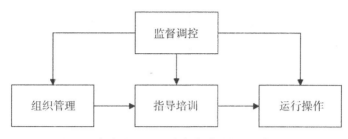

图 3-2   高中阶段学生综合素质评价机制构成图

(三) 专家咨询

专家咨询是一种主观的评价方法,该方法充分运用了专家丰富的专业经验,以评价机制结构要素的重要程度视角对初步构建的高中阶段综合素质评价机制结构要素进行筛选。在通过词源分析和政策解读初步形成组织管理、指导培训、运行操作和监督调控四个高中阶段学生综合素质评价子机制基础上,还需要借助专家丰富的专业知识经验给予修正和检验,这样就可以获得较好的专家效度。

本研究通过访谈的形式进行过三次专家咨询,研究者依据高中阶段学生综合素质评价机制初构框架(详见图 3-2),对教育部相关人员 1 人,省教育厅/市教育委员会相关人员 2 人,学生评价领域的专家 4 人,区县相关教育行政人员 8 人,学校校长 8 人,高校负责招生的负责人 6 人进行了半结构访谈。访谈过程中分别列出组织管理、指导培训、运行操作和监督调控四个一级指标及评价标准、评分等第,并请各位专家在"适合""改后适合""不适合"三个选项中进行选择,若对结构要素、评分标准有意见,也请当面指出,研究者做好记录。

研究者根据各位专家提出的意见,进一步明确了组织管理、指导培训、运行操作和监督调控四个高中阶段学生综合素质评价机制内涵与相互关系。具体而言,高中阶段学生综合素质评价机制所论述的核心问题是理清高中阶段学生综合素质评价所指涉的基本要素结构，即评价的组织管理、指导培训、运行操作和监督调控成为一个有机联系、相互影响的整体，我们将这一部分称之为高中阶段学生综合素质评价机制的中枢系统。

第四章　机制框架

　　高中阶段学生综合素质评价机制研究的根本目的是构建一套科学、合理的规范与程式，以保障高中阶段学生综合素质评价预期目标的顺利达成。高中阶段学生综合素质评价机制作为一套极为复杂的机制系统，主要包括组织管理、指导培训、运行操作/执行、监督调控四个方面，且每个方面都可独立形成体系，以成为高中阶段学生综合素质评价机制的子机制，即组织管理、指导培训、运行操作、监督调控，它们共同构成了高中阶段学生综合素质评价系统，亦称高中阶段学生综合素质评价"机制丛"或"机制集"。高中阶段学生综合素质评价"机制丛"内部诸要素或子机制间关系密切，系彼此相互影响、相互制约的有机整体(详见图4-1)。

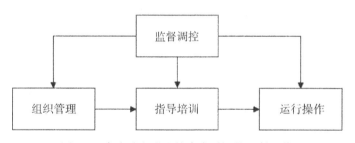

图4-1　高中阶段学生综合素质评价机制系统

　　高中阶段学生综合素质评价机制系统的四个子机制中，组织管理是高中阶段学生综合素质评价改革的动力部分，负责改革的推进；指导培训是高中阶段学生综合素质评价改革的传动部分，负责改革理念与改革实践之

间的转换；运行操作是高中阶段学生综合素质评价改革的执行部分，负责
改革的具体实施；监督调控是高中阶段学生综合素质评价改革的控制部
分，负责对其他三个环节的监督、调控与指导，以确保改革朝着预定的目
标方向顺利运行操作。

国内高中阶段学生综合素质评价机制存在诸多问题，其中最为突出的
表现为组织管理制度不完善、指导培训体系不健全、运行操作程序不规
范、监督调控保障不到位，而其中组织管理制度的完善、指导培训体系的
健全、运行操作程序的规范、监督调控保障的到位必须要借助各子机制的
科学构建和高中阶段学生综合素质评价机制系统的良好运行操作。因此，
本研究在已有理论研究和实践经验的基础上，构建了高中阶段学生综合素
质评价机制系统，即完善高中阶段学生综合素质评价组织管理；健全高中
阶段学生综合素质评价指导培训；规范高中阶段学生综合素质评价运行操
作；建立高中阶段学生综合素质评价监督调控。

一、组织管理

高中阶段学生综合素质评价机制系统包含了组织管理、指导培训、运
行操作和监督调控四个子机制，其中组织管理作为整个机制系统的重要组
成部分，是整个高中阶段学生综合素质评价机制系统中的动力部分，组织
管理是否科学完善不仅影响整个高中阶段学生综合素质评价组织管理体系
充分发挥预期功能，还将制约着整个高中阶段学生综合素质评价改革的顺
利推进。因此，高中阶段学生综合素质评价改革过程中我们必须关注高中
阶段学生综合素质评价组织管理的研究与构建。

高中阶段学生综合素质评价组织管理是指领导和组织管理综合素质评
价得以顺利实施的一种运行操作方式，是综合素质评价各级部门间相互联
系、配合、协调，以实现高中阶段学生综合素质评价预期目标的内在方式
与原理。其核心问题包括：高中阶段学生综合素质评价改革由谁来组织管
理？是如何组织管理的？在组织管理过程中应遵循何种内存方式与原理？

高中阶段学生综合素质评价组织管理主要通过对高中阶段学生综合素质评价改革不同主体进行分类赋职，政策文本的制定以及促使各级部门或机构间相互联系、协调、配合来实现其应有的价值与功能。

(一) 功能

高中阶段学生综合素质评价组织管理作为整个高中阶段学生综合素质评价改革的动力源，在改革稳步推进过程中发挥着不可替代的重要作用，具体表现在以下三个方面。

1. 明确各级部门或机构的职权，有助于改革稳步推进

从组织管理学的视角而言，组织管理的建立在组织管理系统中发挥着重要的作用，具体可从组织管理系统的目的性以及系统功能原理中得以体现，组织管理系统的目的性必然要求在组织管理系统中的所有机制的存在都有利于系统功能的实现，而组织管理作为组织管理系统中的重要机制将为组织管理系统预期功能的实现做出重要的贡献；同时依据组织管理系统组织化理论与系统功能原理，在任何系统环境与组成要素中，该系统功能的发挥在根本上取决于其组织化状态。系统的组织化可以区分为结构和运行操作两个层面，其中的结构是指系统内部各个子系统的划分及功能的分配，针对组织管理系统主要体现在组织机构(包含岗位)及职能的分配；而其中的运行操作则是指基于结构的组织机构与个人行为的具体内容、数量、方式、时间分布等。从某种意义上，系统的结构和基于这一结构的运行操作最终决定了系统的实际功能。① 同时，系统的组织化也有助于系统功能的发挥与系统预期目标的达成。

高中阶段学生综合素质评价作为一个系统，其组织管理若能推动高中阶段学生综合素质评价改革顺利实施，必然需要高中阶段学生综合素质评

---

① 李学栋，何海燕，李习彬. 组织组织管理的概念及设计理论研究[J]. 工业工程，1999(4)：31-34，39.

价改革系统的组织化，系统的组织化包括两个层面，即结构与依托于结构的运行操作。高中阶段学生综合素质评价组织管理结构主要是指负责组织与组织管理高中阶段学生综合素质评价的组织机构（包含岗位）及职能的分配，具体包括国务院、教育部、省/自治区教育厅/市教育委员会、地级市/县教育局、学校各级教育行政部门及其下属的组织机构，教育部下属的基础教育二司、省/自治区教育厅/市教育委员会下属的基础教育处、师资培训处/中心、教育督导室、教研室、教科院/所等在高中阶段学生综合素质评价改革政策实施过程中的职责、权限。高中阶段学生综合素质评价组织管理结构的运行操作是指国务院、教育部、省/自治区教育厅/市教育委员会、地级市/县教育局、学校各级教育行政部门及其下属的组织机构，教育部下属的基础教育二司、省/自治区教育厅/市教育委员会下属的基础教育处、师资培训处、教育督导室、教育考试院、教育评估院、教研室、教科院/所等相关岗位负责人及其职能的具体内容、数量、方式、时间分布等。

高中阶段学生综合素质评价改革过程中，组织管理的建构十分重要也十分必要，而组织管理的结构与运行操作作为组织管理建构的基础的重要性更是不言而喻，只有明确了各级教育行政部门或组织机构（包含岗位）的职能分配以及其相关岗位负责人和工作人员职能的具体内容、数量、方式、时间，才能杜绝在政策执行过程中的懈怠、推诿、扯皮等不负责任的现象发生，促使各级部门或机构各负其责，从而稳步推进高中阶段学生综合素质评价改革；才能科学、有效地对改革实施情况进行监督；才能在发现问题后依据组织管理的结构和运行操作进行有效的处理。

2. 联系、协调各级部门或机构，有利于改革顺利实施

高中阶段学生综合素质评价组织管理既包含组织与组织管理高中阶段学生综合素质评价的组织机构（包含岗位）及职能的分配，又包括高中阶段学生综合素质评价各级相关部门的岗位负责人及其职能的具体内容、数量、方式、时间分布，但这些内容从某种程度而言属于制度层面的规定，

它们是静态且客观存在的，若想发挥它们应有的功能和作用，我们不能仅需要静态的政策规定与制度，我们还必须将它们有机地联系起来，以组织管理所特有的内在方式与原理协调各级部门或机构，促使它们充分发挥应有的作用。组织管理的这一内在方式与原理主要是在高中阶段学生综合素质评价改革系统中促使具有不同职能的组织机构或部门能够相互协调、通力合作，共同为实现高中阶段学生综合素质评价改革的预期目标，促进高中阶段学生综合素质发展做出应有的贡献。根据高中阶段学生综合素质评价改革系统的不同层级之间的协调与沟通方式的差异，我们可以将其归类为"集中指挥""规范""自我协调"三种协调、沟通方式。① 集中指挥是指上级教育行政部门或机构通过颁布政策文件、会议通知等方式，自上而下的，由上层领导直接集中指挥完成；规范是指通过建立相互协调的规范等方式与手段来监督和约束不同层次组织机构间是否全力配合改革实施；自我协调是指不同组织机构或部门之间在相互沟通与交往过程中自觉形成某种协调的默契。高中阶段学生综合素质评价组织管理中的这一系列协调与沟通的内在方式与原理在各级组织机构或部门间充当"润滑剂"，为组织机构或部门之间的合作提供保障，从而协同推进高中阶段学生综合素质评价改革，并及时解决改革实践过程中出现的诸多问题，无疑可以有效地促进且有利于改革的顺利实施。

3. 加快高中阶段学生综合素质评价制度化进程，缩小评价改革差距

高中阶段学生综合素质评价组织管理的建立与完善，在一定程度上加快了学生综合素质评价发展的制度化进程。高中阶段学生综合素质评价改革正式实施的时间并不长，诸多改革方案还处于试行或试点阶段。因此，我国高中阶段学生综合素质评价制度化进程还处于起始阶段，尚不完善。有研究者指出"当前我国学生综合素质评价改革实施进程中呈现了两种截

---

① 李学栋，何海燕，李习彬. 组织组织管理的概念及设计理论研究[J]. 工业工程，1999(4)：31-34，39.

然不同的现象：即一方面，学生综合素质评价改革正在逐步地更新和转变着理论研究者与实践工作者对学生评价理念的理解，也在改变着学生评价模式；而另一方面，学生综合素质评价改革似乎并未撼动学生评价模式的基本理念和架构，考试分数成绩还是评价学生的主要标准，仍然处于决定性的地位。"①究其原因，我们认为高中阶段学生综合素质评价制度化尤为重要，因为只有制度化之后的高中阶段学生综合素质评价才能进一步缩小应然制度与实然制度之间的距离，从而进一步减少甚至消除大家对高中阶段学生综合素质评价效度与信度的质疑，受到高等院校、学生家长乃至整个社会的认可。但应然的评价制度与实然的评价制度之间的距离并非像我们所期望的那样接近，利伯曼（R. C. Lieberman）认为制度变革产生于互不匹配的制度现状与理想模式之间的"摩擦"。② 当应然的评价制度与实然的评价制度之间产生"摩擦"甚至"冲突"的时候，变革也就随之而来，而要促进这一变革能够顺利实施就必须要依靠一套成熟的组织管理作为保障。高中阶段学生综合素质评价组织管理既可以作为高中阶段学生综合素质评价改革制度丛的一个重要部分，亦可作为源动力加快高中阶段学生综合素质评价制度化进程。

(二) 主体

高中阶段学生综合素质评价组织管理的主体问题的核心是探讨"谁来组织管理"的问题，不同的文化背景与教育体制促使各国的高中阶段学生综合素质评价组织管理的不同，同时也导致了高中阶段学生综合素质评价组织管理的主体乃至主体权责的不尽相同（详见表4-1）。

---

① 樊亚峤，靳玉乐. 学生综合素质评价的制度化[J]. 中国教育学刊，2010(6)：29-31.

② Lieberman, R. C. Ideas Institutions and Political Order: Explaining Political Change [J]. *American Political Science Review*, 2002, 96(C4): 697-712.

表4-1　四国高中阶段学生综合素质评价组织管理主体权责一览表

	美国				英国				日本				韩国			
	政策	方案	执行	应用	政策	方案	执行	应用	政策	方案	执行	应用	政策	方案	执行	应用
国家	√				√	√			△	√			△	△		
地方	△	△			√	△				√				√		
高校	△	△	△	△		△						√				√
高中			√				△	△			△	△			△	△
教师		△				△				△				△		
学生			√				√			√				√		
家长		√				√										
团体	√	△	△				√									

说明：有主导权或重要影响以"△"表示，有一定参与权、建议权、影响力以"√"表示。

表4-1较为详细地分析了四个样本国家，在不同文化背景与教育体制下，高中阶段学生综合素质评价组织管理不同层级的八类主体：国家、地方、高校、高中、教师、学生、家长、团体(特指第三方服务、咨询团体)在本国高中阶段学生综合素质评价改革过程中，针对政策颁布、方案制定、具体执行、结果应用四个方面的权限问题，为我国高中阶段学生综合素质评价组织管理的建构提供了一套较为有效的参考框架。

纵览我国高中阶段学生综合素质评价组织管理，直到20世纪80年代改革开放，学生评价思想以及其理论与方法才逐渐被引入中国，并逐渐付诸实践。直到21世纪初，我国启动了中华人民共和国成立后的第八次基础教育课程改革，在这次改革中学生评价改革成为了本次改革的重要任务。[①]国务院与教育部颁布了《基础教育课程改革纲要(试行)》《关于基础教育改

---

① 王斌华.学生评价：夯实双基与培养能力[M].上海：上海教育出版社，2010：41-42.

革与发展的决定》《关于积极推进中小学评价与考试制度改革的通知》等重要政策文件，明确地提出了学生综合素质评价改革的背景、理念、原则、要求、方法和方向，学生综合素质评价组织管理延续了我国 20 世纪 90 年代后开始逐步实施的三级课程组织管理体制，由此前的国家统一组织管理，转变为国家、地方、学校协同组织管理。2014 年 12 月 10 日，为贯彻落实《国务院关于深化考试招生制度改革的实施意见》①教育部颁布了《教育部关于加强和改进高中阶段学生综合素质评价的意见》②并针对高中阶段学生综合素质评价的组织管理提出了"要加强组织管理，可以全国中小学生学籍信息组织管理系统为基础，以省(区、市)为单位建立综合素质评价工作电子化组织管理平台，为招生录取工作和用人单位提供服务；综合素质评价由学校组织实施，学校要建立健全学生成长记录规章制度，明确本校综合素质评价的具体要求；要注重在日常教育教学活动中，指导培训学生及时收集整理有关材料，避免集中突击；要充分发挥学校党团、学生组织的作用"。并同时要求各省(区、市)要提出高中学生综合素质评价基本要求，制定具体办法，于 2015 年 8 月底前报教育部备案。义务教育阶段学生综合素质评价，由各省(区、市)根据学生年龄特点，参照本《意见》制定实施办法。

通过对《教育部关于加强和改进高中阶段学生综合素质评价的意见》文件中组织管理部分的分析可以发现，当前高中阶段学生综合素质评价改革的组织管理的主体为国家、地方、学校协同组织管理，其中国家负责高中阶段学生综合素质评价改革的宏观调控；地方负责在《意见》的基础上依据本地区的特殊情况制订高中阶段学生综合素质评价实施方案或指导培训意见，并报教育部备案；学校负责高中阶段学生综合素质评价的具体实施。研究者进一步对《教育部关于加强和改进高中阶段学生综合素质评价的意

---

① 国务院. 国务院关于深化考试招生制度改革的实施意见[Z]. 国发〔2014〕35号.

② 教育部. 教育部关于加强和改进普通高中学生综合素质评价的意见[Z]. 教基二〔2014〕11号.

见》与各省、自治区、直辖市所制定的高中阶段学生综合素质评价实施方案或指导培训意见进行了分析(详见表 4-2)。

表 4-2　我国高中阶段学生综合素质评价组织管理主体权责规定一览表①

部门	教育部基础教育二司	省/区教育厅/市教委基教处、考试院、教科院/所、师资培训处	地级市/县教育局教研室、教育督导室、教师进修学院	学校	第三方机构
国家	√	√	√	√	
上海		√	√	√	√
浙江		√	√	√	
北京		√	√	√	
广东		√	√	√	
安徽		√	√	√	
福建		√		√	
甘肃			√	√	
广西		√	√	√	
贵州		√	√	√	
海南		√	√	√	
河北		√	√	√	
河南		√	√	√	
黑龙江		√	√	√	
湖北		√	√	√	
湖南		√	√	√	
吉林		√	√	√	
江苏		√		√	

① 研究者通过对全国所有行政区包括台湾、香港、澳门地区进行了网上检索,最终获得 30 个省、自治区、直辖市的普通高中学生综合素质评价实施办法、方案、指导培训意见。

部门	教育部基础教育二司	省/区教育厅/市教委基教处、考试院、教科院/所、师资培训处	地级市/县教育局教研室、教育督导室、教师进修学院	学校	第三方机构
江西		√	√	√	
辽宁		√	√	√	
宁夏		√	√	√	
青海		√	√		
山东				√	
山西		√	√	√	
陕西		√	√	√	
四川		√	√		
天津				√	
新疆		√	√	√	
云南		√	√	√	
重庆		√	√	√	
内蒙古					

说明：各级教育行政部门颁布的有关高中阶段学生综合素质评价实施办法、方案、指导培训意见等政策文本中提及组织管理主体权责的以"√"表示。

通过对《教育部关于加强和改进高中阶段学生综合素质评价的意见》与各省、自治区、直辖市所制定高中阶段学生综合素质评价实施方案或指导培训意见的详细分析后发现，已有政策文件只对高中阶段学生综合素质评价组织管理进行了笼统的规定，并未对各级教育行政部门以及相关机构的职权进行明确划分，更未提及高中阶段学生综合素质评价各级相关部门的岗位负责人及其职能的具体内容、数量、方式、时间分布等问题，部分省/直辖市在实施方案中甚至未提及省教育厅/市教委、地级市/县教育局在本省/市高中阶段学生综合素质评价改革过程中的组织管理权责，在所有省/区教育厅/市教委颁布的实施方案、指导培训意见中只有上海提及了第三方社会机构在高中阶段学生综合素质评价组织管理中的地位与作用。

高中阶段学生综合素质评价改革若想顺利推进，必然需要构建符合我国国情的组织管理主体系统。通过对政策文本以及当前高中阶段学生综合素质评价改革实践现状分析，我们构建了高中阶段学生综合素质评价三级组织管理主体，即领导机构、组织管理机构和执行机构。

领导机构是指在国务院的直接领导下成立的一个独立于其他部门的中央教育机构。该机构是由多个部门联合的国家综合素质评价改革领导小组组成，主要负责全国综合素质评价领导和组织管理工作，小组成员由教育部、财政部、国家发展和改革委员会等相关部门的领导组成；领导小组下设办公室，负责全国学生综合素质评价工作的领导、组织管理、指导培训、组织和协调；起草与颁布综合素质评价政策、法规和条例；制定综合素质评价意见和指导培训性原则；审核、监管与认证第三方评价机构；接受申诉与举报，查处违规行为；委派专业人员对全国学生综合素质评价进行督导、巡视；定期向中央领导小组、决策部门以及全社会公布和反馈全国学生综合素质评价发展报告；依据相关政策规定和标准，结合各省/直辖市/自治区学生综合素质评价发展状况给予表彰。

组织管理机构是指由各省、自治区、直辖市及各省、自治区教育厅、省级招生与考试部门、直辖市教育委员会共同组建的综合素质评价机构，亦可以单独组建综合素质评价局或综合素质评价处。该机构主要由多个部门联合组织的省级综合素质评价领导小组组成，主要负责贯彻和落实中央综合素质评价领导机构制定的综合素质评价政策、法规和条例，定期向中央领导小组办公室汇报本省学生综合素质评价发展情况。小组成员由省/自治区教育厅(直辖市教育委员会)、省考试招生部门、省/自治区财政厅(直辖市财政局)和省/自治区/直辖市发展改革委员会等相关部门的负责人组成；领导小组下设工作小组，由市/区/县负责基础教育工作的相关部门科室(基础教育处、师资培训处/中心、教育督导室、教研室)、教科研机构(教科院/所、教育考试院、教育评估院等)和教育信息中心组成，配备专职组织管理人员，负责全省各个市、区、县学生综合素质评价的组织管理、指导培训和监督调控，并协助、监督第三方评价机构开展学生综合素质评价工作；在贯彻和落实中央综合素质评价领导机构制定的综合素质评价政策、法规和条例的基础上，配合第三方评价机构结合本地区特点，制定适合本省学生综合素质评价特点的评价标准、实施办法、指导培训意见和指导培训手册；接受中央领导机构委托审核、监督执行学生综合素质评价单位或机构的资格并进行信用评级；组织培训和指导培训学生综合素质评价工作人员，并配合第三方评价机构开展学生综合素质评价；对各地区学生综合素质评价的过程与结果进行监督调控，评定各地区学生综合素质评价质量；接受申诉与举报，查处违规行为；委派专职人员不定期对各市、县、区学生综合素质评价工作开展情况进行抽查；定期向省级领导小组、地方政府和学校汇报全省学生综合素质评价发展情况。

执行机构是指由第三方评价机构①与学校共同组成的综合素质评价机构，该机构主要由第三方评价机构所包含的媒体、用人单位、高等院校、专业教育团体四类主体和学校组成，主要负责学生综合素质评价政策的具体执行与落实，媒体主要承担着对学生综合素质评价整个过程的和最终结果的监督；用人单位、高等院校以及专业教育团体在组织管理机构的指导培训、组织和协调下，结合各地区特点，制定反映各地区学生综合素质评价特点的评价标准、实施办法、指导培训意见和指导培训手册；最终评价活动的实施由教育团体主要负责；学校成立学生综合素质评定工作委员会及班级评定小组，在学生综合素质评价执行过程中的主要职责是在校内开展学生综合素质评价，为本校反思与改进教育理念、课程与教学、教师专业发展等提供经验，同时，还需协助配合第三方评价机构完成评价素材、

---

　　①　第三方评价也称体制外评估，第三方评价机构是介于政府、学校和社会三者之间的专业组织，包括独立的第三方评价和委托第三方评价两种形式。独立的第三方评价是指一般意义上的主动评价，诸如雅思、托福等专业考试评价机构。委托第三方的评价是接受委托的评价，以学术团体、新闻媒体、教育研究机构为主。引自靳玉乐、李阳莉. 在中小学综合素质评价中引入第三方评价的探讨[J]. 当代教育科学，2014（8）：13-16.

资料的收集与整理分析，学生综合素质评价结果公示，学校认定与学生及家长签字确认；最终由负责评价活动具体实施的专业教育团体根据不同反馈对象形成学生综合素质评价综合报告，分别反馈给领导机构、组织管理机构、高等院校、用人单位、学校以及学生本人，同时向社会公布。通过第三方评价机构的反馈报告中央和地方可以了解学生综合素质评价改革发展情况与学生综合素质发展现状；高等院校可以重点参考学生综合素质发展报告，并根据自身发展需要开展招生录取工作；用人单位可以通过报告了解学生在读期间表现以评估是否录用其成为自己的员工；学校可以借此了解本校学生综合素质发展情况，从而促进本校内部的课程与教学改革；学生本人可以了解自己综合素质发展情况，找到自身的优势与不足，对未来进行科学、合理的人生规划。

(三) 机理

明确高中阶段学生综合素质评价的功能与主体是为高中阶段学生综合素质评价组织管理的具体设计、机理奠定基础。本部分着重探讨高中阶段学生综合素质评价三级组织管理主体相互协作，共同促进高中阶段学生综合素质评价组织管理顺畅实施的基本过程与方式。

1. 认证第三方评价机构资质

十八届三中全会提出要"加大政府购买公共服务的力度"，"强化国家教育督导，委托社会组织开展教育评估监测"。长期以来，高中阶段学生综合素质评价基本上由学生就读学校或者上级教育行政部门负责实施，这种评价者集"运动员"和"裁判员"于一身的现状，严重地阻碍着高中阶段学生综合素质评价改革的推进和高中阶段学生综合素质的发展。[①] 在高中阶段学生综合素质评价中引入第三方评价机构既顺应了国家教育改革政策，

---

① 张伟江，孙祝岭，郭朝红. 教育评估的可靠性研究[M]北京：高等教育出版社，2010：131.

又能有效地推进高中阶段学生综合素质评价改革，也能保障评价结果的客观与公正。

　　20 世纪 70 年代的美国就已经将第三方评价机制引入教育领域，鼓励社会中介机构参与教育评价，并已构建了较为完善的"教育评价合同制度"；日本自 1991 年教育法颁布以来进行了两次教育改革，通过改革其教育评价基本实现了从自我评价向第三方评价的转换。20 世纪 90 年代，第三方评价在我国开始被引入企业组织管理领域，发展至今第三方评价已被运用到各行各业。在教育领域中第三方评价被主要应用到职业教育与高等教育阶段，如 2012 年 7 月，西安市以公开招标方式，向社会公开遴选有资质的第三方中介机构对西安市教育改革发展进行社会评价。① 2013 年 10 月，陕西省高级人才事务所有限公司正式发布了 2012 至 2013 年度西安市教育发展评价结果并获得广泛认可和支持。② 2015 年 4 月 15 日，上海市教育委员会在发布的《上海市普通高中学生综合素质评价实施办法（试行）》中规定了第三方社会机构的功能与作用。③ 第三方评价在我国已有一定的理论基础和实践经验，但由于第三方评价机构研究在我国起步较晚，且不同机构间的质量参差不齐，因此，对第三方评价机构进行资质认证就显得尤为重要。

　　研究者以领导机构为资质认证主体，提出了构建第三方评价机构资质认证的设想。作为学生综合素质评价组织管理的领导机构主要负责第三方评价机构资质认证的组织、实施工作的统一部署与协调。根据《中华人民共和国教育法》关于教育机构设置的相关规定设立学生综合素质评价第三方评价机构认证委员会，委员会的主要职责包括：（1）负责第三方评价机

---

　　① 陕西省教育厅. 西安实施创新教育评价体系建设，引入第三方参与教改评价［EB/OL］. http://www.snedu.gov.cn/jynews/rdjj/201208/01/29105.html，2012-08-01.

　　② 邓月娟. 西安教育改革第三方评价午度结果发布［N］. 陕西日报，2013-10-24（004）.

　　③ 上海市教育委员会. 关于印发《上海市普通高中学生综合素质评价实施办法（试行）》的通知［Z］. 沪教委基［2015］30 号.

构资质认证标准的制定与定期修正；（2）确立科学规范的资质认证程序，并进行定期评估与修正；（3）对第三方评价机构进行评议，确认其作为学生综合素质评价机构的资质；（4）对第三方评价机构资质认证工作人员进行专业指导与培训。

学生综合素质评价第三方评价机构资质认证的基本程序包括：（1）申请实施学生综合素质评价的第三方评价机构向资质认证委员会提交申请材料，具体包含：申请报告、可行性分析材料、章程以及委员会依照相关法律、法规要求需要提供的其他材料；（2）资质认证委员会随机抽选5—8名专家通过收集、编辑和分析第三方评价机构上报的申请材料，初步认证其基本资格；（3）资质认证委员会随机抽选5—8名专家对评价第三方评价机构进行实地考察，并形成详细的评估报告；（4）资质认证委员会依据第三方评价机构申请材料和实地考察评估报告对第三方评价机构进行资质认证，并定期向社会公布。

2. 颁布高中阶段学生综合素质评价政策

高中阶段学生综合素质评价政策的颁布主要由高中阶段学生综合素质评价组织管理的领导机构负责。教育政策的制定与颁布要同时遵循技术性与制度性两种程序。[①] 高中阶段学生综合素质评价政策颁布的技术性程序，由高中阶段学生综合素质评价领导机构组织人员负责，具体包括：（1）分析教育政策问题，确定教育政策目标，该部分主要以现实高中阶段学生综合素质发展与理想高中阶段学生综合素质发展之间的主要差距形式表达问题，并挖掘这一差距产生的主要原因，从而确定教育政策目标，明确目标确定需要注意的具体问题；（2）设计教育政策方案，该部分要注意方案设计的多样性，突出创造性思维，并能够准确地评估方案的可能后果，并要求规定方案的具体实施细节；（3）对教育政策方案进行可行性分析，具体包括政治可行性论证，经济可行性论证，技术可行性论证，社会心理可行

---

① 袁振国. 教育政策学［M］. 南京：江苏教育出版，2001：177-214.

性论证，并进行教育政策试点以及政策信息可靠性分析；(4)教育政策方案的选择，其主要依据有价值标准和满意标准；(5)教育政策的颁布与实施，具体包括政策颁布前的协商以及政策的合法化等。高中阶段学生综合素质评价政策颁布的制度性程序为高中阶段学生综合素质评价领导机构组织领导小组讨论提出高中阶段学生综合素质评价改革的大致政策目标、原则和基本思路，再由领导机构下设办公室工作人员组织专家依据政策目标、原则和基本思路展开全国范围内调查研究，在全面收集和分析各种信息资料的基础上向与该政策相关的部门与专家学者征求意见，经反复修订，最后上报给国务院批准执行。

3. 制定高中阶段学生综合素质评价实施方案

高中阶段学生综合素质评价实施方案制定的主要依据为高中阶段学生综合素质评价组织管理领导机构颁布的相关教育政策。高中阶段学生综合素质评价实施方案主要包括评价目标的确定、评价内容与标准选取、评价方法选择、评价的具体实施程序、评价结果的呈现与应用等。高中阶段学生综合素质评价实施方案制定的主体由省级高中阶段学生综合素质评价组织管理机构与第三方评价机构共同组成，省级高中阶段学生综合素质评价组织管理机构包括省/自治区教育厅(直辖市教育委员会)、省级招生与考试部门、省/自治区财政厅(直辖市财政局)和省/自治区/直辖市发展改革委员会等相关部门负责人以及市/区/县负责基础教育工作的相关部门科室(基础教育处、师资培训处/中心、教育督导室、教研室)、教科研机构(教科院/所、教育考试院、教育评估院等)和教育信息中心负责人和工作人员组成；第三方评价机构包括媒体、用人单位、高等院校、专业教育团体。实施方案制定的具体步骤为：(1)由省级高中阶段学生综合素质评价组织管理机构领导小组带头，组织相关部门科室、教科研机构、教育信息中心以及具有认证资质的第三评价机构负责人，以国家高中阶段学生综合素质评价改革方针政策为主要依据，结合本地区的社会、文化、经济特点讨论制定出初步实施方案框架；(2)依据初步实施方案框架，由第三方评价机构针对本省高中阶段学生综合素质发展与评价进行调查研究，并在调查研究基础上对初步方案框架进行不断评估与修订；（3）省级高中阶段学生综合素质评价组织管理机构领导小组组织专家对实施方案进行再评估与论证后最终形成实施方案；（4）各学校以本省实施方案为依据，再结合本校具体情况与特点制定高中阶段学生综合素质评价实施细则。

4. 建立高中阶段学生综合素质评价数据库

数据与资料乃是开展高中阶段学生综合素质评价的基础，高中阶段学生综合素质评价改革政策的颁布，实施方案的制定与实施都离不开基础数据与资料。高中阶段学生综合素质评价改革的领导机构可以全国中小学生学籍信息组织管理系统为基础，以省（区、市）为单位，由第三方评价机构负责依据高中阶段学生综合素质评价标准建立学生综合素质评价数据库，定期组织和指导培训学校的教师和学生录入与上传相关数据与材料。第三方评价机构对学生录入与上传的基础数据与材料进行数据分析，形成以学生、学校、区/县、省/直辖市/自治区为分析对象的综合报告，将报告报送给相关对象，并做好咨询工作，使不同对象都能够了解自身综合素质发展情况，有针对性地进行反思与改进。

二、指导培训

高中阶段学生综合素质评价指导培训是指为落实高中阶段学生综合素质评价改革政策与方案，在综合素质评价实施过程中，政策制定者、理论研究者以及教师对学生综合素质评价运行操作相关主体，包括学生、家长、教师、校长以及负责综合素质评价实施的教育行政部门进行理论与实践指导培训的过程和内在方式。综合素质评价政策能否落到实处，评价理念能否得到社会的认可，评价的内容、结构、指标体系是否可行以及评价的实施过程如何操作等一系列理论与实践问题都急需建立一套科学、合理的指导培训体系作为保障。

(一) 功能

教育部在其颁布的《教育部关于加强和改进高中阶段学生综合素质评价的意见》中明确提出："要加强指导培训，协调各方面专业力量，为学校开展综合素质评价提供支持和帮助。"①高中阶段学生综合素质评价指导培训作为高中阶段学生综合素质评价机制的传动部分，在高中阶段学生综合素质评价改革过程中起着承上启下的重要作用，乃是高中阶段学生综合素质评价机制不可或缺的重要组成部分，在高中阶段学生综合素质评价中发挥着重要功能。

首先，高中阶段学生综合素质评价指导培训能够加快高中阶段学生综合素质评价改革运行操作主体观念与行为的转变。高中阶段学生综合素质评价改革是一项极为复杂和具有挑战性的政策，这就意味着在政策运行操作过程中，运行操作主体必须体认政策的理念与目标，消除抵制。改革是一个不断消除阻力逐步前行，改革运行操作主体转变原有观念与行为，增进改革认同的过程。库尔特·勒温 (Kurt Lewin) 认为"变革就是现实中存在的推动力和阻碍力相互作用的结果，人们总是处于由相互对抗的推动力和阻碍力构成的'力场'(Force Field) 中，当推动力和阻碍力相当时，就会出现平衡，构成相对稳定的状态或保持现有状态，而当前者强于后者时，便会产生变革，若前者始终强于后者，变革将会继续，可是在当阻碍力重新增强时，变革就会迟缓下来，一旦阻碍力强过推动力，变革就会受到阻止"。② 在高中阶段学生综合素质评价改革过程中，运行操作主体的原有观念与行为作为阻碍该项政策改革主要影响因素之一，只有通过高中阶段学生综合素质评价指导培训的引导才能促使其发生转变，才能增进运行操作主体对高中阶段学生综合素质评价改革政策的认同。迈克尔·富兰认为任

① 教育部. 教育部关于加强和改进普通高中学生综合素质评价的意见[Z]. 教基二〔2014〕11 号.

② Ornstein, A. C. & Hunkins, F. P. *Curriculum: Foundations, Principles, and Issues* [M]. Needham Heights, MA: Allyn & Bacon, 1998: 298-299.

何有价值的新观念，要想有效地付诸实践就必须对其有深刻的理解、技能的开发和认真的实施，我们不能强迫这些事情运转，唯一可行的办法就是创造条件使人们能够考虑个人的和大家的见解。① 迈克尔·富兰所讲的创造条件使人们能够考虑个人的和大家的见解正是高中阶段学生综合素质评价改革运行操作主体观念与行为的蜕变的过程，高中阶段学生综合素质评价指导培训在这一过程中发挥着重要的作用。

其次，高中阶段学生综合素质评价指导培训将会促进高中阶段学生综合素质评价运行操作主体评价素养和能力的提升。高中阶段学生综合素质评价改革的顺利推进，运行操作主体的评价素养和能力水平从某种意义上说起着至关重要的作用，而教师作为运行操作主体之主体，其评价知能严重不足，评价知能储备十分有限，需要充实。② 普莱克(Plake，B. S.)③、梅特勒(Mertler，C. A.)④、斯蒂金斯和康克林(Stiggins，R. J. & Conklin，N. F.)⑤等学者的调查研究发现通过指导培训以促使教师掌握必备的评价知能已经成为一种必然趋势，也是一种现实诉求。高中阶段学生综合素质评价指导培训正是基于这一趋势和现实诉求而建构形成的，它对运行操作主体的评价素养以及能力的提升起到积极的促进作用。

最后，高中阶段学生综合素质评价指导培训可以加快高中阶段学生综合素质评价改革政策由理念向实践的有效转变。高中阶段学生综合素质评价指导培训建构的一项基本任务就是要将高中阶段学生综合素质评价改革

① ［加］迈克尔·富兰. 变革的力量——透视教育改革［M］. 中央教育科学研究所等，译. 北京：教育科学出版社，2000：34.

② 郑东辉. 教师评价素养发展研究［D］. 上海：华东师范大学，2009：27-36.

③ Plake，B. S.，Impara，J. C.，Wise，V. L. Development and Validation of Professional Development Resource Materials for Teachers Covering Communicating and Interpreting Assessment Results［J］. *Educational Measurement：Issues and Practice*，16(2)：19-24.

④ Mertler，C. A. Secondary Teacher's Assessment Literacy：Dose Classroom Experience Make a Difference? ［J］. *American Secondary Education*，33(1)，2004：49-64.

⑤ Stiggins，R. J. & Conklin，N. F. *In Teachers' Hands：Investigating the Practices of Classroom Assessment*［M］. Albany，NY：State University of New York Press，1992：11-15.

政策的指导培训思想和理念如实地传达给政策执行者，只有政策执行者透彻地理解和把握了高中阶段学生综合素质评价改革政策的指导培训思想和理念，才能确保他们在政策运行操作过程中能够沿着高中阶段学生综合素质评价改革政策制定之初的理念和目标顺利开展，全面推进高中阶段学生综合素质发展。高中阶段学生综合素质评价改革政策颁布之后，教育行政部门通过迅速组织协调各方面专业力量采用多种方式和途径对政策执行部门以及执行主体进行指导培训，以确保政策运行操作过程中始终遵循政策制定伊始的目标与理念，避免政策运行操作偏离既定轨迹。当然，高中阶段学生综合素质评价指导培训并非要求政策执行者必须不假思索地、机械地落实高中阶段学生综合素质评价改革政策，政策执行者应在理解和把握政策理念和目标的基础上因地制宜、因时制宜。总而言之，高中阶段学生综合素质评价指导培训在高中阶段学生综合素质评价改革政策理念向实践转变过程中起着至关重要的作用。

(二)要素

高中阶段学生综合素质评价指导培训作为高中阶段学生综合素质评价机制的传动部分，必须拥有一套具体的规范和程式。若希望高中阶段学生综合素质评价指导培训发挥其应有功能与作用，其要素与结构的建构非常重要。我们认为高中阶段学生综合素质评价指导培训主要包含三个基本要素，即高中阶段学生综合素质评价指导培训的主体、客体与内容。

高中阶段学生综合素质评价指导培训的主体、客体问题主要研究和探讨的正是"谁来指导培训"和"指导培训谁"的问题，关于这两类问题的研究，目前还较少。美国高中阶段学生综合素质评价的指导培训主要由各高校招生处内部负责，主要指导培训的对象为招生人员，指导培训的主要目的是为了正确、有效地建立学生档案，招生人员必须十分清楚招生策略、目标以及招生方案；英国高中阶段学生综合素质评价的指导培训为资格证书联盟(AQA)，它每年秋天都为广大一线从事评价活动的教师举行课程作业评分标准化培训；日本高中阶段学生综合素质评价在其地方教育行政部门的指导培训和帮助下进行，关于《学业评价报告单》填写的指导培训主要由地方教育委员会事务局负责，地方教育委员会事务局会定期针对《学业评价报告单》填写等给予专业性的指导培训，包括介绍每年《学业评价报告单》内容结构的变化、评价标准的确定、评分规则的变化，以及相关评价政策的变化，同时，教育委员会事务局还会专门派技术员、事务员，特别是指导培训主事到各个学校进行专门指导培训，解决学校老师在填写报告单过程中出现的问题；韩国的学生生活记录簿以教育部训令的形式公布后，为了促使广大一线教育工作者能够尽快熟悉这一政策，韩国教育人力资源部开发出了"学生簿向导"，主要目的在于提高学生簿的信效度，同时，地方教育行政部门，特别是地方教育监也在韩国教育部的委托下针对诸多具体细节问题给予老师指导培训。

从目前我国高中阶段学生综合素质评价改革的现状来分析，所谓的指导培训主体，更多的是由政策制定者构成，包括教育部、基础教育二司、省教育厅、市县教育局等相关部门负责人和工作人员，以及师资培训处/中心、基教处、教育督导室、教研室教科院/所等负责人和工作人员。如：重庆市规定其市教育评估院具体负责全市高中阶段学生综合素质评价的指导培训工作；各区县教委指导培训小组由区县教委负责基础教育工作的相关科室、教科研机构和教育信息中心组成，负责对学校评价工作的督查、指导培训。① 为了顺利落实高中阶段学生综合素质评价改革，在其政策颁布之后，培训思想、重要意义、基本原则、评价内容、评价程序、组织管理等由上级教育行政部门传达给下级教育行政部门的同时，必须对下级教育行政部门进行进一步的指导培训，从而顺利落实高中阶段学生综合素质评价改革。目前，高中阶段学生综合素质评价改革得以顺利推进，并产生了一系列良好效果，如教师的学生评价观念得到了转变②。在

---

① 重庆市教育委员会. 关于印发《重庆市普通高中学生综合素质评价实施办法（试行）》的通知[Z]. 渝教委基[2011]15 号.

② 徐岩，丁朝蓬，王利. 新课程实施以来学生评价改革的回顾与思考[J]. 课程·教材·教法，2012(3)：12-21.

这一过程中政策制定者起到了一定的积极作用，但在高中阶段学生综合素质评价改革过程中，若仅将政策制定者定位为唯一指导培训主体，未免过于偏狭。

高中阶段学生综合素质评价指导培训作为一个有机体，其主要目的不仅仅是为了加快高中阶段学生综合素质评价改革运行操作主体观念与行为的蜕变和促进高中阶段学生综合素质评价运行操作主体评价素养和能力的提升，更是为了促进高中阶段学生综合素质评价改革政策由理念向实践的有效转变，从而顺利落实高中阶段学生综合素质评价政策。在高中阶段学生综合素质评价政策得以顺利推进的过程中，发挥重要作用的指导培训主体主要包括政策制定者、专家学者和评价实施者三类。作为指导培训主体的政策制定者是高中阶段学生综合素质评价改革的领导者、组织者和组织管理者，主要来源于高中阶段学生综合素质评价改革的领导机构和组织管理机构，主要负责对高中阶段学生综合素质评价改革政策进行指导培训，其中，领导机构主要负责组织多方专家学者起草与颁布综合素质评价政策、法规和条例，制定综合素质评价意见和指导培训原则。在政策、法规、条例、意见以及指导培训原则起草、制定和颁布之后，领导机构同时还要负责对相关政策、法规、条例、意见和指导培训原则进行解读与指导培训，以确保高中阶段学生综合素质评价改革按照政策制定之初的目标顺利推进；组织管理机构负责贯彻落实领导机构起草、颁布的综合素质评价政策、法规、条例、意见和指导培训原则，根据区域特点制定实施细则和操作程序，并给予高中阶段学生综合素质评价改革执行者以具体的指导培训。专家学者作为起草与颁布综合素质评价政策、法规和条例，制定综合素质评价意见和指导培训原则的参与者，主要来自高等院校、科研院所，主要负责从理论层面解读政策文本和指导培训政策执行人员，当然，专家学者与政策制定者两类主体的分类并非绝对，因为在政策制定过程中也不乏理论研究者的参与。以高校招生机构、学校为主体的评价实施者作为高中阶段学生综合素质评价改革在具体操作层面的指导培训主体，主要负责高中阶段学生综合素质评价实施过程中评价内容、评价标准、评价指标体系、评价方法等操作实施层面的指导培训。三类指导培训主体各司其职，分别从政策层面、理论层面和操作层面给予有针对性的指导培训，为高中阶段学生综合素质评价改革政策的顺利推进奠定了基础。

高中阶段学生综合素质评价指导培训的客体问题，也可以理解为指导培训对象问题。当前，我们所谓的指导培训客体一般会被认为是教师，因为教师作为高中阶段学生综合素质评价改革政策的具体操作者，其观念的转变、评价素养的提升对改革的推进起着至关重要的作用。但在高中阶段学生综合素质评价指导培训运行操作过程中，指导培训客体远不止教师这一类群体，我们认为高中阶段学生综合素质评价指导培训的客体包括两类：一是受政策制定者和专家学者指导培训的政策执行者，他们包括基层教育行政组织管理人员、高中校长、教师，主要接受上级领导机构和专家学者关于改革宏观政策层面以及理论层面的指导培训；二是受评价实施者具体指导培训的教师、学生、家长。

高中阶段学生综合素质评价指导培训的内容问题，主要是研究和探讨"指导培训什么"的问题。高中阶段学生综合素质评价指导培训的内容主要从政策层面、理论层面和操作层面三个层面进行。在政策层面主要包括由高中阶段学生综合素质评价领导机构负责起草与颁布综合素质评价政策、法规和条例，制定综合素质评价意见和指导培训原则。这一系列政策在具体落实过程中必然会产生各种各样的现实问题，需要进行不断的完善，因此，对政策制定之初的理念、指导培训思想的准确把握以及政策在实施过程中的动态变化进行实时更新才能确保改革政策能够第一时间付诸实践；在理论层面主要包括针对政策文本从学理上对评价理念、评价目标、评价内容、评价标准、评价指标、评价方法、结果呈现及其应用进行论证与剖析，旨在促使教育行政组织管理人员和评价运行操作主体在落实改革政策过程中能够充分体认和把握政策制定的初衷以保证政策实施过程中不偏离轨迹；在操作层面针对综合素质评价改革与以往其他学生评价改革的特殊性，在技术层面对如评价等级的确定、评价内容的选择、评价分数的合成、组织管理电子平台的使用等进行指导培训，旨在提升教师的评价素养。同时，教师作为指导培训主体还需要对学生如何开展自我评价、同学评价进行指导培训，以培养和挖掘学生的评价素养与能力。

(三)机理

高中阶段学生综合素质评价指导培训的机理问题主要解决高中阶段学生综合素质评价指导培训如何动态实施的问题。概而言之，高中阶段学生综合素质评价指导培训的机理应包括建立高中阶段学生综合素质评价指导培训机构；加强高中阶段学生综合素质评价指导培训专业化建设；采用灵活多样的指导培训方式；创造开展高中阶段学生综合素质评价指导培训的基本条件四个方面。

1. 建立高中阶段学生综合素质评价指导培训机构

高中阶段学生综合素质评价工作的开展关键在于能胜任评价实施的评价人才，因此，加强高中阶段学生综合素质评价人才的指导培训工作，构建较为完善的指导培训体系，指导培训出大批能够胜任高中阶段学生综合素质评价工作的大批合格评价人才，才能为高中阶段学生综合素质评价工作奠定扎实的基础。我们很有必要在高中阶段学生综合素质评价组织管理机构内部设立专门的组织、组织管理指导培训工作的机构，指导培训和推进高中阶段学生综合素质评价体系不断完善，制订和实施指导培训规划，使高中阶段学生综合素质评价工作常规化、制度化、规范化、系统化。具体而言，可以构建三级培训体系：其一是在综合素质评价领导机构下设"综合素质评价指导培训委员会"或"综合素质评价指导培训小组"，该委员会或指导培训小组由综合素质评价组织管理机构定期聘请有关部门、高等学校和学术团体的专家组成，为统一规划和开展综合素质评价人才培养的各项工作提出咨询意见和建议，这些意见和建议经综合素质评价领导机构采纳和决定之后组织实施，对各类综合素质评价改革指导培训机构进行组织管理和协调，对各类综合素质评价改革指导培训活动进行统筹规划，对培训者进行资质认定和组织管理;① 其二是在由各地区、各部门组建的综合素质评价组织管理机构中设立后评价指导培训处,具体负责该地区、该部门的综合素质评价人员指导培训工作,建立培训档案,给"综合素质评价指导培训委员会"或"综合素质评价指导培训小组"提供反馈意见;其三是由高校、科研院所、学术团体、第三方评价咨询机构组成的负责具体指导培训工作的机构,这些机构根据综合素质评价组织管理机构的委托和要求,组织从事综合素质评价工作的不同层次人员的指导培训工作。在教师培训组织机构的设置方面,日本政府的行政指导培训和调控力度就非常强,自上而下从文部省——都道府县(包括政令指定市)——市町村有一套完整的组织体系。②

2. 加强高中阶段学生综合素质评价指导培训专业化建设

高中阶段学生综合素质评价指导培训专业化建设在国外已经积累了诸多经验,如英国高中阶段学生综合素质评价的指导培训的主要目的是增加其评价分数的标准化程度,为了确保"课程作业"与"受控评价"评分的信、效度,评价与资格证书联盟(AQA)每年秋天都为广大一线从事评价活动的教师举行课程作业评分标准化培训。在培训过程中,AQA 会细致地讲解在开展评价过程中,教师如何进行合理的课程作业任务设计和使用评分标准。AQA 这样做的目的是使评分标准化,从而得以保证在同一标准下,公平、公正、公开地评定每一位考生的测试成绩。AQA 通过选定一个人来负责内部标准的整体框架制订,在一般情况下该位负责人首先要召集所有参与评价的老师,并集中在一起让大家尝试给一些作品评分,负责人将根据大家的评分数据区分出不同类别的评分标准;随后,他将在所有评价教师都将要参与的培训会议上逐个讨论针对每一个项目的不同评分;而在教师

---

① 王晓平. 教师培训:从功能、模式到组织管理[J]. 继续教育研究,2013(2):54-56.

② 彭新实. 日本的教师培训和教师定期流动[J]. 外国教育研究,2000(5):49-52.

培训会议上，AQA会向所有参会教师发放参阅参考书目以及档案材料，诸如先前的作品或AQA的样本等，从而保证各位老师与中心内部的评分实现标准化。此外，只要采取的方法切实有效，都是提倡和允许的，AQA将在最后确定一个可供采用的统一的内部标准来评分。

我国高中阶段学生综合素质评价指导培训专业化建设还处于初步探索阶段，具体表现为如下两个特征：一是临时性，即指导培训者都是临时的，他们大多受政策导向的影响参与政策决策与制定，在政策颁布实施后在领导机构的招集下对组织管理机构和执行机构进行专题指导培训。由于这一类人群往往在各自研究领域都很有名望，也会时常受到一些学校和相关教育行政部门的邀请进行政策解读，这类人员都有各自专门的研究领域与研究方向，因此，针对高中阶段学生综合素质评价改革的指导培训对这类人而言是临时的，一旦政策落实完毕，他们的指导培训也随即宣布结束；二是兼职性，即从事高中阶段学生综合素质评价改革指导培训者大部分是"兼职"的，他们的主业并非仅仅是研究和指导培训综合素质评价。

高中阶段学生综合素质评价指导培训专业化，必须组建一支综合素质评价改革指导培训的专业队伍。高中阶段学生综合素质评价专业指导培训有如下三点要求[1]：一是指导培训人员必须都是专业人员，他们的主要工作就是研究综合素质评价的指导培训及其相关问题；二是指导培训人员的工作动力必须源自对综合素质评价指导培训的兴趣和爱好；三是指导培训人员必须长期从事综合素质评价指导培训和研究，旨在确保综合素质评价指导培训与研究的连续性。专业化的综合素质评价改革指导培训研究的主要内容应该包含综合素质评价改革指导培训本质、特征、表征、技术、方法，以及与其他综合素质评价机制的关系等问题。我国高中阶段学生综合素质评价改革指导培训专业化的发展道路还很长，若想加强高中阶段学生

---

[1] 罗祖兵. 综合素质评价纳入高考的两难困境及其突围[J]. 全球教育展望，2015(8)：31-40.

综合素质评价指导培训专业化建设，我们必须在政策上予以引导，在财政投入上有所倾斜，并加强专业人才的培育。

3. 采用灵活多样的指导培训方式

目前，我国开展高中阶段学生综合素质评价改革指导培训工作，基本上采用短期培训或研讨会的形式，指导培训对象也往往局限于校长、教师。短期培训或研讨会在高中阶段学生综合素质评价改革政策推进过程中发挥着重要的作用，但还远远不够。高中阶段学生综合素质评价改革指导培训应区分不同指导培训对象，将其划分为不同层次，并且依据不同指导培训对象及其层次采用灵活多样的指导培训方式。

针对高中阶段学生综合素质评价指导培训的后备人才和高层次人才，我们可以充分借助高等院校以及科研院所的有利条件，经历多年培养与教育，培育和挖掘专业人才；针对高中阶段学生综合素质评价的主要核心组织管理人员，我们可以邀请主要政策制定者和知名专家学者，通过案例分析、专题讲座、主题研讨等形式，借鉴国内外学生评价领域的经验与教训，提升组织管理人员的组织管理水平；针对高中阶段学生综合素质评价运行操作人员和基层组织管理人员，我们可以选择专家学者尤其是具有一定实践经验的运行操作人员和基层组织管理人员，采取短期集中指导培训、行动研究、专题受训等方式①提高该类人员的综合素质评价实际操作技能和组织管理水平。总之，要建立比较灵活的高中阶段学生综合素质评价指导培训人才培养机制，从整体上提高我国高中阶段学生综合素质评价指导培训人员的评价素质。②

4. 创造开展高中阶段学生综合素质评价指导培训的基本条件

高中阶段学生综合素质评价改革尚处于试点阶段，各方面制度还不健

---

① 李森. 教师培训制度创新与基础教育课程改革[J]. 教育研究，2004(7)：80-81.

② 姚光业. 投资项目后评价机制研究[D]. 武汉：华中科技大学，2003：83-85.

全，高中阶段学生综合素质评价指导培训的基本条件尚不具备，难以使高中阶段学生综合素质评价指导培训工作常规化、制度化。由此，我们需要在以下诸方面加以改进。首先，组织开展高中阶段学生综合素质评价指导培训教材编写工作。目前，我国还没有适用于各层次高中阶段学生综合素质评价指导培训人才所需要的指导培训手册、教材和教学用书，为了使高中阶段学生综合素质评价指导培训后备人才和高层次人才、组织管理人员、操作人员所接受的指导培训内容规范化，我们急需组织专业力量，进行统筹规划、编写指导培训教材。由各部门制定或颁布的有关高中阶段学生综合素质评价政策、法规和条例、指导培训原则、意见以及高中阶段学生综合素质评价研究报告等可以作为参考教材使用。其次，建立和完善高中阶段学生综合素质评价数据库，积极开发并应用高中阶段学生综合素质评价电子信息组织管理平台。《教育部关于加强和改进高中阶段学生综合素质评价的意见》提出要加强组织管理，可以全国中小学生学籍信息组织管理系统为基础，以省（区、市）为单位建立综合素质评价工作电子化组织管理平台，为招生录取工作和用人单位提供服务。① 开发和完善高中阶段学生综合素质评价数据库是实现投资组织管理现代化的重要手段，亦是提升高中阶段学生综合素质评价以及其指导培训工作效率的需求，更是高中阶段学生综合素质评价指导培训的必备内容。高中阶段学生综合素质评价数据库以及软件的开发与完善应具有通用性、可操作性，数据库不仅包括每位学生的综合素质评价信息，还应包括各类人员接受过综合素质评价相关专业指导培训的信息记录等。

三、运行操作

高中阶段学生综合素质评价运行操作是指高中阶段学生综合素质评价

① 教育部. 教育部关于加强和改进普通高中学生综合素质评价的意见[Z]. 教基二〔2014〕11 号.

运行操作的内在方式、原理，即高中阶段学生综合素质评价运行操作应该遵循的规范与程式。综合素质评价运行操作所探讨的核心问题主要包括厘清综合素质评价运行操作所指涉的几个环节的内在联系，使评价主体、评价对象、评价理念、评价目标、评价内容、评价标准、评价方法以及评价结果的运用等要素成为一个有机联系、运行操作畅通的整体。当前高中阶段学生综合素质评价存在诸多问题的根本原因就在于理论研究者和实践操作者尚未厘清综合素质评价运行操作的基本环节，也更谈不上形成科学、规范的高中阶段学生综合素质评价运行操作。

（一）功能

在厘清高中阶段学生综合素质评价运行操作基本环节，建构科学、规范、合理的运行操作之前，十分有必要了解高中阶段学生综合素质评价运行操作的基本功能。

1. 促进高中阶段学生综合素质评价政策的具体落实

高中阶段学生综合素质评价的运行操作是制定高中阶段学生综合素质评价改革政策的目的和归宿，是实现高中阶段学生综合素质评价目标的根本途径。高中阶段学生综合素质评价改革政策的运行操作的核心是解决问题，是将一项政策付诸实践的各项活动。高中阶段学生综合素质评价运行操作通过对高中阶段学生综合素质评价改革政策的解释、组织和实施行为，将预先制定好的政策方案转化为行动指南，高中阶段学生综合素质评价改革政策运行操作的过程，即解释、组织与实施三个环节十分重要，高中阶段学生综合素质评价运行操作便是通过这一直接、具体的问题解决过程，使高中阶段学生综合素质评价改革政策得以有效实施、贯彻与落实。若缺少高中阶段学生综合素质评价运行操作，任何理论，再完美也仅仅是空中楼阁，不可能实现。高中阶段学生综合素质评价运行操作是一个十分复杂的过程，更是一个有机的系统，它涉及许多专业的问题，任何一个环节考虑不到位，高中阶段学生综合素质评价改革政策的实施效果都将大打折扣。由此，我们必须要深入研究高中阶段学生综合素质评价运行操作，它是贯彻、落实高中阶段学生综合素质评价改革政策的基本保障。

2. 发现高中阶段学生综合素质评价改革问题

公共政策研究已有结论，在目前社会背景下，"全能的理性模式"已成过去。① 在高中阶段学生综合素质评价改革政策制定过程中，尽管我们预先进行过各种各样的设想，并进行了全面的调查研究，但是实践的复杂性却远远超出了我们的预料，高中阶段学生综合素质评价运行操作的基本功能之下就是发现问题，从而使高中阶段学生综合素质评价改革政策在问题解决的过程中渐渐走向完善。正如有研究者所言"回避真正的实际问题是有成效的变革的敌人，因为我们必须面对这些问题并取得突破"，"当我们把问题看成是很自然的、预料中的现象，而且我们还去找问题时，学校变革的努力就很可能成功。只有对问题进行追踪，我们才能知道下一步必须做什么以得到我们所需要的东西。需要认真对待问题，不要归因于别人的'抵制'、无知或者固执"。② 高中阶段学生综合素质评价运行操作直接面对实践，它在运行操作过程中，形成高中阶段学生综合素质评价改革政策问题预警机制，以使政策问题的认定常态化、程序化，从而能够及时发现问题，并通过对问题的分析、梳理、归纳，将问题进行归类，反馈给政策制定者，便于高中阶段学生综合素质评价改革领导机构及时对政策进行修订、调整，从而推动高中阶段学生综合素质评价改革的进一步深入。

3. 验证高中阶段学生综合素质评价实施方案

尚未实施的高中阶段学生综合素质评价实施方案，仅仅可被视为一套

---

① 代建军. 论我国当前中小学课程运作机制的转变[D]. 上海：上海师范大学，2007：104.

② [加]迈克尔·富兰. 变革的力量——透视教育改革[M]. 中央教育科学研究所等，译. 北京：教育科学出版社，2000：35，38.

基于理论与实践的预设。无论逻辑多么缜密，理论与现实间还会存在一定距离，检验其科学、合理与否的最好尺度就是运行操作。高中阶段学生综合素质评价改革政策的目标只有通过运行操作过程才能实现，才能够证明这一政策的可行性。一般而言，评判高中阶段学生综合素质评价改革政策是否科学、合理主要以其所构建的因果理论是否科学、可行为标准。Sabatier 和 Mazmanian 两位学者认为，政策的因果理论有两个核心问题：(1)政策制订者在多大程度上理解了影响目标实现的主要因素以及其中的因果关系(认识要素)；(2)政策制订者在多大程度上授予执行机构控制这些关系的权力，使执行机构至少有潜力实现目标(权力要素)。① 而这两个问题的验证必须要在高中阶段学生综合素质评价运行操作过程中进行，通过应然与实然间的差异比较，得以证实。

(二)要素

高中阶段学生综合素质评价运行操作作为高中阶段学生综合素质评价机制的具体执行部分，应有一套具体的规范和程序。若希望高中阶段学生综合素质评价运行操作发挥其应有的作用，其要素与结构的建构非常重要。我们认为高中阶段学生综合素质评价运行操作包括三个要素，即高中阶段学生综合素质评价的运行操作主体、运行操作客体与运行操作环境。

1. 高中阶段学生综合素质评价的运行操作主体

高中阶段学生综合素质评价的运行操作主体的基本职责是解决"谁来运行操作"的问题。关于这一问题，国内外已有较多研究，详见第一章文献综述中关于学生综合素质评价主体的研究。从我国当前高中阶段学生综合素质评价改革的现状来看，我们所谓的多元评价主体，虽然其中引入了学生、家长甚至社区，但是实际仍然还是以教师群体为主体。学校教师作

---

① 柯政. 课程政策的执行与设计[J]. 教育发展研究，2005(10)：9.

为高中阶段学生综合素质评价运行操作主体本身并无不合理之处，因为，在所有的高中阶段学生综合素质评价主体中教师是最为了解学生的群体，是高中阶段学生综合素质评价运行操作过程中最为关键的人物，在整个运行操作过程中起着举足轻重的作用。高中阶段学生综合素质评价运行操作是高中阶段学生综合素质评价组织管理、指导培训以及监督调控各子机制有机转化、动态展开的过程。若仅以教师群体作为高中阶段学生综合素质评价运行操作的主体未免过于狭隘。

高中阶段学生综合素质评价运行操作作为高中阶段学生综合素质评价运行操作的内在方式与原理，其根本目的是落实高中阶段学生综合素质评价改革政策。高中阶段学生综合素质评价主要包含两个层面的含义，即作为高中毕业参考的综合素质评价和作为高校招生录取参考的综合素质评价。2004 年印发的《国家基础教育课程改革实验区 2004 年初中毕业生考试与高中阶段招生制度改革的指导培训意见》将高中阶段学生综合素质评价界定为通过描述学生在校期间的学习行为和表现状况、社会公益活动、综合实践活动情况和日常表现，从德、智、体、美、劳等方面对学生的素质进行全面、客观、公正的评价，真实反映高中阶段学生的素质发展状况，作为衡量学生是否达到毕业要求的重要依据，并为高等学校择优录取学生提供重要参考。①《教育部关于加强和改进高中阶段学生综合素质评价的意见》提出"综合素质评价由学校组织实施。学校要建立健全学生成长记录规章制度，明确本校综合素质评价的具体要求。要注重在日常教育教学活动中，指导培训学生及时收集整理有关材料，避免集中突击。要充分发挥学校党团、学生组织的作用"；"学校要将学生综合素质档案提供给高校招生使用。高等学校在招生时要根据学校办学特色和人才培养要求，制定科学规范的综合素质评价体系和办法，组织教师等专业人员对档案材料进行研究分析，采取集体评议等方式做出客观评价，作为招生

① 黄志红. 新课程背景下普通高中学生综合素质评价的研究与构想[J]. 课程·教材·教法，2006(11)：17-22.

录取的参考。"①

依据《教育部关于加强和改进高中阶段学生综合素质评价的意见》精神和"谁用谁负责"原则，作为学校毕业资格依据的综合素质评价应由学校负责实施，学校具体负责建立健全学生成长记录规章制度，明确本校综合素质评价的具体要求，注重在日常教育教学活动中，指导培训学生及时收集整理有关材料，充分发挥学校党团、学生组织的作用，将学生在读期间的综合素质发展形成报告，并以此为重要依据评判学生是否具备了毕业资格；同时，学校应在学生、高等院校和用人单位需要时提供一些必要且真实、可靠的原始证据，以为上一级学校招生录取、招生考试部门监督以及用人单位招聘提供重要参考。这样既能使学校的领导、教师"减负"②又可以确保学校和学生的利益不受损害，因为学校只需负责如实、客观、公正地记录，并在需要时提供原始材料，而他们提供材料时并不知道这些材料将如何被判定和审核。③

作为招生录取重要参考的综合素质评价，只有明确高等院校在高中阶段学生综合素质评价过程中的主体地位，才能根据学校办学特色和人才培养要求，制定科学规范的综合素质评价体系和办法，组织教师等专业人员对档案材料进行研究分析，采取集体评议等方式做出客观评价，以作为招生录取的参考。④ 高等院校作为高中阶段学生综合素质评价的运行操作主体具体表现在三个方面⑤：首先，高等院校是高中阶段学生综合素质评价体系的制定主体。高等院校对其自身最为了解，她清楚自己的办学宗旨、

---

① 教育部. 教育部关于加强和改进普通高中学生综合素质评价的意见[Z]. 教基二〔2014〕11 号.

② 蔡敏. 高中学生综合素质评价：现状、问题与对策[J]. 教育科学，2011(1)：67-71.

③ 罗祖兵，邹艳. 高中综合素质评价的矛盾探析[J]. 考试研究，2012(5)：77-82.

④ 王烽. 高校招生"综合评价"的价值导向和制度建构[J]. 北京大学教育评论，2003(1)：157-163.

⑤ 王志武. 高校招生录取综合素质评价研究[J]. 考试研究，2015(3)：10-15.

办学方向和培养目标，其他个体和机构无权也没有能力为高校制定完备、科学的招生录取评价标准体系；① 其次，高等院校是开展学生综合素质评价的实践主体。在具体的招生录取综合素质评价体系中，国家教育考试机构、省级教育考试机构、学校都是单项评价的主体，仅有高等院校才能够对全部评价信息进行汇总权衡、综合运用，并对考生实施"综合素质评价"。② 美国著名高等教育哲学家布鲁贝克曾经提出"若政府把自治权归于高等教育，依据逻辑推理，高校教师就应该广泛控制学术活动，因为这一群体最为了解和清楚高深学问的内容，也最有资格决定应该开设哪些科目以及如何讲授，同时，教师还应该决定谁最有资格学习高深学问（招生）、谁已经掌握了知识（考试）并应该获得学位（毕业要求）。③ 最后，高等院校还是学生综合素质评价的探索主体。高等院校在实施高中阶段学生综合素质评价过程中，必然会经历一个从不完善到完善、从初级到高级的过程。在高中阶段学生综合素质评价政策及制度尚不完善的现实情况下，各高校务必以教育事业为己任，本着对学校、考生和家长负责的态度，逐渐建立、健全和完善适合本校实际和办学特色的学生综合素质评价制度。学校尽可能将学生的各方面素质如实、客观地反映给高校，至于评判则由高等院校全权负责，④ 而高校则依据本校办学特色和人才培养要求，制定科学规范的综合素质评价体系和办法，组织教师等专业人员对每一位学生的综合素质评价档案材料进行研究分析、审查和认定，并采取集体评议等方式做出客观评价，最终挑选适合自己需要的学生。

此外，省级考试招生部门必须转变职能，更多地承担宏观组织管理、监督和为高校提供服务的职能，特别是要加大保障公平、维护高中教育教

---

① 范康健. 论高校招生多元化与个性化教育[J]. 教育与职业，2011(6)：33-34.

② 王志武. 多元化录取需要制度保障[N]. 中国教育报，2013.6.10.

③ [美]约翰·S·布鲁贝克. 高等教育哲学[M]. 王承绪，郑继伟，张维平，译. 杭州：浙江教育出版社，1998：31.

④ 郑若玲. 综合素质评价到底应该怎么评？[N]. 中国教育报，2009.09.16.

学正常秩序的力度。①

2. 高中阶段学生综合素质评价的运行操作客体

在厘清高中阶段学生综合素质评价"谁来运行操作"的问题之后，摆在我们面前的问题就是"运行操作什么"，即运行操作客体。我们认为高中阶段学生综合素质评价运行操作客体包括高中阶段学生综合素质评价改革政策、高中阶段学生综合素质评价目标、高中阶段学生综合素质评价内容标准等要素。

第一，高中阶段学生综合素质评价改革政策。实践证明，高中阶段学生综合素质评价改革问题，首先是一个"价值问题"，随后才是技术、程序问题。任何一项改革唯有解决了价值问题，体现了参与者的价值追求，参与者的行为才能够发生彻底的改变。高中阶段学生综合素质评价作为一项新的政策在运行操作过程中，必然需要运行操作主体思想观念和行为方式的同时转变。但已有的思想观念与行为方式已形成习惯，要想改变原有习惯务必需要时间。当前高中阶段学生综合素质评价改革在运行操作过程中，存在诸多政策异化现象，这些现象直接致使改革实践与改革政策的预定目标偏离。因此，在高中阶段学生综合素质评价运行操作过程中，高中阶段学生综合素质评价改革政策的落实是要解决的首要问题。

高中阶段学生综合素质评价改革政策被提出之后，我们颁布了很多配套的政策文本，也提出了诸多具体措施。2014 年国务院颁布《关于深化考试招生制度改革的实施意见》规定了高中阶段学生综合素质评价改革的具体时间表，并选择上海、浙江两地作为试点，为了进一步落实高中阶段学生综合素质评价改革政策，教育部、上海、浙江相继印发了《教育部关于加强和改进高中阶段学生综合素质评价的意见》《上海市普通高中学生综合素质评价实施办法(试行)》《浙江省普通高中学生成长记录与综合素质评价

---

① 王烽. 高校招生"综合评价"的价值导向和制度建构[J]. 北京大学教育评论, 2003(1)：157-163.

的意见》，并提出了具体政策推进的建议。

《教育部关于加强和改进高中阶段学生综合素质评价的意见》①提出：(1)加强组织领导。综合素质评价是全面实施素质教育，深化考试评价改革的重要举措，各省(区、市)要高度重视，加强领导，精心组织。要加强指导培训，协调各方面专业力量，为学校开展综合素质评价提供支持和帮助。要加强培训，提升校长和教师实施综合素质评价的能力。要加强组织管理，可以全国中小学生学籍信息组织管理系统为基础，以省(区、市)为单位建立综合素质评价工作电子化组织管理平台，为招生录取工作和用人单位提供服务。要加强督导，把综合素质评价工作作为评估地方各级教育行政部门和学校工作的重要内容。(2)坚持常态化实施。综合素质评价由学校组织实施。学校要建立健全学生成长记录规章制度，明确本校综合素质评价的具体要求。要注重在日常教育教学活动中，指导培训学生及时收集整理有关材料，避免集中突击。要充分发挥学校党团、学生组织的作用。(3)建立健全监督制度。建立公示制度，畅通举报渠道。建立检查制度，对档案材料的真实性进行抽查。建立申诉与复议制度，对有争议的结果重新进行审核确认。建立诚信责任追究制度，对弄虚作假者按照《普通高等学校招生违规行为处理暂行办法》等有关规定给予严肃处理。

《上海市普通高中学生综合素质评价实施办法(试行)》②提出：(1)明确组织管理制度。实行市、区县、学校三级组织管理制度，共同负责、协调、落实综合素质评价的组织、实施和组织管理。成立上海市中小学生综合素质评价工作领导小组，委托市校外联办协调市委宣传部、市文明办、市科委、市文广影视局、市体育局、团市委、市科协等部门共同为学生志愿服务(公益劳动)、体育艺术科技活动、研究性学习等活动提供支持。市教委和区县教育局要建立市、区县两级综合素质评价数据库。(2)坚持常

---

① 教育部. 教育部关于加强和改进普通高中学生综合素质评价的意见[Z]. 教基二〔2014〕11 号.

② 上海市教育委员会. 上海市教育委员会关于印发《上海市普通高中学生综合素质评价实施办法(试行)》的通知[Z]. 沪教委基〔2015〕30 号.

态化实施。综合素质评价由学校组织实施。学校要建立健全学生成长记录
规章制度，明确本校综合素质评价的具体要求。要注重在日常教育教学活
动中，指导培训学生及时收集整理有关材料，避免集中突击。(3)建立信
息确认制度。综合素质评价信息由各相关社会机构录入综合素质评价信息
管理系统，其中比赛活动项目和荣誉称号等由相关组织管理部门进行确
认；学校、社会机构、区县和市级相关部门负责对各自录入或导入信息组
织管理系统的信息与数据进行确认。(4)建立信誉等级制度。对综合素质
评价涉及的学校、社会机构等主体，由相关部门评定信誉等级。信誉等级
评定采用等级下调的方式，一年评定一次。下调信誉等级的学校和社会机
构将受到内部通报，连续两年被下调信誉等级的学校和社会机构将依纪依
规严肃处理。(5)建立公示与举报投诉制度。学校需要在全校公示本校综
合素质评价的具体实施办法；学校统一录入信息组织管理系统的学生信息
(除涉及个人隐私的信息外)都要公示；各高等学校要制定综合素质评价信
息的使用办法并提前在网上公布。对公示的综合素质评价内容，学生可以
向所在学校、区县教育局和市教委逐级举报投诉。高等学校在招生过程中
发现不实信息可向市教委学生处举报投诉。对学校和社会机构的举报投诉
一经查实，将采取下调信誉等级等措施给予严肃处理。对学生个人的举报
投诉一经查实，将按照《普通高等学校招生违规行为处理暂行办法》等有关
规定给予严肃处理。

《浙江省普通高中学生成长记录与综合素质评价的意见》提出：(1)加
强组织领导。综合素质评价是建立健全多元评价体系，引导和促进素质教
育的重要举措，各市、县(市、区)教育行政部门要高度重视，加强领导，
精心组织，并根据本指导培训意见要求，完善评价工作机制，全面负责评
价工作的实施和指导培训监督，包括咨询、投诉、复议等事宜的处理。要
切实加强过程监督调控与质量评估，建立健全检查制度和诚信责任追究制
度，对弄虚作假者按国家有关规定予以严肃处理。(2)加强科学实施。各
高中阶段学校要根据本意见，成立综合素质评价工作领导小组，制订完善
学生成长记录与综合素质评价实施方案和实施细则，并提前公布评价内

容、标准、程序、方法、人员和有关规章制度；要认真受理咨询、投诉和复议申请，保障评价工作民主公平，评价结果真实可用；要注重在日常教育教学活动中，指导培训学生适时收集整理有关材料，切实避免毕业前搞突击记载。(3)加强学习宣传。各级教育行政部门和学校都要加强学习与研究，正确把握评价的内容、方法和标准等。要认真做好向社会公示，接受社会监督，争取社会各界和家长理解与支持等工作。

高中阶段学生综合素质评价改革政策是高中阶段学生综合素质改革的出发点和基石，在高中阶段学生综合素质评价运行操作过程中，我们主要通过领导机构组建的领导小组组织专家和相关职能处室通过调查研究，综合考虑多方面因素，全力创造条件，为政策的具体落实提供理论与实践依据。但建议是否可以有效地落实，关键是需要运行操作主体能够履行职权和相互协作。

第二，高中阶段学生综合素质评价目标。倘若高中阶段学生综合素质评价改革政策是指规定了高中阶段学生综合素质评价改革的性质，指导培训并控制人们的高中阶段学生综合素质评价行为的方向的方针与策略，那么高中阶段学生综合素质评价目标就是高中阶段学生综合素质评价所要实现的、制度化的具体要求。它在高中阶段学生综合素质评价改革政策框架基础上为我们的具体行动指明了方向。在《教育部关于加强和改进高中阶段学生综合素质评价的意见》中，高中阶段学生综合素质评价被界定为对学生全面发展状况的观察、记录、分析，是发现和培育学生良好个性的重要手段，是深入推进素质教育的一项重要制度。全面实施综合素质评价的根本目标是促进学生认识自我、规划人生，积极主动地发展；促进学校把握学生成长规律，切实转变人才培养模式；促进评价方式改革，转变以考试成绩为唯一标准评价学生的做法，为高校招生录取提供重要参考。[①] 在考试文化盛行，应试教育仍然占据主导地位的高中教育中，这种以学生为

---

① 教育部. 教育部关于加强和改进普通高中学生综合素质评价的意见[Z]. 教基二〔2014〕11 号.

本、强调综合素质发展重要性的评价目标，并未得到社会、教师、家长的真正体认。当前高中阶段学生综合素质评价改革的最大问题并不在高中阶段学生综合素质评价改革政策本身，而在其具体实施过程，这既是改革过程中不可避免存在的问题也是由于综合素质评价本身就很难以实施这一特殊性所致。McNamee，K. S. 和 McNamee，P. J. 通过研究指出阻碍改革运行操作过程的关键因素，具体包括教师缺乏充分在职培训，相关专业素养欠缺；模糊的改革目标，对改革的必要性认识不够；外部强加的变革，缺乏专业支持，缺乏时间；以及对改革可能加重职员工作负担的消极看法等。[1] 因此，我们需要在高中阶段学生综合素质评价运行操作过程中，尽量驱除阻碍其评价目标实现的因素。

第三，高中阶段学生综合素质评价内容。高中阶段学生综合素质评价目标是以其评价内容为主要载体的，评判高中阶段学生综合素质评价目标是否达成，关键是要看在高中阶段学生综合素质评价运行操作过程中，运行操作主体是否以评价内容为载体对学生综合素质进行评定，并以评价来促进学生综合素质的发展。在此过程中，教师作为关键的运行操作主体，其对评价内容是否认同将直接影响教师的态度与行为。2002 年，教育部颁布的《教育部关于积极推进中小学评价与考试制度改革的通知》中首次对学生综合素质评价内容进行了分类，并规定了五个基础性发展目标：道德品质、学习能力、交流与合作能力、运动与健康、审美与表现。[2] 2014 年，教育部颁布的《教育部关于加强和改进高中阶段学生综合素质评价的意见》将高中阶段学生综合素质评价内容规定为：思想品德、学业水平、身心健康、艺术素养、社会实践。[3] 在高中阶段学生综合素质评价运行操作过程

---

[1]　McNamee，K. S. & McNamee，P. J. Resistance, Re-articulation and Realization：An Analysis of School-level Implementation of Australian National Curricula[R]. *Paper Presented at the ERA-AARE Conference*，*Singapore Polytechnic*，Nov. 25-29，1996：49.

[2]　教育部. 教育部关于积极推进中小学评价与考试制度改革的通知[Z]. 教基〔2002〕26 号.

[3]　教育部. 教育部关于加强和改进普通高中学生综合素质评价的意见[Z]. 教基二〔2014〕11 号.

中，很多教师就如何对某位学生的某一项具体素质，如道德品质进行评价，这是各地在实施高中阶段学生综合素质评价会遇到的一个技术难点，也是许多人认为学校实施综合素质评价的一个最大问题。具体问题包括：(1)行为样本的选择的代表性问题；(2)评价结果的呈现形式问题，是等级还是评分，难以量化；(3)评价结果的叠加汇总问题。① 这些问题都是高中阶段学生综合素质评价运行操作过程中与评价内容直接相关的问题，需要我们给予解决。

3. 高中阶段学生综合素质评价的运行操作环境

任何改革都受到一定社会文化环境以及体制的影响和制约，高中阶段学生综合素质评价改革亦不例外。有研究者指出，"当政策被剥离其诞生的体制结构与政治文化环境时，即使他按原样采用，也会产生令人惊讶的、事与愿违的后果"②。因此，在高中阶段学生综合素质评价运行操作的研究过程中，评价运行操作环境也是一项不可忽略的重要因素。评价运行操作是运行操作主体、运行操作客体以及运行操作环境相互影响、相互作用的过程。在当前高中阶段学生综合素质评价改革背景下，研究者认为高中阶段学生综合素质评价运行操作环境至少包括制度环境、文化环境以及资源环境三个方面。

第一，高中阶段学生综合素质评价的顺利运行操作必须创建一个宽松、良好的制度环境。高中阶段学生综合素质评价运行操作由于是对原有学生评价制度的突破与超越，因此它必将受到原有体制和制度的阻碍，也可能受到多方诟病，此时，我们的政府更需要为政策的运行操作提供一种宽松的环境，积极支持变革，及时转变机制，为高中阶段学生综合素质评价的顺利运行操作提供良好的制度环境。

① 崔允漷，柯政. 关于普通高中学生综合素质评价研究[J]. 全球教育展望，2010(9)：3-8，12.

② Fingengold, D., Macfarland, L. & Richardson, W. *Something Borrowed, Something Learned*[M]. Washington D. C.：Brookigs Institutions，1993：39-40.

第二，高中阶段学生综合素质评价的顺利运行操作需要创造一个多元、和谐的文化环境。高中阶段学生综合素质评价本身是一个价值评判和选择的过程，高中阶段学生综合素质评价是素质教育的深层发展，更是文化传承和发展的重要载体。当前的高考以及高校招生制度改革是一种多元文化的体现，它们冲破了原有考试文化的深层桎梏，强调创新精神、实践能力的培养。政府必须发挥自身的文化评判和筛选功能，为高中阶段学生综合素质评价创造一个多元融合的文化环境以保障高中阶段学生综合素质评价的顺利运行操作。

第三，高中阶段学生综合素质评价的顺利运行操作需要创设一个丰富、多样的资源环境。高中阶段学生综合素质评价的顺利运行操作需要社会、学校、家庭提供资源，并给予积极的支持与帮助。高中阶段学生综合素质评价运行操作并不仅仅局限于学校，如其运行操作主体中引入了第三方评价机构；社会实践活动、志愿者活动都需要社会机构给予支持与帮助；家长作为学生综合素质评价主体的一员也需要支持与配合学生综合素质评价的实施。高中阶段学生综合素质评价的顺利运行操作，丰富、多样的资源环境尤为重要。

(三) 范型

高中阶段学生综合素质评价运行操作范型主要研究的核心问题是高中阶段学生综合素质评价运行操作的理论基础、模式与具体程式，它主要解决的问题在于为高中阶段学生综合素质评价运行操作提供一个参考框架和技术路线。① 高中阶段学生综合素质评价运行操作作为高中阶段学生综合素质评价评价机制的执行部分，完全适用于政策执行理论、模式以及程式。有学者对 20 世纪 70 年代以来国外的政策执行理论前沿进行了评述，主要介绍了组织理论、网络分析理论、制度分析理论、阐释

---

① 代建军. 论我国当前中小学课程运作机制的转变[D]. 上海：上海师范大学，2007：111.

性理论。① 此外，传统的政策执行理论还包括演进理论、行动理论、交易理论以及系统理论。依据不同的理论基础，形成了不同的政策执行模式，毕正宇(2006)认为具有代表性意义的有以下七种：过程模式、互适模式、循环模式、博弈模式、系统模式、综合模式、组织模式。② 袁振国(2002)认为具有代表性意义的有以下五种：执行机关互动模式、执行赛局模式、组织模式、执行循环模式、环境影响模式。③ 在此，我们只选择介绍部分有代表性且对高中阶段学生综合素质评价运行操作构建和完善有所借鉴的模式，并以此为基础阐述高中阶段学生综合素质评价运行操作程式。

1. 高中阶段学生综合素质评价运行操作模式

我们通过对各代表性模式进行分析之后发现，在诸多执行模式中以下四种模式对高中阶段学生综合素质评价运行操作的构建十分有启示。

第一，政策执行过程模式。政策执行过程模式是由美国著名政策学家史密斯(T. B. Smith)在其著作《政策执行过程》(*The Policy Implementation Process*, 1973)中首次提出，因此该模式又称"史密斯模式"，该模式的建构较早地关注到了政策执行过程中的影响因素，并将其归纳为四类：(1)理想化的政策，即合理、可行的政策方案；(2)目标群体，又称政策对象，指由于某项具体政策决策而需要调整其行为的群体；(3)执行机构，即政府具体负责政策执行的机构；(4)环境因素，即影响政策执行的外部因素，主要包括政治、经济、文化以及历史等。政策执行是一种涉及诸多因素和变量的十分复杂的活动过程，史密斯认为"理想化的政策、执行机构、目标群体、环境因素四个基本要素，是政策执行过程中极为重要的因

① 丁煌，定明捷. 国外政策执行理论前沿评述[J]. 公共行政评论，2010(1)：119-148，205-206.
② 毕正宇. 教育政策执行模式研究[D]. 武汉：华中师范大学，2006：81.
③ 袁振国. 教育政策学[M]. 南京：江苏教育出版社，2002：294.

素(详见图 4-2)①。具体来说，政策的形式、类型、渊源、范围以及受支持的程度、社会对政策的印象、执行机关的结构与人员、主管领导的方式和技巧、执行的能力与信心，目标群体的组织或制度化程度、接收领导的情形以及先前的政策经验，文化、社会与政治环境的不同，都是在政策执行过程中起到举足轻重作用的决定性因素"②。

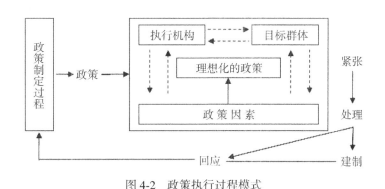

图 4-2 政策执行过程模式

政策执行过程模式首次将政策执行影响因素视为模式建构的关键性要素，归纳出理想化的政策、执行机构、目标群体、环境因素四个基本要素作为模式建构的基本内容。高中阶段学生综合素质评价运行操作过程必然也受到各种因素和变量的影响和制约，诸如高中阶段学生综合素质评价改革政策的形式、内容、范围以及受社会支持程度；社会对该项政策的认可度；组织管理机关的人员与结构；政策运行操作领导者的领导风格、方式、技巧、能力以及信心，目标群体的组织化或制度化程度；不同地区的社会、经济、文化环境等的差异，都是在高中阶段学生综合素质评价改革政策运行操作过程中可能会影响全局的决定性因素。因此，在高中阶段学生综合素质评价运行操作建构过程中应更加重视其影响因素与变量的控制，尽量促

① 毕正宇. 教育政策执行模式研究[D]. 武汉：华中师范大学，2006：85.

② Smith，T. B. The Policy Implementation Process [J]. *Policy Sciences*，Vol. 4. No. 2，1973：105-203.

使相关影响因素与变量有助于高中阶段学生综合素质评价运行操作。

第二，执行机关互动模式。这一模式源自 20 世纪 70 年代中期，其代表性人物美国著名政策学家范·米特(D. S. Van Meter)和范·霍恩(C. E. Vanhorn)认为，政策执行过程开始运行操作的标志是政府间的工作开始关注政策目标的实现之时，因此，政策执行的重心应为确定一些相关"变量"的交互关系，从而评定政策执行的效果，这是理解一套政策执行过程的基石。基于这一假设，他们在其著作《政策执行过程：一个概念结构》(*The Policy Implementation Process：A Conceptual Frame Work*，1975)中提出了"执行机关互动模式"，也有学者称其为"系统模式"①。该模式主要通过对政策执行过程建立概念性结构，以政策评定执行效果，并以组织理论、政策影响性和政府间相互关系为基础形成自身的一套理论结构。同时，该模式还将政策的形态区分为两类，即政策变动幅度和参与执行者对目标的共识度，两类形态的变化都将会直接影响到政策执行的效果，并且参与执行者对目标的共识度对执行效果的影响大于政策变动幅度(详见表 4-3)。

表4-3 政策形态与执行效果关系表

政策变动	目标共识	执行效果
↓	↑	↑
↑	↓	—
↑	↑	↑
↓	↓	↓

"执行机关互动模式"确定了六个变量来呈现政策与执行之间的关联，即(1)政策的标准与目标；(2)政策资源：包括财物资源、信息资源、权威资源等；(3)组织间的沟通与有效执行：指执行者之间、执行者与目标群体之间采取的互动方式，包括沟通、协调与强制；(4)执行机关的特质；

---

① 毕正宇. 教育政策执行模式研究[D]. 武汉：华中师范大学，2006：85.

(5)经济、社会与政治条件;(6)执行人员的意向:执行人员的价值取向、
行为能力、精神面貌以及执行机关的特征及其整合程度(详见图 4-3)。①

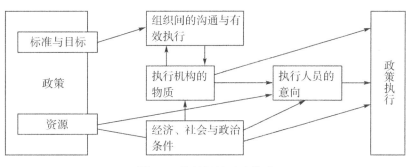

图 4-3　执行机关互动模式

　　在该模式中,参与执行者对目标的共识度十分重要,它是政策执行开
始的前提。高中阶段学生综合素质评价过程中可能有很多种运行操作主
体,但若希望使高中阶段学生综合素质评价运行操作真正落地,首先,各
类主体必须要在运行操作目标上达成共识,共识度高低将直接影响高中阶
段学生综合素质评价运行操作效果。其次,要分析高中阶段学生综合素质
评价运行操作实施的条件。高中阶段学生综合素质评价运行操作是一个十
分复杂的过程,并受到诸多因素的制约,如政策资源,组织间的沟通情
况,执行机关的特质以及经济、社会与政治条件等都将影响高中阶段学生
综合素质评价运行操作的进程与效果。这就需要我们在高中阶段学生综合
素质评价运行操作的过程中,全面考虑这一系列影响因素的权重,分析运
行操作过程中出现问题的维度,从而提高问题解决的效率。最后,政策执
行者遵从政策目标的程度亦是政策执行的关键。高中阶段学生综合素质评
价运行操作归根结底都是由运行操作主体负责实施,运行操作主体的态
度、行为都将决定高中阶段学生综合素质评价运行操作能否顺利进行,因

---

①　袁振国. 教育政策学[M]. 南京:江苏教育出版社,2002:294-296.

此我们需要在高中阶段学生综合素质评价运行操作过程中，充分激发运行操作主体的积极性，加强运行操作主体参与度。由于，这一模式主要是通过对变量和过程的控制完成执行任务，在我国目前以中央集权制为主导的高中阶段学生综合素质评价运行操作体制下，该种模式不失为当前高中阶段学生综合素质评价运行操作较为理想的一种选择。

第三，执行循环模式。执行循环模式是美国政策学家马丁·雷恩（M. Rein）和弗朗希·F·拉宾洛维茨（F. F. Rabinovitz）在合著的《执行理论观》（*Implementation*：*A Theoretical Perspective*，1978）中首次提出（详见图4-4）。该模式受美国著名政治学者伊斯顿所倡导的政治系统论影响，将系统论中的"反馈"（Feedback）观念引入政策运行操作过程研究中，克服了传统政策执行研究以组织理论为基础进行政策问题分析导致政策与行政不分的弊端，十分重视政策研究的动态取向。[1] 该模式的核心内容有三：首先，该模式将政策执行过程划分为相互循环的三个阶段：拟定纲领阶段（Guideline Development），即将立法机关意图转变为行政机关执行政策的规范的过程；资源分配阶段（Resource Distribution），即将政策执行所需资源公平地分配给执行者，使其具备充分的能力推行政策，这里的资源包含人员、资金、设备、信息以及权威等；监督过程（Oversight），即对政策执行过程和成果进行检查与评估，确认执行人员的行政责任，以提高政策执行成效的过程。其次，该模式执行过程中还需遵循三个基本原则：合法原则（Legal Imperative），即政策执行者在政策执行过程中需遵从法规，以法律规定为规范；理性原则（Rational-Bureaucratic Imperative），即执行者在执行政策时要坚信政策是理性的，具有道德上的正当性、行政上的可行性和行动上的合理性；共识原则（Consensual Imperative），即政策执行者在有争议的问题上必须达成共识才能顺利执行政策。最后，该模式的执行循环过程受到三类环境因素的影响：（1）目标显著性，若政策目标较清晰、时间较急迫，政策执行可采用阶层的、集权的古典执行模式，反之，当政策目标较为模

---

① 曹俊汉. 公共政策［M］. 台北：三民书局，1990：273.

糊，则政策执行最好采用循环模式；（2）程序复杂性，参与政策执行的主体、层级越多，执行程序就越复杂，则政策推行就越艰难，此时反复运用执行循环模式，更有利于问题的解决；（3）可用资源的性质与层次，政策执行者在执行政策具有资源利用的支配权和使用权时，不需层层请示汇报，且资源性质符合执行者需求，政策执行将会更顺利。①

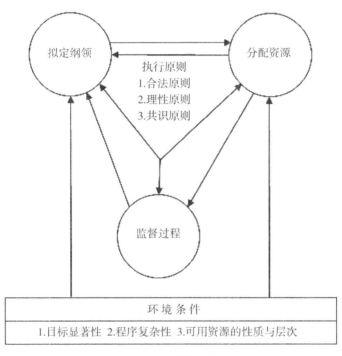

图4-4　执行循环模式

依据执行循环模式，高中阶段学生综合素质评价运行操作不是一种线性的过程，它应该是一种介于政策意向与行动间的动态循环过程。高中阶段学生综合素质评价运行操作过程乃是一个实时发现问题、调整运行操作方案的过程。基于这一假设，我们可将高中阶段学生综合素质评价运行操

---

① 袁振国. 教育政策学［M］. 南京：江苏教育出版社，2002：303-305.

作具体分为三个阶段，即拟定纲领、分配资源、监督过程，它们通过循环往复，使高中阶段学生综合素质评价运行操作成为实时改进的开放系统。同时，该模式既能保证"上令下行"又能保证"下情上达"，对于我们当前高中阶段学生综合素质评价运行操作中反馈功能的缺失有极强的借鉴意义。

第四，环境影响模式，又称综合模式，由萨巴蒂尔（P. Sabatier）与马兹曼尼安（D. Mazmanian）于1979年合著的《公共政策的执行：一个分析框架》首次提出。该模式区别于以"自上而下"为特征的第一代研究方式和"自下而上"为特征的第二代研究方式，非常关注"环境因素"对政策执行过程的影响，将政策执行过程视为因变量，将环境因素视为自变量，被称为第三代研究方式。环境影响模式将政策执行变量分成了三大类：（1）政策问题的可处理性（Tractability of the Problem）；（2）政策本身的规范能力（Ability of Statute to Structure Implementation）；（3）影响执行的非政策变量（Non-Statute Variables Affecting Implementation），大类下又可分为诸多小项（详见图4-5）①。

该模式中，将环境因素视为自变量，把执行过程视为因变量，详细论述了执行环境与执行主体、执行过程之间的内在关系，将政策执行过程具体划分为五个阶段：执行机关的政策产出、目标群体对政策产出的顺服、政策产出的实际影响、对政策产出所认知的影响、政策的主要修正。虽然这五个阶段运作在内在逻辑上，呈现出的是线性的思维方式，但其对执行环境的系统分析，使该模式无形中具备了张力和灵活性。当前我国构建高中阶段学生综合素质评价运行操作过程中，面临着诸多来自政策本身以及外部环境的巨大挑战，影响其运行操作政策问题的可处理性、政策本身的规范能力以及影响执行的非政策变量等方面的研究较少，环境影响模式的介绍可以从这一层面为高中阶段学生综合素质评价运行操作的研究提供借鉴。

---

① 袁振国. 教育政策学[M]. 南京：江苏教育出版社，2002：305-307.

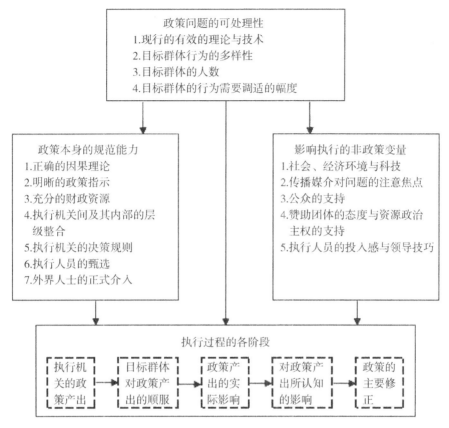

图 4-5　环境影响模式

2. 高中阶段学生综合素质评价运行操作的程式

高中阶段学生综合素质评价运行操作的程式指在高中阶段学生综合素质评价运行操作过程中所遵循的具体程序与方式。虽然不同执行理论和模式下的运行操作程序不完全一致，但通过详细的分析后我们也可以归纳出各种模式间的运行操作程式亦存在共同之处，具体可以分为政策宣传、政策分解、组织准备、政策实验和全面实施五个阶段。①

① 代建军. 论我国当前中小学课程运作机制的转变[D]. 上海：上海师范大学，2007：115-116.

第一，政策宣传阶段。政策出台后的首要问题当为该政策"受众"亦称目标群体对政策的体认，这是任何一项政策得以顺利实施的关键点。大部分政策执行者在原有政策体制下，已经完全习惯了原有体制，从而易形成对新生事物无意识的反感与抵触。研究者通过研究发现人们抑制改革的主要原因包含多个方面："害怕失去控制，误解，缺乏技能，所需行动的标准，缺乏动机，如果没坏就先别维修的心态，未来的冲击，个人仇恨。"①由此，我们认为在高中阶段学生综合素质评价运行操作过程中，需要开展广泛的政策宣传，以增强目标群体对该政策理念、目标以及具体内容的理解和认同，祛除他们的担忧和误解，激发和唤起他们的心理共鸣，旨在高中阶段学生综合素质评价运行操作过程中达成共识。

第二，政策分解阶段。大多教育改革政策的颁布，仅阐述教育改革的指导培训思想、性质、目标以及完成目标过程中所应遵循的基本原则和规范，高中阶段学生综合素质评价改革政策亦不例外。因此，我们在运行操作该政策的过程中需根据实际状况将其划分为不同类型、不同层次、不同阶段、不同进度，并依照其重要程度进行系统的设计以及规划，明确与规范各类不同运行操作主体的职责与权限，确立与规定具体运行操作客体的构成及其相互关系，剖析运行操作环境所包含的具体要素结构和内容指标，最终目的是将宏观、抽象的教育政策，分解并具体化为可操作的具体实施方案或指导培训意见。

第三，组织准备阶段。组织准备主要是指在政策宣传、政策分解的基础上，根据政策运行操作需要建立相应的领导机构、组织管理机构以及执行机构；依法、合理授权；明确、规范职责、权限，规避机构臃肿、职能部门之间的权责交叉，以保证政策执行机构都能够各司其职，协同合作。这一环节我们不仅仅要关注组织形式问题，而且需在建立完备的组织形式基础上，进一步构建一套执行顺畅的运行操作机制以保障各部门组织机构

---

① 谢少华. 权力下放与课程政策变革——澳大利亚经验与启示[M]. 广州：中山大学出版社，2002：48.

能够科学、合理、有效地贯彻实施高中阶段学生综合素质评价改革政策。

第四，政策实验阶段。高中阶段学生综合素质评价改革作为具有中国特色的教育理念是一个十分复杂而且非常艰巨的系统工程，它能否改革成功将从某种程度上制约和决定着中华民族的伟大复兴和"中国梦"在我国教育事业的实现，也将影响和决定一代人的命运。高中阶段学生综合素质评价改革与我国高等院校招生改革同步进行，我们应时刻保持谨慎的态度，尽量少犯错误，少走弯路，乃至杜绝问题出现，因为一旦问题出现，将会影响上百万的学子，以及他（她）们背后上百万个家庭，我们无法弥补。因此，在高中阶段学生综合素质评价运行操作的过程中，我们第一步需要选择试点城市、试点学校进行政策改革实验，从而能够实时发现问题、总结经验，不断修订改革政策，以期待政策运行操作臻于完善。

第五，全面实施阶段。高中阶段学生综合素质评价改革的实施是将高中阶段学生综合素质评价改革政策转化为高中阶段学生综合素质得以充分发展的过程。高中阶段学生综合素质评价改革实施的科学、合理与否将直接决定着其政策目标是否能够顺利达成以及达成度。高中阶段学生综合素质评价改革在上海、浙江两地进行试点改革，经历发现问题、总结经验、不断修订之后，将进入全面实施阶段。有研究者通过对延庆县初中综合素质评价实施效果进行调查分析得出研究结论：综合素质评价对于促进学生综合素质的全面发展有一定效果，但评价确实存在人为因素多、相关保障制度不完善等重要问题，主要表现为：（1）缺乏客观的公正性，人为因素多；（2）制度保障欠缺，制度不完善，依据不全面，缺乏统一明确的指令性措施；（3）费时费力，影响教育教学工作。综合素质评价涉及人员多、工作量大、占用时间多，增加教师特别是班主任的工作负担，导致他们没有足够多的时间对每个学生进行客观分析。分散教学精力，影响日常教学工作；（4）应付、流于形式的多。由于评价的操作难度大，教师参与的积极性不高，学生应付，主观因素多，真实情况少，填写的评价内容并不客观而流于形式；（5）评价结果缺乏及时性。学生不能及时知道自己的评价结果，自己总是担心；（6）造成心理压力。一方面来自于家长的不满意，另一方面来自学生自身心理承受能力。① 高中阶段学生综合素质评价改革实施的特殊性，要求我们在高中阶段学生综合素质评价改革运行操作过程中，必须要加强组织领导、完善组织机构、提高评价主体素质、加强政策运行操作创新研究等。

四、监督调控

高中阶段学生综合素质评价监督调控是指从高中阶段学生综合素质评价的整体运行操作出发，通过督导、评价、反馈等手段，对综合素质评价的组织管理、指导培训、运行操作进行监督、调控，旨在建立良性的互动监督调控系统以缩小综合素质评价改革理想状态与实际状态之间的距离，使综合素质评价朝着既定的方向顺利运行操作的一种规范化、制度化的内在方式及原理。

"教育变革的完成永远都不是一个孤立的过程，它总是建立在一个持续的沟通过程的基础上。沟通存在于这一变革过程的每一阶段。"②高中阶段学生综合素质评价改革在政策制定过程中，政策制定者们决不可能对该政策将来所带来的结果有准确的预测，但他们可以针对政策运行操作过程中可能发生的问题建立一套预警或者调控机制予以保障。因此，在高中阶段学生综合素质评价实施过程中，需要一套较为科学、完善的监督调控来对高中阶段学生综合素质评价的组织管理、指导培训、运行操作进行不断的监督、调控，从而推动改革顺利实施。

(一)功能

高中阶段学生综合素质评价监督调控通过对其他高中阶段学生综合素

---

① 金付栓，魏丽华. 初中学生综合素质评价的现状——以北京市延庆县为例[J]. 北京教育学院学报，2013(4)：69-73.

② Dan E. Inbar 等. 教育政策基础[M]. 史明洁等，译. 北京：教育科学出版社，2003：27.

质评价子机制，即组织管理、指导培训、运行操作进行监督、调控来实现其控制的功能和作用，而高中阶段学生综合素质评价监督调控的功能则具体体现在其监督、调控和制度化三个基本方面。

1. 监督改革过程中的组织管理、指导培训与运行操作，保障改革顺利推进

"控制论原理提示我们，若一套系统没有完整的监督反馈，那么它必定是不完整的，也不可能是高效的系统。政策的执行是一个实时不断调节、修订的过程，而这一过程的反馈机制是否健全，渠道能否畅通将直接影响政策执行的效果和政策执行的效率。"①在当下高中阶段学生综合素质评价改革正在权力下放的现实情况下，对其评估与督导理所当然地就成为了地方教育行政部门以及专门评价服务机构"把脉"高中阶段学生综合素质评价改革不可替代的监督调控。若将高中阶段学生综合素质评价改革全盘丢给我们的学校校长和教师的"良心"与自觉，结果可想而知。林珑、王晞两个研究者通过问卷调查与访谈对福建省中小学综合素质评价中的问题进行了专门研究，发现在中小学综合素质评价中呈现出评价内容片面、评价主体意识与能力缺失、评价方式模糊以及评价结果相互矛盾等问题，形成这一现状的主要影响因素有习惯性评价方式、评价主体的角色意识(教师、学生)以及评价价值取向等。② 可见，高中阶段学生综合素质评价改革政策颁布之后，其作为一个复杂的系统改革是一种动态发展、不断修订的过程，虽然在开始阶段政策制定者已经进行了认真的调研和规划，但当具体落实到操作层面，由于各种不可控影响因素的阻碍，改革的各方面有可能也易于"跑偏""走形"甚至"异化"。正因如此，我们更需要充分发挥高中阶段学生综合素质评价监督调控对高中阶段学生综合素质评价改革的组织

---

① 崔允漷. 课程改革政策执行：一种分析的框架[J]. 教育发展研究，2005 (10)：5.

② 林珑，王晞. 中小学综合素质评价中的问题与对策——对福建省中小学的个案调查分析[J]. 中国考试，2009(4)：13-17.

管理、指导培训以及运行操作进行监督的功能，从而促使高中阶段学生综合素质评价改革能够顺利地依照原定轨迹顺利运行操作。在高中阶段学生综合素质评价改革过程中，并非教条主义地完全遵循既定方案的框架和程序，我们需要依据各地区的社会、经济、文化差异进行适当、合理的调节，而在这一过程中监督调控的监督功能发挥着重要的保障作用。

2. 调控高中阶段学生综合素质评价改革过程，为改革的顺利实施保驾护航

高中阶段学生综合素质评价改革过程中呈现出各式各样的问题十分正常。高中阶段学生综合素质评价的实施过程，也是我们的领导机构、组织管理机构以及执行机构不断完善的过程。对高中阶段学生综合素质评价改革过程中的"变形"现象，我们必须保持审慎的态度，切忌仅仅用理论研究者的思维去不加取舍地批判，在此过程中我们应该积极主动地挖掘具有创新意识的"变形"，并对其进行经验总结，从而为高中阶段学生综合素质评价改革实施政策的修订、方案的完善提供素材；与此同时，我们还要及时发现在传统观念制约和影响下所产生的不应该有的"变形"，并对其进行实时的改正，从而保证高中阶段学生综合素质评价改革基本方针政策（包括基本精神、基本理念）的落实，更应关注由于不同社会、经济、文化环境下不得已而进行的积极尝试，并以上述"变形"或尝试为基础对高中阶段学生综合素质评价改革政策进行不断的修订与完善。① 高中阶段学生综合素质评价改革是一个不断改进与完善的可持续发展过程，在发展过程中我们需要依据各种各样的问题对改革进行适当的调整，以促使改革能够正常顺利推进。高中阶段学生综合素质评价改革过程中的监督是一种手段，而其调控才是真正的目的。作为我国高中教育改革与高校招生考试改革的重要的创新举措，高中阶段学生综合素质评价改革必须立足现实，聆听实践工

---

① 胡国杰. 课程改革实验的质量监督调控问题研究[J]. 基础教育研究，2003(12)：23.

作者的声音，依据现实问题进行改革方案逐步的修订，在改革推进的过程中不断解决问题、化解矛盾。高中阶段学生综合素质评价改革的这一特殊品质就意味着我们在实施改革的过程中，应更加重视其监督调控的功能，为改革的顺利实施保驾护航。

3. 加快高中阶段学生综合素质评价改革发展的制度化进程

高中阶段学生综合素质评价监督调控更有利于推进高中阶段学生综合素质评价改革发展的制度化进程，监督调控运行操作过程中将依据不同监督调控主体进行不同监督调控职权的划分，依据不同监督调控目标和要求建立"制度丛"，如教育部将高中阶段学生综合素质评价工作作为评估地方各级教育行政部门和学校工作的重要内容；建立公示制度、检查制度、申诉与复议制度和诚信责任追究制度；① 上海市建立了信誉等级制度、公示与举报投诉制度；② 浙江省要求各市、县（市、区）教育行政部门全面负责评价工作的监督，包括投诉、复议等事宜的处理；③ 重庆市规定重庆市教育评估院每一学年要对区县教委和学校进行评估，并根据评估结果给予相应的惩罚和奖励；各区县教委领导小组负责拟定规章制度，监督调控评价程序，接受申诉与举报，查处违规行为；学校成立领导小组，审定评价结果，指导培训和复核；建立诚信机制，落实公示、监督。④ 高中阶段学生综合素质评价监督调控必然要求不断完善"制度丛"，"制度丛"的建立又为高中阶段学生综合素质评价制度化奠定了基础。

---

① 教育部. 关于加强和改进普通高中学生综合素质评价的意见[Z]. 教基二〔2014〕11 号.

② 上海市教育委员会. 关于印发《上海市普通高中学生综合素质评价实施办法（试行）》的通知[Z]. 沪教委基〔2015〕30 号.

③ 浙江省教育厅. 浙江省教育厅关于完善《浙江省普通高中学生成长记录与综合素质评价的意见》[Z]. 浙教基〔2015〕45 号.

④ 重庆市教育委员会. 关于印发《重庆市普通高中学生综合素质评价实施办法（试行）》的通知[Z]. 渝教委基〔2011〕15 号.

(二)内容

在高中阶段学生综合素质评价机制系统中,监督调控作为其子机制既对高中阶段学生综合素质评价过程实时监督调控,又包含着对其评价结果的监督调控。具体而言,监督调控的基本内容包括高中阶段学生综合素质评价改革方案研制;高中阶段学生综合素质评价改革的实验进程以及高中阶段学生综合素质评价运行操作状况;高中阶段学生综合素质评价实施操作这四个基本内容都需要监督调控来予以监督与调控。

1. 高中阶段学生综合素质评价改革方案研制

作为高中阶段学生综合素质评价改革的纲领与指导培训方针,高中阶段学生综合素质评价改革方案的科学性与合理性是保障这一改革顺利推进的基本前提。因此,在高中阶段学生综合素质评价改革方案研制过程中,需要构建一套监督调控体系以规范高中阶段学生综合素质评价改革方案研制程序和完善高中阶段学生综合素质评价改革方案的具体内容。国外关于这方面的实践探索已比较成熟和完善。如美国高中阶段学生综合素质评价改革方案研制过程完全由高校招生的专门机构——"招生委员会"负责;其学生综合素质评价改革方案的研制同时接受地方性认证机构和大众媒体的监督;英国的"课程作业"与"受控评价"是在 GCE 考试或 GCSE 考试中,由 QCA(资格与课程局)统一制定和实施评价标准和相关政策;日本文部科学省在《高中学习指导培训要领》和《高中教学大纲》的基础上编制了《学业评价报告单》;韩国学生生活记录簿是以教育部训令为主要依据的一种反映学生综合素质的官方表格,许多具体细节的部分都必须如实客观并带有强制性地记录下来,而且如果想对学生生活记录簿的格式进行修订和改正,必须要根据格式制定的严格程序和步骤进行。

在我国高中阶段学生综合素质评价改革进程中,已然意识到该问题的重要意义,高中阶段学生综合素质评价改革方案研制由教育部下属的基础教育二司统一领导负责,其主要职责为承担高中阶段教育、学前教育和特殊教育宏观组织管理工作；拟订高中阶段教育、学前教育、特殊教育发展政策和基础教育基本教学文件，组织审定基础教育国家课程教科书，推进课程和教学改革；指导培训中小学教学信息化、实验教学和图书馆应用工作。并于2014年12月10日研制颁布了《教育部关于加强和改进高中阶段学生综合素质评价的意见》。在教育部基础教育二司2015年工作要点中明确提出了要深入推进考试评价改革，抓好各项改革政策落实的工作任务，具体包括：(1)全面实施高中阶段学业水平考试和综合素质评价。加强政策培训解读，对各地进行分类指导培训。针对东中西部省份不同情况，有针对性地组织开展经验交流与研讨活动，指导各地于2015年8月底前完成高中学业水平考试和综合素质评价两个具体实施办法的备案工作。推动建立省际间协作机制。围绕学业水平考试和综合素质评价制度建设、具体实施、条件保障等关键环节，促进各地加强交流、资源共享、合作攻坚。(2)深化高中阶段学校考试招生制度改革。研究出台《关于深化高中阶段学校考试招生制度改革的指导培训意见》，指导培训地方健全初中学业水平考试，完善初中学生综合素质评价，改进学校招生办法，使中考高考改革相衔接相协调，推进素质教育的实施。会同有关部门指导培训推动地方进一步落实和完善进城务工人员随迁子女义务教育后参加中考和接受高中阶段教育的政策措施。(3)进一步推进中小学教育质量综合评价改革，举办专题培训、组织经验交流活动、开展实验工作中期评估、指导各地进一步完善评价指标体系，细化评价标准，构建体现素质教育要求、以学生发展为核心、科学多元的中小学教育质量评价制度。

通过对教育部基础教育二司具体工作职责以及2015年工作要点的分析发现，高中阶段学生综合素质评价改革仅仅作为教育部基础教育二司部分职责之一，其工作重心更倾向于高中阶段学生综合素质评价改革的组织、组织管理与指导培训，而对方案研制过程的监督、调控尚还单薄。我们认为若想高中阶段学生综合素质评价改革顺利推进必须要建立专门的组织管理机构以对高中阶段学生综合素质评价改革方案过程进行监督调控。国外研究者曾明确指出："新课程的开发需要充分的行政组织管理，如果缺乏这一方面的努力，将会导致学术课程内的'肤浅'现象"。① 与课程改革相比，高中阶段学生综合素质评价虽然有其特殊性，但一项政策的实施与推进，其中行政组织管理的作用十分巨大，从某种意义上讲行政组织管理可以充当一项政策改革动力，运用其拥有的资源有效地推进政策改革落到实处。

2. 高中阶段学生综合素质评价改革的实验进程

高中阶段学生综合素质评价改革作为高中阶段教育改革与高校招生改革的重大举措，也是对"钱学森之问"在教育领域的正面回应，影响极为深远，同时，它也受到了多种影响因素以及变量的制约甚至控制。高中阶段学生综合素质评价是一项关乎整个社会、家庭、学校、学生未来发展命运的一次教育实验，实验的成功与否关系到一代人未来的发展，任何人都不可能对一代人的命运负责。因此，我们只能以高中阶段学生综合素质评价改革为专门研究和监督调控对象，不断总结经验教训，不断修订和调整改革方案以使高中阶段学生综合素质评价改革的推进更加稳健。我国在高中阶段学生综合素质评价改革全面实施之前，进行了改革试点实验。2014 年9 月 3 日《国务院关于深化考试招生制度改革的实施意见》②提出，2014 年上海市、浙江省分别出台高考综合改革试点方案，从 2014 年秋季新入学的高中一年级学生开始实施。试点要为其他省(区、市)高考改革提供依据。教育部依据《国务院关于深化考试招生制度改革的实施意见》要求于 2014 年 12 月 10 日研制颁布了《教育部关于加强和改进高中阶段学生综合素质评价的意见》③。随后，上海和浙江分别于 2015 年 4 月 15 日，由上海市教育

---

① [英]杰夫·惠迪，萨利·鲍尔，大卫·哈尔平. 教育中的放权与择校：学校、政府和市场[M]. 马中虎，译. 北京：教育科学出版社，2003：112.

② 国务院. 国务院关于深化考试招生制度改革的实施意见[Z]. 国发〔2014〕35号.

③ 教育部. 教育部关于加强和改进普通高中学生综合素质评价的意见[Z]. 教基二〔2014〕11 号.

委员会制定颁布了《上海市普通高中学生综合素质评价实施办法（试行）》①和 2015 年 4 月 13 日，由浙江省教育厅制定颁布了《浙江省教育厅关于完善浙江省普通高中学生成长记录与综合素质评价的意见》②，从而正式宣布和启动了高中阶段学生综合素质评价试点改革实验。虽然《教育部关于加强和改进高中阶段学生综合素质评价的意见》中明确规定要加强督导，把综合素质评价工作作为评估地方各级教育行政部门和学校工作的重要内容，坚持常态化实施，综合素质评价由学校组织实施，学校要建立健全学生成长记录规章制度，明确本校综合素质评价的具体要求；要注重在日常教育教学活动中，指导培训学生及时收集整理有关材料，避免集中突击。要充分发挥学校党团、学生组织的作用。但是，通过对以上政策文本的认真剖析发现，已有政策文件并未建立具体完善的督导、监督调控制度，也没有一套科学、规范的程序，这样发展下去就不能更加深入、持久地挖掘高中阶段学生综合素质评价改革实验给我们带来的经验、教训，更不可能真正发现和解决高中阶段学生综合素质评价改革实验过程中存在的诸多问题，最终陷落到形式主义的泥潭。我们认为，国家、地方应该选择专业人员组建和成立专门的高中阶段学生综合素质评价改革评估与督导机构，或者由第三方评价机构负责对高中阶段学生综合素质评价改革实验的组织管理、指导培训、运行操作进行全面监督调控。

3. 高中阶段学生综合素质评价运行操作状况

高中阶段学生综合素质评价运行操作是高中阶段学生综合素质评价的执行部分，倘若运行操作脱离轨道，高中阶段学生综合素质评价改革必将失败。当前，高中阶段学生综合素质评价改革过程中恰恰也存在这样的问题，政策文件颁布之后提出了很多具体措施，但是当落实到具体运行操作

---

① 上海市教育委员会. 上海市教育委员会关于印发《上海市普通高中学生综合素质评价实施办法（试行）》的通知[Z]. (沪教委基〔2015〕30 号.

② 浙江省教育厅. 浙江省教育厅关于完善浙江省普通高中学生成长记录与综合素质评价的意见[Z]. 浙教基〔2015〕45 号.

过程中，部分学校的教师甚至是校长将自己置于旁观者的角色，这些教师与校长总是抱侥幸心理，采取上有政策、下有对策的方式对改革给予抵触，具体表现为：你有政策、我有对策，在公开场合大力宣传综合素质评价的重要意义与作用，但是在实际操作过程中存在突击应付检查，做样子给上级部门看的不良现象；曲解政策，为我所用，部分学校以培养和发展学生综合素质为名，开设奥数课程、艺术类课程等，实则是为了参加各种竞赛获得各类证书为高考加分做准备；软托硬抗，拒不执行，部分在现有教育体制下所谓的名校，如省重点校、市重点校、区/县重点校，它们早已名声在外，唯恐过于注重学生综合素质发展而削弱了应对考试的能力，以致影响本校声誉，因此，在高中阶段学生综合素质评价运行操作过程中走形式、搞突击。在高中阶段学生综合素质评价改革过程中，学校面临着巨大的压力和挑战，诸如教师负担过重、教师评价素养缺失、高考升学压力过大、课程与教学也面临着相应变革等。正是因为这一系列压力与挑战的存在，高中阶段学生综合素质评价改革的运行操作过程若没有一个有效的监督调控作为保障以督促、引导学校进行全面改革，那么高中阶段学生综合素质评价改革在学校层面迟早将会"搁浅"。

国外关于高中阶段学生综合素质评价运行操作状况的监督调控已相当完善，如美国主要通过多元主体、地方性认证机构、大众媒体评价对各类高校招生运行操作过程进行监督调控；英国通过 AQA 与教师协同和仲裁员两种方式对其学生综合素质评价运行操作过程进行监督调控；日本通过文部科学省的初等、中等教育局和地方教育委员会事务局对学校《学业评价报告单》填写进行监督调控；韩国通过地方教育行政部门中的教育监对其学生生活记录簿的实施情况、在实施过程中存在的问题、实施的效果等进行监督调控。在我国高中阶段学生综合素质评价改革过程中，已有部分机构承担了这一监督调控职责，如教育部规定将综合素质评价工作作为评估地方各级教育行政部门和学校工作的重要内容，建立公示制度、检查制度、申诉与复议制度和诚信责任追究制度；辽宁省建立了高中阶段学生综合素质评价公示制度、申诉、复议制度，下属市、县教育行政部门不定期组织专家组对学校综合素质评价工作进行检查、评估；重庆市规定重庆市教育评估院每学年对区县教委和学校进行评估，并根据评估结果给予相应的惩罚和奖励，各区县教委领导小组负责拟定规章制度，监督调控评价程序，接受申诉与举报，查处违规行为，学校成立领导小组，审定评价结果，指导培训和复核，建立诚信机制，落实公示、监督；广东省规定市级工作领导小组负责对学校评价工作进行监督指导培训，以及对咨询、投诉和复议等事宜的处理，校级工作领导小组，对学校的评价工作进行监督指导培训，负责审定评价结果，受理咨询、投诉和复议申请，逐步建立综合评价诚信等级制度；上海市建立高中阶段学生综合素质评价信誉等级制度，公示与举报投诉制度；浙江省规定各市、县（市、区）教育行政部门全面负责评价工作的监督，包括投诉、复议等事宜的处理。但调查研究发现监督调控机构间权责交叉，时常会出现责任推诿现象，制约着高中阶段学生综合素质评价运行操作的有效程度，此外，相关部门工作人员的评价理念有待转变，评价素养亦有待提高，他们当下的评价理念与评价素养尚未达到能够满足高中阶段学生综合素质评价改革监督、调控以及制度化的需要，诸如很多履行监督调控职责的工作人员时常以"检查者""巡视者"，甚至"专家"身份自居，对学校开展的学生综合素质评价随意评判（事实上某些工作人员的评价素养和能力还不如一些教师），这对高中教师开展学生综合素质评价可谓是一种阻力，若监督调控人员不能放下身架，深入了解实践，体认学校的校长和老师在开展学生综合素质评价时所面临的挑战、困难和问题，监督调控将会失去其原有的功能和意义。为科学有效地对高中阶段学生综合素质评价运行操作过程进行监督调控，我们必须整合相关机构，明确机构权责划分，进一步提升工作人员评价素养，并且转变他们的评价理念。

4. 高中阶段学生综合素质评价实施操作

"评价方式与评价制度的转型与改革是招生考试制度与素质教育能否

深入推进的瓶颈。"①评价方式与评价制度改革必须建立在完善的高中阶段学生综合素质评价实施操作监督调控基础上，只有对评价实施操作进行有力的监督调控才能确保高校招生过程中能够获得客观公正的信息。通过对国外学生综合素质评价监督调控的剖析发现，各个国家虽然存在体制或制度差异，但其对学生综合素质评价实施操作的监督调控却有共同之处，即各个国家大部分以学生综合素质评价的内容指标体系、评价标准以及评价结果、呈现载体等实施操作的重要环节为主要的监督调控内容，以学生综合素质评价的内容指标体系、评价标准以及评价结果、呈现载体本身和它们的制定主体和实施主体为监督调控对象。通过借鉴国际经验并结合国内学生综合素质评价实施的具体情况，我们将高中阶段学生综合素质评价实施操作的监督调控内容确立为综合素质评价指标体系设置、综合素质评价标准的设定与执行以及综合素质评价表或评价手册的制定与填写。首先，对综合素质评价指标体系的监督调控，主要是为了依据不同地区的经济、社会、文化等多方面的差异制定出有地方特色的综合素质评价指标体系，只有依据地方特色有区别地落实综合素质评价指标体系，才能够挖掘出社会急需的"偏才""怪才"，才能真正践行和落实素质教育，如上海以《教育部关于加强和改进高中阶段学生综合素质评价的意见》规定的五方面评价内容：思想品德、学业水平、身心健康、艺术素养、社会实践为基础②，依据自身特色将高中阶段学生综合素质评价内容结构规定为品德发展与公民素养、修习课程与学业成绩、身心健康与艺术素养、创新精神与实践能力四个方面③；其次，对综合素质评价标准的设定与执行的监督

---

① 罗祖兵，吴绍萍. 高中综合素质评价统一性的问题及其对策[J]. 教育科学，2011(4)：39-42.

② 教育部. 教育部关于加强和改进普通高中学生综合素质评价的意见[Z]. 教基二〔2014〕11号.

③ 上海市教育委员会. 上海市教育委员会关于印发《上海市普通高中学生综合素质评价实施办法(试行)》的通知[Z]. 沪教委基〔2015〕30号.

调控主要是为了确保不同地区标准间的科学化、合理化程度，如我国大部分地区综合素质评价都是以 A、B、C、D、E 等级制度或合格制来呈现学生的综合素质评价结果，而不同地区的内容结构却存在差异，我们如何来保障高校招生过程中对这些结果的科学、合理运用尤为重要；第三，对综合素质评价表或评价手册的制定与填写，旨在确保学校在具体落实学生综合素质评价过程中能够真实、客观地记录学生的综合素质发展情况，而且避免临时突击。

(三) 机理

高中阶段学生综合素质评价监督调控的机理问题主要解决高中阶段学生综合素质评价监督调控如何动态实施的问题。概而言之，高中阶段学生综合素质评价监督调控的机理应包括：建立层次分明的监督调控机构；明确各层监督调控机构职责；建立完善的信息公开机制；制定健全规范的监督调控章程；构建利于社会理解的诚信文化五个方面。[①]

1. 建立层次分明的监督调控机构

国外在学生综合素质评价过程中，都设立了专门的监督调控机构以监督、调控学生综合素质评价的全面、顺利实施。如美国在高校招生制度中专门设立了两个专业的监督调控机构，其一是美国高校在进行招生的过程中设置了专门的机构——"招生委员会"来审查申请者所递交的申请书，并审核申请者的综合素质，他们往往都能够遵循法制意识和诚信文化；其二是学生综合素质评价接受美国地方性认证机构的监督调控，此外，美国大众媒体评价也在高校招生过程中担任着重要的监督与调控作用。英国的资格评估与认证联合会(AQA)采取签署声明的方式来确保申报考生材料的真实性；通过 AQA 与教师协同对课程作业进行严密的监督调控和鉴定；AQA

---

① 代建军. 论我国当前中小学课程运作机制的转变[D]. 上海：上海师范大学，2007：135-137.

还指定仲裁员对学生的课程作业进行监督调控。日本关于《学业评价报告单》填写过程的监督调控主要包含两个层面，第一个层面是地方教育行政部门对学校《学业评价报告单》填写过程给予经常性的审查，这一层面的主要监督调控部门是地方教育委员会事务局，由他们所派的技术员和事务员负责；第二个层面是文部科学省的初等中等教育局负责，该部门会不定期地对各个地方学校《学业评价报告单》填写情况进行抽查。无论是地方教育行政部门下属的教育委员会事务局还是文部科学省的初等中等教育局，若在检查过程中发现存在弄虚作假、徇私舞弊现象，一并严惩。同时，日本高校在录取高中毕业生的过程中，尤其是对推荐入学的高中毕业生，会着重参考毕业生的学籍，学籍与《学业评价报告单》基本相似，高校若发现学籍造假会直接取消考生的录取资格。韩国对高中阶段学生综合素质评价的监督调控由地方教育行政部门中的教育监负责，学生生活记录簿的实施情况、在实施过程中存在的问题、实施的效果监督调控等都在地方教育监职责范围之内。教育监是韩国教育委托地方教育行政部门监督调控和指导培训教育政策实施的独立部门，因此他们有权在法令或条例范围内，就其所属权限内的事务，对学生生活记录簿开展过程中的不合理行为和现象进行规定性的惩戒。

在高中阶段学生综合素质评价改革实施过程中我国部分省市也设立了专门的监督调控机构，如辽宁省规定对在实施学生综合素质评价过程中存在非诚信现象的学校，省教育厅将采取措施查处，以适当形式向社会公布，对学生综合素质评价工作突出的高中给予表彰，在市、县教育行政部门设立专门的监督调控机构，主要负责不定期组织专家组对学校综合素质评价工作进行检查、评估；① 浙江省规定，各市、县(市、区)教育行政部门全面负责评价工作的监督，包括投诉、复议等事宜的处理；② 重庆市规

---

① 辽宁省教育厅. 辽宁省教育厅关于印发《辽宁省普通高中学生综合素质评价方案(试行)》的通知[Z]. 辽教发〔2007〕72 号.

② 浙江省教育厅. 浙江省教育厅关于完善《浙江省普通高中学生成长记录与综合素质评价的意见》[Z]. 浙教基〔2015〕45 号.

定重庆市教育评估院每学年对区县教委和学校进行评估，并根据评估结果给予相应的惩罚和奖励；各区县教委领导小组负责拟定规章制度，监督调控评价程序，接受申诉与举报，查处违规行为；学校成立领导小组，审定评价结果，指导培训和复核；建立诚信机制，落实公示、监督。① 广东省规定市级工作领导小组对学校评价工作进行监督指导培训，以及咨询、投诉和复议等事宜的处理，校级工作领导小组对学校的评价工作进行监督指导培训，负责审定评价结果，受理咨询、投诉和复议申请，逐步建立综合评价诚信等级制度。②

　　虽然部分省市已设立了专门的监督调控机构，但是当具体落实到高中阶段学生综合素质评价改革过程中的时候，我们发现了诸多问题，首先，在国家层面尚未建立相对完善、权责明晰的专业、独立的监督调控机构以支持我国高中阶段学生综合素质评价改革的顺利推进；其次，地方层面的监督调控机构重叠，权责交叉，导致地方层面高中阶段学生综合素质评价监督调控的行政结构不良甚至缺失，行政功能混乱，致使监督调控机构本来应该具备的监督、调控功能不能正常发挥作用，并且在无形中阻碍了高中阶段学生综合素质评价的顺利推进；最后，在学校层面，大部分学校在各个省市实施方案或指导培训意见的指导培训下，成立了学校层面的领导小组，该领导小组负责本校学生综合素质评价改革的具体组织、管理与评估，并未设立专门的监督调控机构，即使少数学校设立了专门的监督调控机构，其对本校学生综合素质评价改革的具体实施也是敷衍了事。由此，我们当下亟需建立专门、完善的国家、地方、学校三级高中阶段学生综合素质评价监督调控机构，以在不同层面监督、调控高中阶段学生综合素质评价的组织管理、指导培训和运行操作。另外，也可以请第三方评价咨询机构按照科学规律制定高中阶段学生综合素质评价的标准和方法，从而协

---

　　① 重庆市教育委员会. 关于印发《重庆市普通高中学生综合素质评价实施办法（试行）》的通知[Z]. 渝教委基[2011]15号.

　　② 广东省教育厅. 广东省教育厅关于印发《广东省普通高中学生综合素质评价方案（试行）》的通知[Z]. 粤教研[2006]10号.

助官方机构开展高中阶段学生综合素质评价监督调控工作。

2. 明确各层监督调控机构职责

我国高中阶段学生综合素质评价改革至今尚未建立完善的监督调控，虽然已存在的督导、评估和高校招生考试体系在一定程度上承担着监督调控的职能，但在高中阶段学生综合素质评价改革过程中，我们倒底要监督调控什么、各级各类机构在监督调控过程中应承担哪些具体职责等关键问题都没有给予明确的规定，这将直接导致各级部门间产生责任推诿，监督调控不力等影响高中阶段学生综合素质评价改革顺利推进的情况发生。国外学生综合素质评价过程中各监督调控机构的职责十分明确，如美国有四类监督调控机构、组织或群体，它们分别是高校招生委员会、多元主体（学校、学生、教师、知情人以及校友）、地方性认证机构以及大众媒体，它们各自都有自己的监督调控职能，其中招生委员会主要是通过审查申请者所递交的申请书来审核申请者的综合素质；多元主体中的学校、学生、教师、知情人以及校友等通过多方面反馈的信息构成了一套信息网络，他们相互之间可以有效地进行对比参照，并且能够形成相互之间的监督，这就在一定程度上杜绝了因为信息源单一而可能造成的以偏概全、弄虚作假等不利于学生综合素质评价得到社会认可的现象；地方性认证机构负责美国各州和其他政区的院校认证，以对其招生以及教育质量进行监督与调控；美国大众媒体也可以对高中阶段学生综合素质评价进行监督。《美国新闻与世界报道》等媒体对大学的评价对高等院校的招生产生巨大影响。日本反映高中阶段学生综合素质评价的《学业评价报告单》填写过程的监督调控主要包含两个层面，第一个层面是地方教育行政部门对学校填写《学业评价报告单》的过程给予经常性的审查，这一层面的主要监督调控部门是地方教育委员会事务局，主要由他们所派的技术员和事务员负责；第二个层面是文部科学省的初等中等教育局负责，该部门会不定期地对各个地方学校《学业评价报告单》填写情况进行抽查。无论是地方教育行政部门下属的教育委员会事务局还是文部科学省的初等中等教育局，若在检查过程中发现存在弄虚作假、徇私舞弊现象，一并严惩。

美国与日本的监督调控井然有序，职权分明，相关工作人员都接受过正规的专业指导与培训，为我国监督调控的完善提供了借鉴。研究者认为若想建立层次分明的监督调控机构，首先，国家层面的监督调控机构应回归直接组织管理的职权本位，要充分发挥其在综合素质评价监督调控过程中的统筹功能，切实建立健全评价方案修订和审批制度、评价方案备案制度、评价结果签字公示制度、举报和申诉制度、诚信制度、督导评估制度、问责制度以及各级各类考试招生机构，重视专业化队伍建设，成立专门的督察领导小组，监督高等院校招生录取过程中运用考生综合素质评价的科学化、规范化水平；其次，教育组织管理部门要联合学校，将监督政策有效地推进与落到实处。教育组织管理部门应定期检查各学校综合素质评价的开展状况，听取校长、教师、学生以及家长等多方面的建议，结合调查实际实时、适时地对高中阶段学生综合素质评价实施方案进行调整，鼓励高等院校构建适合本校办学定位与特色和人才培养目标的综合素质评价体系，以更加有效地提高综合素质评价体系的恰切性；第三，家校联合，教师、学生、家长共同组成合作监督团体，相互监督综合素质评价实施过程中的自评、互评与他评环节。①

3. 建立完善的信息公开机制

综合素质评价是指依据社会发展需求、学校培养目标、综合素质结构（品德发展与公民素养、修习课程与学业成绩、身心健康与艺术素养、创新精神与实践能力）以及评价对象特点，借助多元化的评价方式与方法，对评价对象综合素质发展状况进行动态、全面且系统的收集，基于信息加以评判，分析其存在的问题及原因，寻求应对策略，从而促进评价对象综合素质发展的过程。因此，建立完善的综合素质评价信息公开机制，将信

---

① 王润，周先进. 高中生综合素质评价监督机制的构建——基于新一轮高考改革的思考[J]. 教育理论与实践，2015(26)：9-11.

息评判过程和结果公开化、透明化，有利于综合素质评价领导机构、组织管理机构对综合素质评价实施情况的监督调控；有利于不同学校之间的对比，促进其课程与教学层面的不断改革；有利于学生了解自身某一方面的不足，激励学生有意识地规划未来，促进其综合素质全面发展。

若要建立完善的信息公开机制，首先，在制度层面我们可以参照国家《政府信息公开条例》，酌情将综合素质评价的信息内容分为无需申请、主动定期公开发布的信息和需提前申请与审批方能公开的信息。综合素质评价领导机构和组织管理机构要制定科学、规范的综合素质评价信息公开条例与策略。如学校可根据规定将学校、教师、学生、家长实施和参与评价的过程以及可量化处理的学业水平、兴趣特长和社会实践等方面的内容进行定期主动公开，这样能够将综合素质评价过程与结果呈现在公众面前，主动接受第三方评价机构以及社会舆论的监督，增加社会认可度。需提前申请与审批才能公开的信息主要包括综合素质评价实施过程中存在的问题和困难以及可能对策，以辅助领导机构进行决策与组织管理机构组织协调，另外涉及评价对象隐私且可能对评价对象造成不良影响的内容，如思想品德等，以及评价利益相关者个人信息等也需要经过提前申请与审批方能公开。其次，建立省、市、区/县、学校四级"高中阶段学生综合素质评价信息化组织管理平台"。① 前三个层级的"高中阶段学生综合素质评价信息化组织管理平台"分别负责所属行政范围内高中阶段学生综合素质评价工作的实时监督调控与指导培训，并能够对其下级综合素质评价工作进行比较，如市级层面平台可以根据需要对其所属的各个区/县高中阶段学生综合素质评价工作开展情况进行比较分析以了解不同区县间工作开展的差异；最后一级学校组织管理平台则依据相关规定，依据不同评价主体职责对学生综合素质评价信息进行收集、整理以及评审，其主体由组织管理员、班主任、任课教师、政教处、教务处、学生以及家长组成。

---

① 梁世宝. 搭建三级"信息化组织管理平台"全面推进综合素质评价[J]. 中国教育信息化，2015(7)：10-12.

4. 制定健全规范的监督调控章程

高中阶段学生综合素质评价监督调控运行操作的前提和基础是制定科学规范的高中阶段学生综合素质监督调控章程。章程的建立可以有效地推进综合素质评价与高考联动同步实施，具体包括以下四个方面：首先，确定监督调控机构的法律地位，明确综合素质评价的指导培训思想；其次，具体化、规范化监督调控领导机构与组织管理机构的权职与责任，制定专门的规章制度，尽量做到各级监督调控部门有事可做、有法可依、有法必依；最后，完善监督调控程序。高中阶段学生综合素质评价监督调控应被视为一种常规工作开展，因此，我们应建构一套科学、规范的监督调控程序，以对高中阶段学生综合素质评价改革的顺利推进进行有效的监督与调控，以保障高中阶段学生综合素质以得全面发展。概而言之，高中阶段学生综合素质评价监督调控程序应具体包括以下六个方面：(1)监督调控并记录高中阶段学生综合素质评价实验、运行操作过程中所发生的各类事件，所采取的各种行动，所投入的所有资源；(2)根据高中阶段学生综合素质评价改革指导培训思想和目标收集实际运行操作过程中的重要情报信息；(3)提供理论与技术指导培训，引导运行操作主体体认高中阶段学生综合素质评价改革的精神与理念，并有效落实高中阶段学生综合素质评价改革方案；(4)发现高中阶段学生综合素质评价实验、运行操作过程中的缺陷和问题，并提出补充和完善的对策与建议；(5)及时向上级部门反馈高中阶段学生综合素质评价改革实验、运行操作过程中面临的各种困难与问题，为高中阶段学生综合素质评价改革方案进行修订、调整，提供最真实的第一手素材；(6)将上级调整后的最新信息传达给评价运行操作主体，作为在评价实践中采取相应措施或调适评价机制的依据。① 最后，制定完备的奖惩制度。政府部门应对综合素质评价开展较好的地区、学校给予表

---

① 代建军. 论我国当前中小学课程运作机制的转变[D]. 上海：上海师范大学，2007：138.

彰与奖励,同时也必须严惩那些在综合素质评价改革实施过程中"知法犯法"的部门、机构甚至个人,情节严重的应由司法机关依法追究刑事责任。

5. 构建有利于社会理解的诚信文化

无论是多么完备的制度或者机制,都是由人来实施与完成的。人是社会的人,每一个人不可能独立于群体而单独存在。因此高中阶段学生综合素质评价监督调控的顺利运行操作还要靠有利于社会理解的诚信文化加以保障。构建有利于社会理解的诚信文化,首先,加大对整个社会群体,特别是综合素质评价领导机构、组织管理机构以及执行机构工作人员以及教师、学生、家长等利益相关者的法制宣传教育力度,同时也需增强他们对高中阶段学生综合素质评价纳入高考体系对学生乃至整个社会的理性与非理性的理解与体认,从而提升这一关键群体在综合素质评价工作开展过程中的自律品质;其次,加强诚信教育,增强综合素质评价顺利实施的外部助力。具体途径如下:培养教师与学生正确的诚信价值观;开设有关诚信价值观的校本课程;定期开展诚信教育主题活动;树立学校乃至社会反映诚信正能量的榜样;评价主客体签订综合素质评价诚信责任书。① 最后,努力宣传,促使公众体认综合素质评价的重要价值与意义,增强整个社会对高中阶段学生综合素质评价的认可度,为综合素质评价改革留出必要的空间,使公众带着宽容的态度来面对改革。

---

① 王润,周先进. 高中生综合素质评价监督机制的构建——基于新一轮高考改革的思考[J]. 教育理论与实践,2015(26):9-11.

第五章　模型及应用

随着科学教育研究的发展，模型研究越来越多地受到学者们的广泛关注。模型(model)研究较早可追溯到布莱克(M. Black)在1962年出版的《模型和隐喻》中，作者认为模型在科学研究中具有不可替代的作用①，同时亦有学者认为模型有助于科学家对现象进行科学解释②。20世纪80年代末至90年代初开始，一些教育较为发达的西方国家已经开始将模型纳入科学教育课程标准之中。③ 模型的应用具有极为重要的意义与作用：当一项事物、现象太大或太小，其过程和系统运行过快或过于复杂之时，模型将是一种非常简单实用的工具。张志康，林静雯等学者认为模型可以对事物、现象、过程、系统进行简易的说明与描述并进行复杂的解释和预测；④ 吉尔伯特(J. K. Gilbert)认为模型作为科学理论与现实世界间的桥梁，使抽象的事物具体化、简化复杂的现象、为现象进行科学的解释和预测提供依据；⑤ 邱美虹认为模型兼具描述性、解释性、预测性、抽象化、模拟、

---

① Phil Seok Oh & Sung Jin Oh. What Teachers of Science Need to Know about Models: An Overview[J]. *International Journal of Science Education*, 2011, 33(8): 1109-1130.

② Hempel, C. G. *Aspects of Scientific Explanation and Other Essays in the Philosophy of Science*[M]. New York: Free Press, 1965: 40.

③ 张静. 基于学生心智模型进阶发展的建模教学研究[D]. 北京: 北京师范大学, 2014: 78.

④ 张志康，林静雯等. 从方法论向度探讨中学生对模型与建模历程之观点[J]. 科学教育研究与发展季刊, 2009(53): 24-42.

⑤ Gilbert, J. K. Models and Modeling: Routes to More Authentic Science Education [J]. *International Journal of Science and Mathematics Education*, 2004(2): 115-130.

沟通、推理性、问题解决八项功能;① 施瓦尔茨(C. V. Schwarz)认为模型不仅可以用来描述、解释、预测现象,还有助于人与人之间的沟通并激发人们产生新的观点。② 模型的内涵丰富,定义颇多,截至目前尚未形成统一的说法。

《辞海》和《汉语词典》强调模型对具体实物的复制,将模型定义为"(1)按实物比例和结构制成的物品:飞机模型、模型轿车;(2)又称'模子',指铸造或压制物品用的型器。"《教育大辞典》强调模型对所表征对象本质特征的反映,将其定义为原系统的一种简化、抽象和类比表示,不包括原系统的全部特征,但能集中表现出它的本质特征。余自强将模型界定为模拟原型(所要研究的系统的结构形态或运动形态)的形式,不是原型的全部特征,而是原型的本质关键特征。③ 可见,国内对模型的定义多聚集于其对所表征对象的简化性描述和本质特征的反映,且模型所表征的对象主要是指具体的实物。④ 美国《国家科学教育标准》(1996)将模型界定为与真实物体、单一事件或一类事件对应的而且具有解释力的试探性体系或结构,有助于科学家和工程师了解事物的动作方式。国外学者认为模型是一种观点、实物、事件、概念、过程或者系统的表征。⑤

纵观国内外关于模型概念的界定可谓众说纷纭。本研究中模型被视为事物的表征,这里的事物既包括具体的实物又包含观点、概念、事物、过程和系统。根据模型功能的差异,国内外不同研究者将模型划分为不同的

---

① 邱美虹,刘俊庚. 从科学学习的观点探讨模型与建模能力[J]. 科学教育月刊, 2008(314):2-20.

② Schwarz, C. V., Reiser, B. J., et al. Developing a Learning Proession for Scientific Modeling: Making Scientific Modeling Accessible and Meaningful for Learners [J]. *Journal of Research in Science Teaching*, 2009, 46(6):632-645.

③ 余自强. 生物学教育中的模型和模型方法[J]. 生物学教学, 2004(4):8-9.

④ 赵萍萍,刘恩山. 科学教育中模型定义及其分类研究述评[J]. 教育学报, 2015(1):46-53.

⑤ Gilbert, J. K. & Boulter, C. J. *Developing Models in Science Education*[M]. Netherlands:Kluwer Academic Pubilishers, 2000:325.

种类，如《面向全体美国人的科学》一书中将模型划分为物理模型、数学模型、概念模型三类；哈里森和揣古斯特（A. G. Harrison & D. F. Treagust）两位学者将模型分为十类，分别为尺度模型，教学的类比模型，图像和符号模型，数学模型，理论模型，示意图、图表和表格模型，概念-过程模型，模拟模型，心智模型或心智模式，综合模型；① 奥耐克（F. Ornek）将模型分为心智模型和概念模型，其中概念模型又包括数学模型、计算机模型和实物模型；② 吉尔伯特（J. K. Gilbert）根据模型的本体地位差异将其分为心智模型、表达模型、共识模型、科学模型/历史模型、课程模型、教学模型、混合模型、教育学模型；③ 国内学者余自强将模型分为物质模型和思想模型；④ 林国栋将模型分为物理模型和数学模型，前者包含物质模型和思想模型，后者包含确定性模型和随机性模型⑤。

基于对国内外学者模型概念与分类的研究成果梳理与分析，我们认为评价机制模型可被视为一种系统模型，即将评价机制视为由相互关联的多个子机制构成的整体，各子机制并非仅仅机械组合或简单相加，评价机制作为一个系统的整体功能是各子机制在孤立状态下不能展现的新质；⑥ 同时，评价机制模型又可被视为结构模型和思维模型，所谓结构模型（Structure Model）是指主要反映系统的结构特点和因果关系的模型，是研究复杂系统的一种有效的手段；所谓思维模型（Thinking Model）是指利用简单

---

① Harrison, A. G., Treagust, D. F. A Typology of School Science Models[J]. *International Journal of Science Education*, 2000, 22(9): 1011-1026.

② Ornek, F. Models in Science Education: Applications of Models in Learning and Teaching Science[J]. *International Journal of Environmental & Science Education*, 2008, 3(2): 35-45.

③ Gilbert, J. K. Models and Modeling: Routes to More Authentic Science Education[J]. *International Journal of Science and Mathematics Education*, 2004(2): 115-130.

④ 余自强. 生物学教育中的模型和模型方法[J]. 生物学教学，2004(4)：8-9.

⑤ 林国栋. 模型方法——信息技术与生物学教学的整合点[J]. 生物学教学，2004(3)：26-27.

⑥ 李喜先. 科学系统论[M]. 北京：科学出版社，2005：1-17.

易懂的图形、符号、结构化语言等为载体，来表达人们思考和解决问题的形式。① 本研究中的评价机制模型(Evaluation Mechanism Model)是指依据系统论观点，运用简单易懂的图形、符号或结构化的语言对评价程式与方式的结构特点和因果关系进行的描述。本章通过对高中阶段学生综合素质评价机制以及其四个子机制进行了模型建构，并对其中运行操作模型进行了实践应用。

一、模型建构

在课程与教学领域，无论是探讨评价模式还是评价机制模式都绕不开"泰勒原理"。"泰勒原理"又称"目标模式"，是由美国著名教育学家、课程理论专家、评价理论专家，有"当代教育评价之父""现代课程理论之父"之称的拉尔夫·泰勒(Ralph W. Tyler)在"八年研究"的基础上，在其1949年出版的《课程与教学的基本原理》(*Basic Principles of Curriculum and Instruction*)一书中最早提出，认为教育评价应通过确定教育目标、选择教育经验或学习经验、组织教育经验、评价教育结果四个步骤来实施完成，具体包括以下七个步骤:② (1)建立目标；(2)将目标细化为更加具体的类目；(3)以行为名词表述目标，并对其进行操作性界定与修订；(4)确定能表现目标达成度的具体场景；(5)选择和发展评价所使用的测量技术；(6)搜集学生行为表现的资料；(7)比较搜集到的资料与行为目标。"泰勒原理"或"目标模式"是教育评价模式的主要依据之一，也可称之为评价机制模型建构的理论基础。

CIPP评价模式是由美国学者斯塔弗尔比姆(D. L. Stufflebeam)于1966年，在研究并反思泰勒的"目标模式"基础上提出并构建，认为评价不应仅仅局限于评定目标的达成度，更应该是为课程决策提供有用信息的过程，

---

① 牛亏环. 大学生学习过程评价研究[D]. 上海：上海师范大学，2015：158.
② 黄政杰. 课程设计[M]. 台北：东华书局，1991：368.

因此它更加强调和关注该评价模式为课程决策提供评价材料。① CIPP 模式正是由背景评价(Context Evaluation)、输入评价(Input Evaluation)、过程评价(Process Evaluation)和成果评价(Product Evaluation)四项评估活动构成，CIPP 的名称也正源自这四项评价活动的英文首个字母的组合。(1)背景评价(Context Evaluation)由五个部分构成，分别是确定课程计划实施机构的背景，明确评价对象及其需要，明确满足需要的机会，诊断需要的基本问题以及判断目标是否已反映了这些需要；(2)输入评价(Input Evaluation)主要是为了帮助决策者选择达到目标的最佳手段，对各种可供选择的课程计划进行评价，从某种程度而言可以被视为课程计划的可行性评价；(3)过程评价(Process Evaluation)主要是通过描述实际过程来确定或预测课程计划本身或实施过程中存在的问题，为决策者提供如何修正课程计划的有效信息；(4)成果评价(Product Evaluation)主要是通过测量、解释和评判课程计划的成绩，收集与结果有关的各种描述与判断，并将它们与目标及背景、输入和过程等方面的信息联系起来，对它们的价值和优点做出解释。CIPP 评价模式关注到了影响课程计划的各种因素，弥补了其他评价模式的不足，但其操作过程较为复杂，对评价实施者的评价素养与能力要求较高，未受过专业训练的评价者难以将这一评价模式进行有效的实施。② CIPP 评价模式更加强调和关注评价模式的过程性、反馈性和全程性为评价机制模型的建构提供参考与借鉴。

20 世纪 70 年代中期，结构方程模型(Structural Equation Modeling，简称 SEM)由瑞典统计学家、心理测量学家 Karlg Joreskog 首次提出。③ 结构方程模型是应用线性方程系统表示观测变量与潜变量之间，以及潜变量之

---

① Kellaghan, T., Stufflebeam, D. L. The CIPP Model for Evaluation[J]. *Springer Netherlands*, 2003：31-62.

② 施良方. 课程理论——课程的基础、原理与问题[M]. 北京：教育科学出版社，1996：157-158.

③ 孙连荣. 结构方程模型(SEM)的原理及操作[J]. 宁波大学学报(教育科学版)，2005(2)：31-34，43.

间关系，将因素分析与路径分析有机整合的一种多元统计技术，具有能够对多元变量间交互关系进行定量研究的优势。它包括观测变量和结构变量两种变量，一般情况下观测变量用长方形表示，主要通过访谈等其他方式调查获得；结构变量又称潜变量，用椭圆形表示，与观测变量不同的是这一变量无法通过直接观察获得。① SEM 模型的主要功能是探索变量间的因果关系来提示事物发展、变化的规律与特征，一般通过因果模型、路径图等方式对某一系统进行多维立体展现与分析。②

(一)评价机制模型

基于多元化、动态化、过程性、发展性的评价理念，研究者针对高中阶段学生综合素质评价机制进行了模型建构(详见图 5-1)，并在评价机制模型的基础上就其所包含的组织管理、指导培训、运行操作以及监督调控这四个组成部分分别构建了对应的模型，最终形成了高中阶段学生综合素质评价机制模型体系，旨在客观、全面且真实地反映高中阶段学生综合素质评价机制。本研究中主要以结构方程模型(SEM)理论为基础构建了高中阶段学生综合素质评价机制模型，描述各个子机制内部各要素之间的因果关系和分析路径。

高中阶段学生综合素质评价机制模型由组织管理、指导培训、运行操作和监督调控四个部分构成，这四个部分分别代表着高中阶段学生综合素质评价改革的动力部分、传动部分、执行部分和控制部分。组织管理、指导培训、运行操作和监督调控四个部分又分别由主体、内容、要素、机理、范型相互组合而成，并且发挥着各自独特的功能，如：高中阶段学生综合素质评价机制中的组织管理的主要功能在于明确各级部门或机构的职权，有助于改革稳步推进；联系、协调各级部门或机构，有利于改革顺利实施；加快高中阶段学生综合素质评价制度化进程，缩小评价改革应然与

---

① 牛亏环. 大学生学习过程评价研究[D]. 上海：上海师范大学，2015：159.

② 林嵩，姜彦福. 结构方程模型理论及其在管理研究中的应用[J]. 科学学与科学技术管理，2006(2)：38-41.

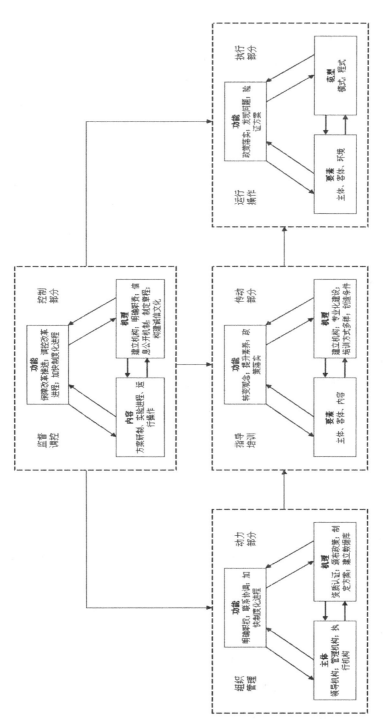

图5-1 高中阶段学生综合素质评价机制构建模型图

实然差距。高中阶段学生综合素质评价机制中的指导培训的主要功能在于加快高中阶段学生综合素质评价改革运行操作主体观念与行为的转变；促进高中阶段学生综合素质评价运行操作主体评价素养和能力的提升；加快高中阶段学生综合素质评价改革政策由理念向实践的有效转变。高中阶段学生综合素质评价机制中的运行操作的主要功能在于促进高中阶段学生综合素质评价政策的具体落实；发现高中阶段学生综合素质评价改革问题；验证高中阶段学生综合素质评价实施方案。高中阶段学生综合素质评价机制中的监督调控的主要功能在于监督改革的组织管理、指导培训与运行操作，保障改革顺利推进；调控高中阶段学生综合素质评价改革过程，为改革的顺利实施保驾护航；加快高中阶段学生综合素质评价改革发展的制度化进程（详见图 5-1）。

（二）组织管理模型

在借鉴国外高中阶段学生综合素质评价组织管理经验，并对国内高中阶段学生综合素质评价组织管理现状与问题进行反思的基础上，研究者运用理论研究法探索性地构建了高中阶段学生综合素质评价组织管理模型（详见图 5-2）。

高中阶段学生综合素质评价组织管理模型由领导机构、管理机构和执行机构模块构成，分别代表国家、地方以及学校和第三方评价机构三个层面，其中每一个模块或层面都由不同的机构名称、机构成员以及具体的职责权限构成，不同机构或层面间可进行沟通，国家层面的领导机构负责对地方层面的管理机构进行领导与管理的同时还需要组织专门人员对学校或第三方评价机构层面的执行机构进行定期巡视；地方层面的管理机构需要定期向国家层面的领导机构定期汇报地方学生综合素质评价改革进程以及学生综合素质发展情况，同时需要对学校和第三方评价机构等执行机构的学生综合素质评价实施过程进行指导与监控；学校与第三方评价机构在接受管理机构的指导与监控的情况下，还要定期向其汇报本校学生综合素质评价结果以及学生综合素质发展情况，同时在领导机构进行巡视时向其反

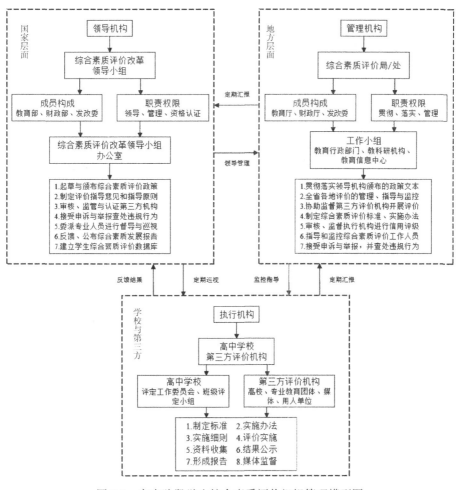

图 5-2　高中阶段学生综合素质评价组织管理模型图

馈本校学生综合素质评价结果以及学生综合素质发展情况。高中阶段学生综合素质评价组织管理模型所包含的国家层面的领导机构，地方层面的管理机构和以学校与第三方评价机构为代表的执行机构三类机构的名称、成员构成、职责权限以及具体工作内容都是可以通过调查研究获得的观测变量，因此，根据结构方程模型理论我们用长方形来表现。

高中阶段学生综合素质评价组织管理模型旨在明确高中阶段学生综合素质评价过程中各级部门或机构的职权，保障改革稳步推进；联系、协调各级部门或机构，保证改革顺利实施；加快高中阶段学生综合素质评价制度化进程，缩小评价改革应然与实然差距。

(三) 指导培训模型

在借鉴国外高中阶段学生综合素质评价指导培训经验，并对国内高中阶段学生综合素质评价指导培训现状与问题进行反思的基础上，研究者运用理论研究法探索性地构建了高中阶段学生综合素质评价指导培训模型（详见图5-3）。

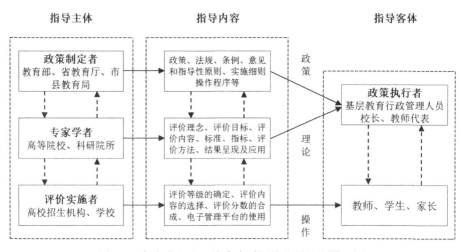

图 5-3 高中阶段学生综合素质评价指导培训模型图

高中阶段学生综合素质评价指导培训模型由指导主体、指导内容和指导客体三方面密切联系的部分有机构成，其中指导主体由来自教育部、基础教育二司、省教育厅/市教委、市/区县教育局等不同层级的政策制定者，高等院校、科研院所的专家学者，高校招生机构和学校的评价实施者三类主体构成；指导内容主要包含政策、理论和操作三个层面，政策层面的主要内容包括政策、法规、条例、意见和指导性原则、实施细则操作程序等；理论层面的主要内容包括评价理念、评价目标、评价内容、标准、指标、评价方法、结果呈现及应用；操作层面的主要内容包括评价等级的确定、评价内容的选择、评价分数的合成、评语的撰写、电子管理平台的使用等；指导客体包括基层教育行政管理人员、高中校长、教师、学生、家长。不同指导主体、指导内容、指导客体又存在相互合作、相互促进、相互交流与沟通的密切关系，共同构成高中阶段学生综合素质评价指导培训模型。高中阶段学生综合素质评价指导培训模型所包含的指导主体、指导内容和指导客体以及它们之间的相互关系都是可以通过调查研究获得的观测变量，因此，根据结构方程模型理论我们用长方形来表现。

高中阶段学生综合素质评价指导培训模型的建立能够加快高中阶段学生综合素质评价改革运行主体观念与行为的转变，促进高中阶段学生综合素质评价运行主体评价素养和能力的提升，加快高中阶段学生综合素质评价改革政策由理念向实践的有效转变。

（四）运行操作模型

在借鉴国外高中阶段学生综合素质评价运行操作经验，并对国内高中阶段学生综合素质评价运行操作现状与问题进行反思的基础上，研究者运用理论研究法探索性地构建了高中阶段学生综合素质评价运行操作模型（详见图 5-4）。

高中阶段学生综合素质评价运行操作模型由运行主体、运行客体和运行环境三个模块有机构成。运行主体主要由高等院校、学校构成，省级考试执行部门更多地承担宏观管理、指导、监督和为高校提供服务的职能。学校具体负责建立健全学生成长记录规章制度，明确本校综合素质评价的具体要求，注重在日常教育教学活动中，指导学生及时收集整理有关材料，充分发挥学校党团、学生组织的作用，将学生在读期间的综合素质发展形成报告，并以此为重要依据评判学生是否具备了毕业资格；同时，学校应在学生、高等院校和用人单位需要时提供一些必要且真实、可靠的原始证据，以供上一级学校招生录取、招生考试部门监督以及用人单位招聘时参考。高等院校作为高中阶段学生综合素质评价体系的制定主体、开展

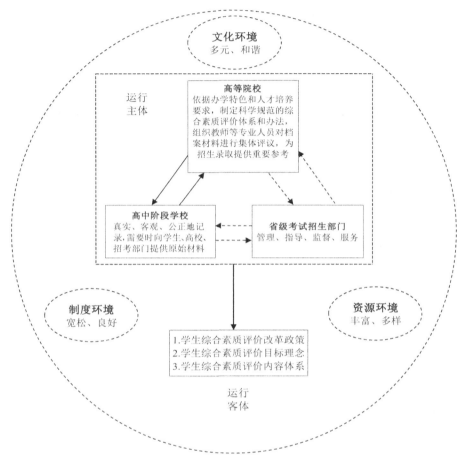

图 5-4 高中阶段学生综合素质评价运行操作模型图

学生综合素质评价的实践主体以及学生综合素质评价的探索主体，应依据本校办学特色和人才培养要求，制定科学规范的综合素质评价体系和办法，组织教师等专业人员对每一位学生的综合素质评价档案材料进行研究分析、审查和认定，并采取集体评议等方式做出客观评价，最终挑选适合自己需要的学生。高中阶段学生综合素质评价运行操作模型的三类运行主体间既存在学校与高等院校之间的实体依存关系，又存在着省级考试招生部门与学校和高等院校间的间接管理、指导、监督和服务关系。三个层面的运行客体，即高中阶段学生综合素质评价改革政策、高中阶段学生综合素质评价目标理念、高中阶段学生综合素质评价内容体系皆由运行主体全权负责落实。同时，一套良好的运行操作必然需要在一定的环境中实施，为了创造一个良好的运行环境，我们需要创建一个多元、和谐的文化环境，宽松、良好的制度环境和丰富、多样的资源环境予以保障。高中阶段学生综合素质评价运行操作模型所包含的运行主体、运行客体以及它们之间的相互关系都是可以通过调查研究获得的观测变量，因此，结构方程模型理论我们用长方形来表现，而运行环境这一变量是无法通过直接观察获得的潜变量，因此我们用椭圆形表示。

高中阶段学生综合素质评价运行操作模型的建构不仅可以促进高中阶段学生综合素质评价政策的具体落实，还能发现高中阶段学生综合素质评价改革过程中存在的问题，并能够验证高中阶段学生综合素质评价实施方案的有效性。

（五）监督调控模型

在借鉴国外高中阶段学生综合素质评价监督调控经验，并对国内高中阶段学生综合素质评价监督调控现状与问题进行反思的基础上，研究者运用理论研究法探索性地构建了高中阶段学生综合素质评价监督调控模型（详见图5-5）。

高中阶段学生综合素质评价监督调控模型由层次分明的监控机构、完善的信息公开机制、健全规范的监控章程以及有利于社会理解的诚信文化共同构成。高中阶段学生综合素质评价监控机构由国家、地方、学校三级高中阶段学生综合素质评价监控机构组成，旨在从不同层面监督、调控高中阶段学生综合素质评价的管理、指导和运行。三级监控机构都有各自明确的权责划分：国家层面的监控机构应充分发挥其在综合素质评价监控过程中的统筹功能，切实建立健全评价方案修订和审批制度、评价方案备案制度、评价结果签字公示制度、举报和申诉制度、诚信制度、督导评估制度、问责制度以及各级各类考试招生机构，重视专业化队伍建设，成立专门的督察领导小组，监督高等院校招生录取过程中运用考生综合素质评价

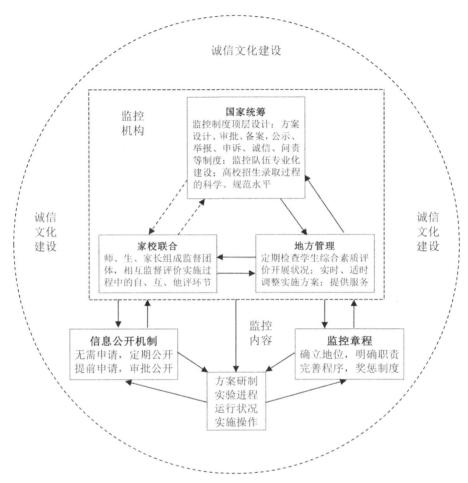

图 5-5　高中阶段学生综合素质评价监督调控模型图

的科学化、规范化水平；地方层面的监控机构需要联合学校，将监督政策有效地推进与落到实处，并定期检查各学校综合素质评价的开展状况，听取校长、教师、学生以及家长等多方面的建议，结合调查实际，实时、适时地对高中阶段学生综合素质评价实施方案进行调整，鼓励高等院校构建适合本校办学定位与特色和人才培养目标的综合素质评价体系，以更加有效地提高综合素质评价体系的恰切性；学校层面的监控应更加注重家校联合，以教师、学生、家长共同组成合作监督团体，相互监督综合素质评价实施过程中的自评、互评与他评环节。三级监控机构通过相互监控、相互促进形成了一个良性循环的过程，其中因国家层面监控机构与学校层面监控机构间并无直接联系，因此这两类监控机构间用虚线连接。不同层级的监控机构依据监控章程和信息公开机制对高中阶段学生综合素质评价改革方案研制、高中阶段学生综合素质评价改革的实验进程、高中阶段学生综合素质评价运行状况以及高中阶段学生综合素质评价实施操作四方面内容进行监控。同时，监控章程和信息公开机制也对高中阶段学生综合素质评价改革的方案研制、实验进程、运行状况与实施操作有一定的影响与制约作用。无论是多么完备的制度或者机制，都是由人来实施与完成的。人是社会的人，每一个人不可能独立于群体而单独存在。因此高中阶段学生综合素质评价监督调控能否顺利运行还要靠有利于社会理解的诚信文化加以保障。高中阶段学生综合素质评价监督调控模型所包含的监控机构、信息公开机制、监控章程与监控内容都是可以通过调查研究获得的观测变量，因此，结构方程模型理论我们用长方形来表现，而诚信文化建设这一变量是无法通过直接观察获得的潜变量，我们用椭圆形表示。

高中阶段学生综合素质评价监督调控对高中阶段学生综合素质评价改革过程中评价方案研制、实验进程、运行状况与实施操作的科学有效监控有利于保障改革顺利推进，能够实时、适时调控高中阶段学生综合素质评价改革过程，为改革的顺利实施保驾护航；更能够加快高中阶段学生综合素质评价改革发展的制度化进程。

二、模型运作

模型的建构正如吉尔伯特（J. K. Gilbert）所言是作为科学理论与现实世界间的桥梁，使抽象的事物具体化、简化复杂的现象、为现象进行科学的解释和预测提供依据。[①] 高中阶段学生综合素质评价机制作为一套十分

[①] Gilbert, J. K. Models and Modeling: Routes to More Authentic Science Education [J]. *International Journal of Science and Mathematics Education*, 2004(2): 115-130.

复杂的系统，对其模型进行建构的终极目标正是希望它能够在高中阶段学生综合素质评价改革进程中起到一定的积极作用，解决一系列的现实问题：如何确保高中阶段学生综合素质评价改革顺利实施？如何保证高中阶段学生综合素质评价过程和结果的真实、可信？如何确保高中阶段学生综合素质评价的结果能够在高校招生考试中被采纳？如何提高教师评价素养以满足学生综合素质评价改革需要？为解决以上诸多问题，高中阶段学生综合素质评价机制模型应采取以下运作方式。

(一)成立专门机构，明确功能定位与职责

国内外课程与教学改革经验告诉我们无论是机制的有效运作还是机制模型的科学、合理运转，都离不开专业、功能定位明确且权责明晰的专门机构。当前高中阶段学生综合素质评价改革政策主要依靠政府机构尤其是教育行政机构推进与落实。① 综合素质评价的组织管理作为政府推进高中阶段学生综合素质评价的有力抓手，其领导机构、管理机构和执行机构的建立与完善，功能定位与职责权限的明确势在必行；综合素质评价机制中的指导培训、运行操作和监督调控也同样需要成立专门的机构和部门，拥有明确的功能定位与职责权限以保障指导培训、运行操作和监督调控等评价机制的顺利落地。成立专门的机构并明确其功能定位与职责权限不仅可促使相关机构和职能部门了解自身的功能定位与职责权限，而且还可以受到社会公众的监督，以保障学生综合素质评价改革的顺利实施，同时，也便于综合素质评价实施过程中不法行为与渎职行为的问责与追责，提高社会对综合素质评价结果的认可度。

(二)组建专业团队，提供专业指导与监控

实践证明，体制、机制的完善，需要一批专业人员来实施与运行，否

---

① 蔡敏. 高中学生综合素质评价：现状、问题与对策[J]. 教育科学，2011(1)：67-71.

则再完善的体制、机制也只能是空中楼阁，不能充分发挥其应有的作用，高中阶段学生综合素质评价机制亦是如此。高中阶段学生综合素质评价机制模型的合理运用，必然需要一大批具备不同专业素养的专业人员，依据专业人员的各自优势充斥于学生综合素质评价的各个领域。综合素质评价组织管理领域的专业人员需要具备组织管理与评价两个方面的专业知识才能够胜任学生综合素质评价的组织管理工作；综合素质评价指导培训领域的专业人员需要具备扎实的评价理论知识与丰富的评价实践经验才能胜任学生综合素质评价的指导培训工作；综合素质评价运行操作领域的专业人员需要具备高尚的职业道德、丰富的评价实践经验，并能够体认综合素质评价理念，在评价实施过程中科学、合理地选择评价方式与方法对学生的多方面综合素质进行客观的记录与评价；综合素质评价监督调控领域的专业人员既要有丰富的评价实践经验，又需要具备熟练运用定性与定量评价方法的能力，同时还需要有一定的大数据分析能力，才能够对当下学生综合素质评价的组织管理、指导培训以及运行操作进行监督调控。然而，当前虽然并不缺乏有关综合素质评价的研究论文、课题与项目，但事实上这些研究乃至研究人员本身仍然谈不上专业，具体表现有三：其一，研究人员都是临时为了搞课题而研究综合素质评价，一般课题结项时研究就结束了；其二，研究者大部分是"兼职"研究综合素质评价，研究者们都有各自主要的研究方向和领域；其三，研究综合素质评价的多数研究者是为了晋升而迎合政策改革来做研究，真正对这一领域有兴趣且志在厘清综合素质及其评价基本问题者较少，更谈不上提出任何具有原创性的综合素质评价理论，也没有哪一个省市的综合素质评价工作可以成为全国学习的样板。①2005 年 1 月，《国家基础教育课程改革实验区 2004 年初中毕业考试与高中阶段招生制度改革的指导意见》颁布并首次提出"综合素质评价"概念，至今已有十年之久，但仍然存在着"综合素质"内涵不明确；评价内容趋同，

---

① 罗祖兵. 综合素质评价纳入高考的两难困境及其突围[J]. 全球教育展望，2015(8)：31-40.

未体现不同区域特点；评价功能迷失，导致评价实施流于形式；缺乏有效的评价机制，妨碍了综合素质评价的顺利实施等学理性问题尚未解决。[1]

高中阶段学生综合素质评价机制模型的运用急需组建专业的综合素质评价研究团队，为综合素质评价机制的有效运作提供专业指导与监控，一般而言专业研究团队需要满足以下三个基本条件，其一，研究人员必须是专业的，他们只从事综合素质评价及其相关问题研究和工作；其二，研究人员的研究内驱力应源于对综合素质评价本身的研究志趣和工作需要；其三，研究人员必须是长期从事综合素质评价研究工作，以保证综合素质评价研究及工作开展的延续性。专业研究团队的主要工作内容应包括综合素质的本质、内容、结构、特征、表征；综合素质评价实施所需要的技术、方法、功能、定位以及结果应用和机制等。

(三) 引入第三方评价，确保评价客观、公正

十八届三中全会提出要"加大政府购买公共服务力度""强化国家教育督导，委托社会组织开展教育评估监测"。伴随着综合素质评价改革的进一步推进，综合素质评价改革受到了越来越多的关注，也影响着学生综合素质的发展、学校特色的形成以及课程改革的整体推进。然而，现实中在实践层面却受到了来自学校、教师、家长甚至学生的阻抗，主要表现为"价值偏差导致的目标与方法错位，权力分配造成的教育不公平，心理定势引发的抵制行为，实际障碍减弱改革力度"等问题[2]，而当前体制内的高中阶段学生综合素质评价主体——学校扮演着"运动员"和"裁判员"的双重角色[3]，这一现状将会进一步拉开评价实然结果与应然结果之间的距离，

---

① 王小明，丁念金. 历史与嬗变：普通高中学生综合素质评价改革十年[J]. 现代教育管理，2015(11)：74-79.

② 靳玉乐，樊亚峤. 中小学实施综合素质评价的意义、问题及改进[J]. 教育研究，2012(1)：69-74.

③ 赵罗海，李新毅，刘辉亚. 普通高中学生综合素质评价的现状与思考[J]. 当代教育理论与实践，2014(12)：7-9.

而为确保评价结果的真实、可靠、客观、有效，引入第三方评价势在必行。在综合素质评价中引入第三方评价有着重要的现实意义与价值，主要体现为引入第三方评价能够展现学生综合素质评价主体的协商民主性；能够保障学生综合素质评价内容的针对性；能够确保学生综合素质评价过程的客观公正性；能够提高学生综合素质评价结果的信、效度。虽然，当前引入第三方评价面临着受评者思想上的诸多顾虑，学术力量受到行政力量的制约，第三方评价机构自身的建构也不尽完善等诸多挑战，但我们必须遵循教育规律和未来教育发展趋势。① 高中阶段学生综合素质评价实施过程中引入第三方评价机构的前提条件是明确自身的功能与定位，首先要明确的是第三方评价机构在学生综合素质评价改革过程中所应扮演的多重角色，即学生综合素质评价方案制定的设计师角色；监督调控学生综合素质评价过程的裁判员角色；反馈学生综合素质评价结果内涵的咨询师角色。在明确第三方评价机构功能与定位的前提下，尝试构建"三维九面"的第三方评价机构运行机制，其中"三维"包括起点之维：建立各主体间利益共通机制，照顾彼此利益；过程之维：建立评价过程行为监测机制，确保公平公正；结果之维：建立评价结果信息共享机制，反馈结果效用。"九面"包括(1)教育行政层面的利益释放；(2)学校教师层面的利益矫正；(3)学生家长层面的利益补偿；(4)评价场域层面的随机真实性；(5)评价视角层面的专业复合性；(6)评价方法层面的渗入扎根性；(7)纵向层面的上下信息联通；(8)横向层面的相关信息对比；(9)立体层面的综合信息咨询。②

(四) 建立评价制度，保障评价改革顺利实施

《现代汉语词典》对"制度"的解释分为两层含义，其一是指要求大家共

① 靳玉乐，李阳莉. 在中小学综合素质评价中引入第三方评价的探讨[J]. 当代教育科学，2014(8)：13-16.

② 张铭凯. 第三方评价机构参与中小学生综合素质评价：可能、角色与运行[J].教育发展研究，2014(20)：34-39.

同遵守的办事规程或行动准则，如工作制度等；其二是指在一定的历史条件下形成的政治、经济、文化等方面的体系，如社会制度等。① 综合素质评价制度则是指在综合素质评价改革政策推进过程中相关利益主体乃至整个社会所共同遵守的办事规程或行动准则。制度与机制相比具有一定的稳定性，机制的有效运行离不开制度作为保障。因此，在加强学生综合素质评价理论研究的基础上，完善学生综合素质评价制度意义重大，若实现学生综合素质评价的"制度化"，可以有效地缩短理想的学生综合素质评价制度与现实的学生综合素质评价制度的差距，可以加快与学生综合素质评价相关的一系列相关的"制度丛"体系的改革进程，可以减少公众对学生综合素质评价公正性的质疑，从而实现促进学生的全面发展的最终目标。② 若要实现综合素质评价的制度化，必须用法律化完善综合素质评价的规则系统，以制度配置保障综合素质评价规则系统，形成正规化的综合素质评价组织系统，建立专门化的综合素质评价设备系统。③ 同时"制度化"的实现还应健全申诉制度，保障学生合法权益；建立公示制度，增强评价透明度；强化问责制度，维护评价信度；完善监督制度，提高评价质量。④

三、应用案例

模型的建构及其应用策略的阐释是为了更加科学、合理地引导和指导实践。高中阶段学生综合素质评价以普通高中、技工学校、中等专业学校和职业高级中学/高级职业中学四类学校学生为评价对象，其目的主要是为高等院校招生提供参考。

---

① 中国社会科学院语言所. 现代汉语词典[Z]. 北京：商务印书馆，2005：1509.

② 王小明，丁念金. 历史与嬗变：普通高中学生综合素质评价改革十年[J]. 现代教育管理，2015(11)：74-79.

③ 樊亚峤，靳玉乐. 学生综合素质评价的制度化[J]. 中国教育学刊，2010(6)：29-31.

④ 靳玉乐，倪哲. 中小学综合素质评价相关制度的建立及其运用[J]. 西南师范大学学报(自然科学版)，2014(2)：147-151.

　　自主招生作为高等院校依照自身培养目标、办学特色、教学条件以及未来社会对人才素质的需求，在政府和社会的监督下，自行制定招生计划、生源计划、选拔形式以及录取标准和录取结果的一种选拔考生的活动。自主招生改革的初衷是为更加全面地考查高中阶段毕业生各方面综合素质以弥补纸笔考试的局限性。研究者通过审视现有高校自主招生政策现状及问题，运用已建构的学生综合素质评价机制模型提出改进策略，从而进一步优化和完善现行的高校自主招生制度。

（一）自主招生改革政策的历史发展与现状审视

　　我国的高校自主招生始于清朝末年，民国时期得以充分实践。中华人民共和国成立后历经两年的探索于1952年正式建立了全国普通高校统一招生考试制度。进入21世纪，为满足社会主义市场经济体制发展的需求，在政治改革的推动下，高等院校希望扩大自身办学自主权。自主招生改革是高等教育规模快速发展的必然要求，是知识经济时代对创新型人才培养的现实需要，更是推动素质教育发展和高中新课程改革的重要方式。研究者在对高校自主招生改革的历史沿革进行梳理的基础上，分别论述了重点高校自主招生改革，高职院校自主招生改革，复旦大学、上海交通大学自主招生改革以及复旦大学、上海交通大学综合评价录取改革的历史与现状。

1. 高校自主招生改革历史沿革

　　历史回顾是现实审视的基础。若追根溯源，我国高校自主招生可追溯到清朝末年。这一时期的有识之士通过引进西方有近代意义的高等教育的同时也建立和形成了我国最早期的自主招生模式，只不过在当时的称谓上有所差别，有"单独招生""单独招考"或"自行招生"之说。清朝末年作为封建高等教育体制开始向近代高等教育体制过渡的中间时期，在西方列强的凌辱下，国内社会形势动荡且高等院校的性质、层次与规模有较大差异，而且当时的中等学校毕业生数量明显不足，高等院校不可能以同一标准招收到合格的学生，从而迫使当时的高等院校只能通过自主招生收录新生。其中"洋务学堂"中的"京师同文馆"和中国近代史上第一所国立综合性大学"京师大学堂"都是通过自主招生的方式招收学员，可称为该时期自主招生的典型代表。

在批判、继承清末高校招生考试制度的基础上并结合当时的社会政治环境，民国时期的高校招生考试制度的嬗变产生了两条源流，其一是从北洋政府到南京国民政府统治时期，这一时期的高校招生方式实践发展脉络为自主招生——政府计划与统一招生考试——自主招生三个阶段①；其二是中国共产党在土地革命、抗日战争和解放战争时期创办的一些高等院校中所采取的考试形式多样、内容也多次变革的招生考试模式。② 民国时期高等院校招生考试制度的演变受到政治、经济、文化、教育等诸因素共同影响，它们适应了该时期不同地区、不同对象的培养目标需要，从而促使不同类型高校招生考试内容、形式与类型的新发展。

中华人民共和国成立之初，为了保证不同层次间各类教育的过渡与衔接，中央人民政府在对国民政府和外国在华教会学校的全面接管的同时对解放区已有大学进行了正规化建设，本着"维持现状、立即开学"的原则③保留了原有各类高等院校所沿用的自主招生制度，并在此后两年时间里尝试过区域联合与统一考试，并于1952年正式建立了全国普通高校统一招生考试制度，俗称"高考"。全国普通高校统一招生考试之初，社会各界掀起了一股"统一招生"和"单独招生"的激烈争论，最终前者占了上风。20世纪80年代初期，教育部曾尝试授予高校部分招生自主权，开始允许部分高校实施自主招生试点，但高等院校为了省时省力都不愿意尝试，改革试点也就无疾而终。

历史的车轮带我们步入了21世纪，自1952年建立了全国普通高校统一招生考试制度，近半个世纪以来中国高校招生一直采用统一招考模式。

① 高耀明. 民国时期高校招生制度述略[J]. 高等师范教育研究，1997(4)：69-74.

② 樊本富. 中国高校自主招生研究[D]. 厦门：厦门大学，2009：65.

③ 蒋超. 中国高考史(创新卷)[M]. 北京：中国言实出版社，2008：285.

随着社会的不断进步，高等教育的快速发展以及人才的多元化需求，高考已经不能完全与其相适应，因为每一所高校都有自身的优势与不足，它们需要有一定的自主权以发挥自身的优势，否则其结果必然是千校一面，造成了大量公共资源的浪费。基于社会主义市场经济体制发展的需求，政治改革的推动，高等院校扩大办学自主权的需要，高等教育规模快速发展的必然要求，知识经济时代对创新型人才的需求，素质教育的发展要求以及高中新课程改革的呼唤，① 1999 年 2 月，教育部颁布了《关于进一步深化普通高等学校招生考试制度改革的意见》，制定了我国高考制度改革的具体方案，并明确了高考制度改革的目标要有助于基础教育学校实施素质教育、有助于高校选拔人才、有助于高校扩大办学自主权。

2. 高校自主招生改革现状分析

伴随着高校规模的快速发展，知识经济时代对创新型人才的需要，素质教育的深入发展和高中新课程改革的"东风"，不同类型的高等院校都急需扩大自主权，其中自主招生正是高校自主权扩大的重要内容。通过已有政策文本与文献资料的分析，研究者将国内自主招生改革归纳为重点普通高校自主招生改革，高职院校自主招生改革，复旦大学、上海交通大学自主招生改革以及复旦、交大综合评价录取改革四类。

(1)重点普通高校自主招生改革

在《关于进一步深化普通高等学校招生考试制度改革的意见》的指导下，2001 年，经教育部批准，江苏省开始在本省范围内首次尝试高校自主招生改革，首批试点高校包括东南大学、南京理工大学、南京航空航天大学三所。三所高校可以根据本校的办学特色和专业培养目标自主确定生源地所在省份最低控制分数线以上的调档比例与标准，并通过申请—批准—公示—测试—审批等程序择优录取"怪才""偏才"。2002 年末，经过为期两年的探索，教育部召开了高校自主招生座谈会，并同时增加了南京大

---

① 樊本富. 中国高校自主招生研究[D]. 厦门：厦门大学，2009：153-159.

学、中国药科大学、河海大学三所试点高校进行自主招生改革。

2003 年 1 月 10 日，教育部颁布《教育部关于做好 2003 年普通高等学校招生工作的通知》，其中提出要积极稳妥、规范有序地开展高等学校自主选拔录取改革试点工作，指出了本次自主选择录取改革的目的、意义在于扩大高等学校招生自主权，培养教育创新人才，全面推进素质教育；并进一步提出了改革应遵循的基本原则——"严格程序、加强管理、接受监督"，以及标准刚性化、程序规范化、招生办法公开化、录取结果公示化的要求，制定详细的自主选拔录取方案并向社会公布，认真做好中学推荐、高等学校考核、录取等各个环节的工作。

高等学校按照自主确定并经公示的标准，先期对考生进行包括推荐材料审查、面试在内的相关测评、考核，考核通过的入选考生名单须向考生所在中学公布，并报生源所在省级招生考试机构备案。高等学校在招生预留计划一定数量范围内，对先期考核通过并且高考成绩达到本校生源所在省（自治区、直辖市）同批次投档控制分数线上的考生，进行综合评价、自主选拔录取。

开展试点工作的高等学校和有关省级招生考试机构应高度重视这项工作，积极探索以统一考试录取为主、与多元化考试评价和多样化选拔录取相结合，学校自主招生、自我约束，政府宏观指导、服务，社会有效监督的选拔优秀创新人才的新机制。

中学应本着高度负责的精神，严格按照一定的程序公开组织推荐工作，如实提供推荐学生的真实情况。如有弄虚作假、徇私舞弊的，一经查实，除按招生工作规定予以处理外，对负有责任的高等学校，取消其试点资格；对负有责任的中学，取消其向高等学校推荐学生的资格；对负有责任的学生，取消其录取资格，并将有关情况记入个人档案。同时，对负有责任的学校或个人，在一定范围内予以通报。①

---

① 教育部.教育部关于做好 2003 年普通高等学校招生工作的通知［Z］. 教学〔2003〕1 号.

在总结江苏省高校自主招生改革经验的基础上，2003 年 2 月 24 日，教育部正式颁布了《教育部办公厅关于做好高等学校自主选拔录取改革试点工作的通知》，其中确定了北京大学、清华大学在内的全国 22 所重点普通高等院校作为自主招生改革试点院校，确立了本次自主招生改革的指导思想和原则，并明确规定全部试点高校自主选拔录取招生人数应控制在试点学校年度本科招生计划总数的 5%以内，并作为"预留计划"的一部分在招生来源计划之外由试点学校及有关省级招办单独公布，并报教育部备案。《教育部办公厅关于做好高等学校自主选拔录取改革试点工作的通知》还明确规定了高等学校自主招生的程序(详见图 5-6)。同时，对各省级招办、学校和试点高校提出了具体要求，如各试点学校由主管校领导、学科专家、纪检监察部门、招生部门负责人组成的招生领导小组，应按照"严格程序、加强管理、接受监督"原则，认真把好招生过程的每一关。

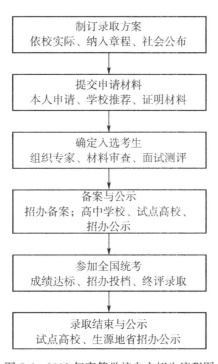

图 5-6　2003 年高等学校自主招生流程图

　　通过对《教育部办公厅关于做好高等学校自主选拔录取改革试点工作的通知》的仔细分析发现，本次自主招生改革的录取人数规定为试点学校本年度招生计划的5%，这5%的招生名额占用的是试点学校的预留计划，并未占用分配到各省市的招生计划指标，既有利于自主招生申请者，又不损害试点学校所在省市不参加自主招生考生的利益；试点高校自主招生方案的主要内容应包括招生对象、招生范围、招生程序和录取原则等，且制定之后要纳入招生章程，并向社会公布；被预录取的考生倘若第一志愿未申报自主招生所申请的高校或高考成绩未达到申请高校所规定的标准，仍允许通过正常渠道和程序进行录取。

　　2003年是中国高校自主招生改革的关键时期，作为高校自主招生的破冰之旅，为此后的高校自主招生改革提供了宝贵经验。2003年后我国自主招生改革试点高校的数量逐年递增(详见图5-7)，为我国高等院校招生考试综合改革的进一步推进提供了借鉴。

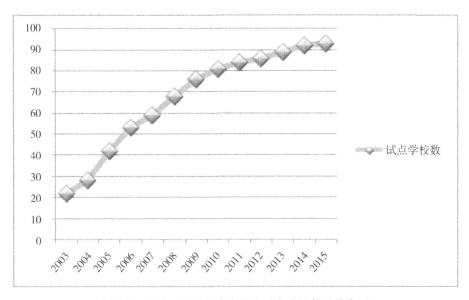

图5-7　2003—2015年自主招生试点院校数量分布图

随着试点学校规模的扩大，自主招生政策也在不断地完善，并实现了多种突破。2004年，自主招生第一次允许考生直接向招生院校自荐，而并非仅仅向指定中学招生。

2005年12月26日，教育部颁布《教育部办公厅关于进一步做好高等学校自主选拔录取改革试点工作的通知》，部署整个2006年试点高校自主招生工作，还指出若考生人数较多并且生源质量较好的试点高校可以在其年度自主招生计划总数之5%的基础上进行适当增加，同时还规定生源所在省招办可将考核通过考生的档案提前于试点学校所在批次录取前进行投档。① 此外，在考试形式上有很多创新，其中首次出现了由北京化工大学、北京科技大学、北京交通大学、北京邮电大学和北京林业大学五所学校联合考试而组建成"京工盟"；北京大学、清华大学等高校对特别优秀的学生，最多可降低至分数线以下30分进行录取；复旦大学与上海交通大学做出了更为大胆的尝试，即以面试成绩作为考生录取的主要依据，高考成绩仅仅作为参考。

2006年11月28日，教育部颁布《教育部办公厅关于做好2007年高等学校自主选拔录取改革试点工作的通知》，规定试点学校招生人数应对参加高中新课程改革的山东、广东、海南、宁夏四省区进行适当增加；为了不打乱和影响中学正常的教学秩序，高校自主招生校内考核时间不得在1月1日之前，面试将安排在寒假进行；初次建立了诚信问责机制。②

2007年至2013年教育部办公厅基本每年都会颁布有关高等学校自主选拔录取改革试点工作的通知对下一年度的自主招生进行统筹安排，如2007年11月22日，教育部颁布《教育部办公厅关于做好2008年高等学校自主选拔录取改革试点工作的通知》；2008年12月12日，教育部颁布《教

---

① 教育部. 教育部办公厅关于进一步做好高等学校自主选拔录取改革试点工作的通知[Z]. 教学厅〔2005〕15号.

② 教育部. 教育部办公厅关于做好2007年高等学校自主选拔录取改革试点工作的通知[Z]. 教学厅〔2006〕11号.

育部办公厅关于做好 2009 年高等学校自主选拔录取改革试点工作的通知》；2011 年 11 月 15 日，教育部颁布《教育部办公厅关于做好 2012 年高等学校自主选拔录取试点工作的通知》；2012 年 12 月 4 日，教育部颁布《教育部关于进一步深化高校自主选拔录取改革试点工作的指导意见》；2013 年 12 月 25 日，教育部颁布《教育部办公厅关于进一步加强高校自主选拔录取改革试点管理工作的通知》，但这些文件基本上没有太大变化，可见高校自主招生政策已较为成熟且渐近稳定。

　　为了更加科学、公平、有效地选拔优秀人才，在此期间还形成了诸多有影响力的高校自主招生联盟。2009 年 10 月 19 日，清华大学、上海交通大学、中国科学技术大学、南京大学和西安交通大学五所高校联合宣布将在 2010 年自主招生中采用"五校联考"①，后来不断发展成为"华约"联盟；2009 年 11 月 5 日，由北京大学发布 2010 年自主招生简章宣布将与北京航空航天大学和香港大学两所高校联合招生，实现考生一档多投的招生政策，并进行联合命题、统一组织测试且考试成绩共享，后来经过不断发展成为"北约"联盟。② 2010 年 11 月 25 日，由同济大学、哈尔滨工业大学、北京理工大学、大连理工大学、东南大学、华南理工大学、天津大学和西北工业大学八所院校对外宣布将于 2011 年自主招生过程中实现联考，并共同签署《卓越人才培养合作框架协议》，次月重庆大学也宣布加入。"卓越联盟"内各所高校通过其开发的"卓越人才培养合作高校联合自主选拔录取学业能力测试"对申请者进行初测，2011 年"卓越联盟"在全国二十五个省市设立考点，超过三万名考生参加了该年度的"卓越"联考。③

---

　　① 清华大学本科招生网. 清华等五所高校 2010 年将合作开展自主招生[EB/OL].
http://www. tsinghua. edu. cn/publish/news/4210/2011/20110225232339609864943/2011
0225232339609864943_.html.

　　② 北大招生网. 北京大学 2010 年自主选拔录取招生简章[EB/OL]. http://www.
gotopku.cn/data/detail.php? id=4912.

　　③ 中国教育在线. 自主招生联盟考试收官"热闹"背后冷思考[BE/OL]. http://
www.eol.cn/dajiat_3201/20110228/t20110228_581613.shtml.

随着自主招生改革的不断深入，其存在的问题也日益凸显，主要表现为部分高校自主招生定位不明确，热衷于"掐尖""抢生源"；部分高校以联盟形式在高考前组织大规模文化考试，被社会称为"小高考"，进一步加重了考生负担，影响了学校正常教学秩序；个别高校招生程序不够完善，过程不够公开透明，仍然需要进一步完善和规范。为了解决自主招生改革过程中所凸显的问题，并贯彻落实《国务院关于深化考试招生制度改革的实施意见》(国发〔2014〕35号)，2014年12月10日教育部颁布了《教育部关于进一步完善和规范高校自主招生试点工作的意见》对今后自主招生工作的总体要求、报名申请与审核程序的完善、考核内容与形式的确定、录取程序的规范、自主招生考核时间的安排(详见图5-8)、信息的公开公示以及各类违规行为的查处都给予了明确的规定，并进一步要求试点高校结合本校相关学科、专业特色以及培养要求来确定考试内容，考查考生的学科特长与创新潜质，并特别强调不得采用联考方式或组织专门培训。①

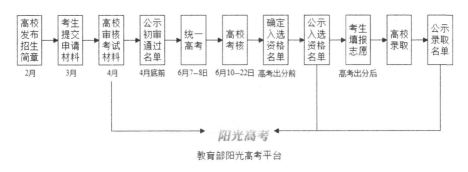

图5-8 高考后自主招生工作流程图

截至2015年，已有93所国家重点普通高等院校参与自主招生试点改革之中，该类招生主要针对重点大学、重点中学与高水平学生，这一改革

① 教育部.教育部关于进一步完善和规范高校自主招生试点工作的意见[Z]. 教学〔2014〕18号.

无疑对高等院校选拔培养高层次创新型人才有一定积极推动作用。曾经有研究者以首批参与自主招生改革的东南大学中通过自主招生录取的学生为研究对象，通过对该类学生入学以后学习状况的调查分析发现该类学生普遍要优于高考招生录取的学生，且差异显著。①

（2）高职院校自主招生改革

近年来，高职教育发展迅猛。截至 2020 年，全国共有高职高专院校1468 所，在校生 1459.5 万人。高职教育招生生源复杂，从构成来看，"普通高中"占 76.1%，"三校生"占 21.6%（"中等职业学校"占 6.7%，"中技、中专"占 8.5%，"职高"占 6.4%），"其他"占 2.3%。② 职业教育作为培养高技能应用型人才的高等教育类型是我国高等教育大众化过程中不可或缺的一部分，作为职业教育主体的高等职业院校的招生方式问题受到越来越多人的重视。为深化高等院校招生考试改革，进一步推进素质教育发展，探求具有高等职业教育特色的多元人才评价体系以及多样化招考录取方式，应拓宽高职院校招生渠道。

2003 年，黑龙江首次探索了省属高等院校自主招生入学方式的改革，迈出高等职业教育自主招生改革的第一步。2004 年，江西省有 25 所高职院校进行了自主招生改革试点，并规定了录取人数不得超出年度总招生计划的 10%。考试科目与命题皆由试点院校自行决定，考试的组织与阅卷基本按照当时的普通高考方式实施，此外，当年高考总分达 300 分以上者，中职生考试在 120 分以上者，可到试点院校直接报名登记，并免试入学。③

2005 年，历经两年的初步探索与准备，经教育部正式批准，上海作为

---

① 李振东. 惟愿蹊径变通途——高校自主招生调查[J]. 高校招生，2005（12）：15-16.

② 石琳. 高职院校自主招生现状分析与对策研究[J]. 清远职业技术学院学报，2019，12（03）：79-81.

③ 江西 25 所高职院校自主招生 3 千人 300 分以上者免试入学[EB/OL]. http://www.jxnews.com.cn/oldnews/n1034/ca715891.htm.

教育改革综合试点实验区，经上海市教委反复评议与论证，最终从多所申请院校中选取了上海杉达学院、上海建桥职业技术学院、上海新侨职业技术学院三所办学声誉较好、招生方案较为合理的民办高职院校作为第一批自主招生改革试点院校。2006年，上海市在首批改革试点院校的基础上新增了上海第二工业大学、上海工商外国语职业学院和上海邦德职业技术学院三所高校。上海本次高等职业院校自主招生试点改革给予了试点院校以充分的自主权，试点院校从选拔标准的制定、选拔方式的确立以及最终的招生录取都有充分的自主权。基于此，部分试点院校结合自身办学定位以及人才培养目标探索创建了"学能测试"办法，尝试实行了高中合格毕业生通过申请、测试的入学制度，并规定未被录取考生可参加当年高考，但被录取却未报到的申请者则不能参加当年高考。① 同年，北京市信息职业技术学院、北京汇佳职业学院、北京培黎职业学院三所高职院校与天津市26所高职院校也相继加入试点改革，与北京、上海不同，在《2006年天津市普通高等学校招生考试工作规定》中天津市高职院校实施"分层招生、多次录取"的招生模式。

2007年，教育部批准江苏、浙江、广东、湖南4个省份8所国家示范性高职院校进行自主招生试点，此后高职院校自主招生改革试点的规模与数量都逐年递增，已成为高等职业院校招生考试的重要方式。到2012年，扩大到100所国家示范性高职院校和100所国家骨干高职院校及各省级示范高职院校开展单独招生试点。获准单独招生资格的院校组织单独考试或以地方为单位组织文化考试，结合考生高中学业水平考试成绩录取；同时组织以职业技能测试为重点的考核，并于高考前完成考生录取工作。单独招生院校生源以其所在省区的普通高中学生为主（包括中职生）；单独招生计划纳入各校当年国家招生计划内。单独招生考

---

① 上海三所民办高校自主招生小步探索推进高招改革［EB/OL］. http://www.youtheme.cn/gaozhongzuowen/gaokaozuowenzhidao/2007-03-14/6556.html.

试是高等教育多元化选拔机制的有效试点，是国家高考的一部分。单独招生是高考招生制度的改革，突出高职教育应有的特色，是进一步完善高等教育选拔机制。

截至目前，我国高职院校自主招生模式可以分为两类，一类是 2005 年开始实施的自主招生模式，其生源类型为高中阶段与"三校生"即中职、中专、技校三类学校的学生，在这一招生模式中依据不同生源类型所采用的选拔标准有所不同，其申请条件、招生流程、考核方法和录取规则都非常灵活；另一类则是自 2007 年开始试点实施的国家示范性(骨干)高职院校自主招生，一开始是以广东、浙江、江苏和湖南 4 省 8 所学校为主要参与主体，现已扩大到超过 200 所，其生源类型为高中阶段毕业生，各试点高校可"单独或联合组织文化考试，亦可结合高中学业水平考试成绩，组织以职业技能测试为重点的相关考核"，并要求在高考前完成录取工作。①

(3)复旦、交大自主招生改革

2006 年 3 月，复旦大学和上海交通大学先后公布了其当年的自主招生改革方案。本次改革受到了社会各界人士的广泛关注，也同时引发了广泛而热烈的讨论。本次改革两所高校虽然招生名额不多，都不超过 300 名，但与其他试点高校的自主招生改革相比，其最大的突破是以面试成绩作为考生能否被录取的主要依据，高考成绩仅作为参考。

在对复旦大学于 2006 年 3 月 3 日发布的《复旦大学 2006 年自主选拔录取改革方案》和上海交通大学于 2006 年 3 月 6 日发布的《"深化自主选拔录取改革试验"招生方案》两份方案的分析基础上我们从"招生对象""招生条件""招生程序""选拔方式""考核内容""录取标准"六个维度对两校自主招生改革特点进行了比较分析(详见表 5-1)。

---

① 朱贺玲. 中国高职院校自主招生研究[D]. 厦门：厦门大学，2012：30.

表 5-1　2006 年复旦、交大自主招生改革对比分析表

	复旦大学	上海交通大学	特点分析
招生对象	符合 2006 年上海市普通高校统一招生考试报名条件；在思想政治品德和社会活动方面表现突出，或者在各科学业、科技创新活动和实践活动方面成绩优异，或者在其他方面有特殊才能的学生	符合 2006 年上海市普通高校统一招生考试报名条件；以中学定额推荐为主，未获得中学推荐名额的优秀学生可向上海交通大学自荐，通过登陆学校招生网站下载申请表，并查阅相关信息，所有申请者均须按要求填写申请表，准备申请材料，经所在中学确认并加盖学校公章，在规定时间里提交给上海交通大学招生办公室	符合上海市高校统一招生考试报名条件者
报名条件	①在思想政治品德方面有突出的表现，事迹感人，有良好的社会反响；②有很强的社会活动能力，组织或主持过区县规模以上的中学生大型活动，或担任区县以上的学生联合会主席团成员等；③各科学业成绩优异，在中学的学业成绩(或综合成绩)最新排名列年级前茅(在市级重点中学前 50 名，或者在区级重点中学前 20 名，或者在普通高级中学前 3 名)；④科技创新活动和实践活动方面成绩优异，作为主要成员所完成的科技创新活动成果或实践项目在全国或国际比赛中得奖；⑤其他方面具备特殊超常才能的学生	①综合素质高，学习成绩优秀，在中学年级综合排名中名列前茅；②思想品德方面表现突出，有感人事迹和良好社会影响；③能力强，担任中学主要学生干部，或组织过规模较大的大型活动；④科技创新成果在国际国内比赛中获奖；⑤特长明显，具有发展潜能和培养前途	综合素质水平发展突出

续表

	复旦大学	上海交通大学	特点分析
招生程序	网上申请——招办初审——申请资格测试——提交入学申请资料——申请材料审核——面试——高考	自愿申请——中学推荐——专家面试——综合评价——高考——择优录取	网上申请——学校初审——初试（申请资格测试、冬令营测试）——面试——预录取——参加高考——最终录取
选拔方式	笔试：复旦大学申请资格测试； 面试：面试专家和学生事先分别通过随机方式分组，专家名单、专家分组名单和学生分组名单均严格保密。面试开始后，考生根据抽签结果经由志愿者引导进入封闭式的面试考场，考场内只有一位考生，共5位专家，每位学生面试15分钟	笔试："冬令营测试"，理科测试科目为数学、英语、物理、或化学；文科测试科目为数学、英语、语文； 面试："无领导有主题小组讨论"5名学生根据特定主题讨论25分钟，专家在旁边观察他们的表现；根据学校专业设置情况划分为三个学科大类（生命、医学类；人文、管理类；理工类），并按学科大类对申请者进行分组面试	笔试达到一定成绩要求，参加面试，面试专家和考生，都是面试当天、当场随机抽取、随机编组；各组教授就考生的面试表现进行合议，不存在异议才意味着"通过"，若意见不一致，还将由招生改革领导小组牵头，召集面试教授复议，经讨论若确为某专项领域有特殊才华的所谓"偏才"者，才可以通过复议

	复旦大学	上海交通大学	特点分析
考核内容	①复旦大学"申请资格测试"为3小时的笔试,内容涵盖高中语文、数学、英语、政治、历史、地理、物理、化学、生物和计算机等10个科目,以综合性和基础性知识为主;②入学申请资料包括:反映其个人信息的申请表、陈述其报读复旦大学理由申请信、反映其高中三年学习成绩证明、两封推荐信(至少一封为其中学老师的推荐信)及反映其各方面能力的相关证明等	①笔试:"冬令营测试",理科测试科目为数学、英语、物理、或化学;文科测试科目为数学、英语、语文;②入学申请资料包括:填写完整并由所在学校核实、加盖公章的申请表,所在学校教师填写的推荐信,申请表中规定完成的文章,申请者认为需要提供的必要材料	试题,更具拓展性与创新性,总体上更能检测考生的知识结构与应变能力
录取标准	以本校自行举办的笔试和面试成绩为标准,决定考生的录取结果。高考成绩仅作为一个比照与参考	以本校自行举办的笔试和面试成绩为标准,决定考生的录取结果。高考成绩仅作为一个比照与参考	以本校自行举办的笔试和面试成绩为标准,决定考生的录取结果。高考成绩仅作为比照与参考

2015 年,复旦大学与上海交通大学两所高校以本校自行举办的笔试和面试成绩为标准,决定考生的录取结果,高考成绩仅作为一个比照与参考的自主招生模式已历经十个年头,十年来这一模式得到不断完善。通过对《上海交通大学 2015 年自主招生简章》与《复旦大学 2015 年自主招生简章》的分析发现,两所试点高校自主招生改革定位更加明确,即选拔具有"学

科特长和创新潜质"的优秀人才,选拔对象由一开始仅限于上海本地,发展到江、浙、沪三地;复旦大学以项目开展为依托,通过"望道计划"体验营、"博雅杯"人文学科体验营、奥林匹克竞赛全国决赛生三种项目的开展来选拔优秀人才,并根据不同项目特点分配不同招生计划上限(详见表 5-2)。

表 5-2 2015 年复旦大学自主招生项目招生计划表

招生项目	招生计划	招 生 专 业
望道计划	95	数学类、自然科学试验班、计算机科学与技术、软件工程、基础医学
博雅杯	40	中国语言文学类、历史学类、哲学类
奥赛决赛	20	数学类、自然科学试验班、计算机科学与技术、软件工程、保密管理、基础医学

同时,两所学校还专门成立了招生工作领导小组,工作方案、实施办法和最终录取结果均须报招生工作领导小组审核批准。为确保此项工作的公平公正性,学校招生监察小组全程参与,同时接受社会监督,并在《招生简章》中留有监察部门监督举报电话。

(4)复旦、交大综合评价录取改革

为贯彻落实《国务院关于深化考试招生制度改革的实施意见》(国发〔2014〕35 号)、《教育部关于进一步完善和规范高校自主招生试点工作的意见》(教学〔2014〕18 号)等文件精神,以《上海市普通高中学生综合素质评价实施办法(试行)》(沪教委基〔2015〕30 号)与《浙江省教育厅关于完善浙江省普通高中学生成长记录与综合素质评价的意见》(浙教基〔2015〕45 号)为基础,深化高校考试招生制度改革,经上级主管部门批准,复旦、交大两所学校分别于 2015 年在上海市、浙江省实施综合评价录取改革试点，探索与沪、浙两地高考综合改革方案相衔接、基于"两依据一参考"的招生方法，着力选拔具有学科特长和创新潜质的优秀学生。

通过对复旦大学于 2015 年 3 月 15 日发布的《复旦大学 2015 年综合评价录取改革试点招生简章》《上海交通大学 2015 年在上海市综合评价录取改革试点招生简章》《上海交通大学 2015 年在浙江省综合评价录取改革试点招生简章》三份招生简章进行分析，研究者从"选拔对象与条件""招生计划与专业""选拔模式与程序""录取依据与标准"四个维度对两校自主招生改革特点进行了比较分析(详见表 5-3)。

表 5-3　复旦、交大综合评价录取改革对比分析表

	复旦大学		上海交通大学	
	上海	浙江	上海	浙江
选拔对象与条件	符合 2015 年上海市、浙江省普通高等学校招生全国统一考试报名条件，通过各科目高中学业水平考试(无不合格科目)，具有学科特长、创新潜质，综合素质高、全面发展的学生，均可报名		综合素质优秀、品学兼优、身体健康并具有上海市、浙江省 2015 年普通高等学校招生统一考试报名资格，且通过各科目高中学业水平考试(无不合格科目)的考生	
招生计划与专业	上海市不超过 540 名，浙江省不超过 80 名。开放本校所有本科招生专业(类)供考生填报	2015 年在浙江省综合评价录取改革试点招生不超过 130 人，分布如下：上海交通大学校本部：理科 110 人、文科 10 人；上海交通大学医学院：理科 10 人	2015 年在上海市综合评价录取改革试点招生不超过 650 人，分布如下：上海交通大学校本部：理科 500 人、文科 80 人；上海交通大学医学院：理科 70 人	

续表

	复旦大学	上海交通大学
选拔模式与程序	①3月17日至4月6日考生可登录复旦大学招生网网上报名系统注册报名，在线提供个人基本信息、高中学业水平考试成绩，以及其他反映个人学科特长、创新潜质的证明材料；②学校组织专家组审核学生报名材料；③5月中旬按教育部有关规定公示通过报名审核的学生名单；④所有学生必须参加高考；⑤高考出分以后，依据高考成绩从高到低，组织不超过招生计划数1.5倍的考生面试，并按教育部有关规定公示入围面试名单及面试成绩。(浙江省于6月13日左右组织通过报名审核的考生进行综合素质测试(笔试)，依据测试成绩划定不超过招生计划数4倍的考生进入面试，并按教育部有关规定公示入围面试名单及面试成绩)	①报名：2015年3月17日报名开始，2015年4月6日报名截止，报名时考生可提供的其他材料包括：高中阶段的课程修习情况和相关成绩、获奖证明、参加社会公益性活动等写实性材料；②初审：组织专家进行初审，初审结果预计于2015年4月底在报名系统中公布(浙江省初审通过的考生可参加学校组织的笔试。文科考生将参加"文科综合"测试，理科考生将参加"理科综合"测试。)；③志愿填报：考生须在报名系统中选择填报上海交通大学或上海交通大学医学院，并在上海市教育考试院规定的时间内，在高考综合评价批次第一志愿填报与报名系统中相同的院校志愿。考生的专业志愿以高考志愿为准(该阶段志愿填报仅为上海生源，浙江生源将于面试通过后再进行志愿填报)；④面试：在上海市教育考试院提供的填报志愿考生名单中，根据考生的高考志愿与高考投档成绩，按照不超过招生计划1.5倍的比例，分别确定上海交通大学与上海交通大学医学院的文、理科面试入围人选。面试将于高考出分后进行。(浙江省根据考生的笔试成绩，按照不超过招生计划4倍的比例，分别确定上海交通大学与上海交通大学医学院的文、理科面试入围人选。面试将于高考后进行。面试通过后，考生须在报名系统中选择填报上海交通大学或上海交通大学医学院，并在浙江省教育考试院规定的时间内，在高考相应批次以第一志愿填报与报名系统中相同的院校志愿。考生的专业志愿以高考志愿为准)

	复旦大学	上海交通大学
录取依据与标准	根据高考成绩、高中学业水平考试成绩与面试成绩三者总分高低将考生排序，由校本科生招生工作领导小组按招生计划审定综合评价录取入选资格，经省级招办审核后正式投档录取；考生高考成绩必须达到上海市本科第一批次最低录取控制分数线；总分＝高考成绩（60%）＋面试成绩（30%）＋高中学业水平考试成绩（10%）	①高考投档成绩不低于本科第一批次最低录取分数线；②按综合成绩从高分到低分排序录取；③综合成绩的组成为：高考投档成绩占60%，面试成绩占30%、高中学业水平成绩占10%；④若考生综合成绩相同时，再依次以高考总成绩、高考数学成绩排序录取；⑤交大密西根学院、交大-巴黎高科卓越工程师学院，仅录取有志愿的考生。预录取名单由我校招生工作领导小组审定，经上海市教育考试院审核后，方正式予以录取

复旦大学与上海交通大学所开展的综合评价录取改革是继《国务院关于深化考试招生制度改革的实施意见》（国发〔2014〕35 号）与《教育部关于加强和改进普通高中学生综合素质评价的意见》（教基二〔2014〕11 号）文件颁布以来，上海市、浙江省分别出台高考综合改革试点方案后，高校落实"两依据一参考"招生方法的首次尝试，是高考综合改革试点方案在高校层面的"破冰之举"。

（二）自主招生改革学生综合素质评价问题解析

自主招生改革历经十几年嬗变，虽然不断完善，但仍然存在问题。研究者在诸多问题中选取了与综合素质评价相关性较高的四方面基本问题进行了阐述。

1. 缺乏科学合理的评价标准与评价手段

通过对最近几年各自主招生试点高校招生方案和招生简章（章程）的分

析发现，自主招生简章(章程)作为自主招生改革政策目标的具体化，不同试点高校招生简章间的共同之处多于个性化之处。在招生简章中仅有部分高校(如复旦大学、上海交通大学等)针对自身办学特色与定位对申请者在学科方面有特定要求，但对学生综合素质方面的要求大多比较宏观，如《上海交通大学 2015 年在上海市综合评价录取改革试点招生简章》中公布其选拔对象为综合素质优秀、品学兼优、身体健康并具有上海市 2015 年普通高等学校招生统一考试报名资格，且通过各科目高中学业水平考试(无不合格科目)的考生。虽然简章中将最终决定考生综合成绩的综合素质成绩(面试成绩)的权重规定为 30%，但这一权重的科学性、合理性值得商榷，需要进一步理论论证与实践检验。

高校自主招生的时间安排十分紧促，部分试点高校又缺乏相关操作经验，同时各高校对于偏才、怪才还尚未形成硬性的评价标准，而对于综合素质评价内容的选取更是缺乏理论研究和实践经验，基于此，有研究者认为受到社会广泛关注的高校自主招生改革政策的初衷——不拘一格选拔具有学科特长、学术潜能与创新精神、实践能力的优秀人才，难以实现。①由于缺乏科学合理的评价标准和评价手段，自主招生沦为"降分录取"的代名词，充当了学习成绩优秀，但高考发挥失常考生的"保护伞"甚至"救命稻草"，并未成为与高考并驾齐驱的创新人才招考模式。自主招生过程中学生综合素质评价由于缺乏科学合理的评价标准和评价手段，高校自主招生改革本身并未获得应有的发展与突破。

2. 招生成本较高，自主招生过程流于形式

通过访谈得知，虽然自主招生计划每年一般都控制在年度招生计划的 5% 左右，但这对试点院校而言仍然需要较高的招生成本。在自主招生过程中所消耗的人力、财力和物力对于试点院校是一个较大的负担，从考生申请材料的初审到确定参加笔试名单，到笔试的命题、试卷的印制、试卷的

---

① 罗丽英. 高校自招生政策分析[D]. 长春：东北师范大学，2007：16.

保管再到笔试的组织与阅卷,都需要参考"高考"标准实施,导致各项成本均大大提高。少数招生紧俏的高校一年收到5000多份申请材料,① 如2004年,申请北京大学自主招生的人数高达5452人,经过初步审核后339人最终进入面试,最终只有179人被录取。② 在自主招生过程中,仅仅笔试命题这一节,若要找到熟悉高中、职业高中、中专、技校的教材、考纲、课程标准又能够了解招生试点院校办学定位、特色与标准,同时又具有丰富命题经验的专家就是一项棘手的难题。面试的组织、人员与考点的安排等都需要高昂的成本。试点院校通过自主招生这一方式所录取学生的生均经费是通过高考招生所录取学生生均经费的几倍甚至几十倍,多数试点院校表示,与其他招考方式比,自主招生方式的成本是最高的,学校基本都是在贴钱,这一现状导致了高校参与自主招生改革的积极性偏低。试点院校虽然都设立了笔试和面试,但部分学校忽视考生的兴趣、特长,面试内容、过程、形式都一样,基本上以自我介绍开始,然后再由专家随机提问一两个问题,时间比较仓促,根本达不到应有的效果和目的。此外,还有部分试点院校在笔试和面试之间只选择其中之一,完全是为了走形式。有研究者通过访谈试点院校招生人员了解到,自主招生成本过高且考生高考成绩必须要过录取控制线,招生人员担心经过一番折腾之后,符合条件的高考上线者又不多,由此,部分高校选择了简化自主招生选拔过程。③ 高校自主招生的这一现状,阻碍了高等院校对考生综合素质发展的评价,不利于高等教育与学生的长远发展。

3. 招生过程中诚信问题受到社会的质疑

自主招生过程中,试点院校最关注与担心的问题是学校与考生所提供材料的客观真实性。自主招生的高利害性促使学校、考生在申请过程中的

---

① 孙中涛. 浅析当前高校自主招生政策及其试点[J]. 现代教育科学, 2006(4):42-45.

② 张亚群. 北大清华自主招生考试改革透视[J]. 考试研究, 2007(1):15-26.

③ 程树. 五年:自主招生经历的水与火[J]. 教育, 2008(5):31-32.

诚信问题越来越多地受到社会的诟病。学校在分配高校的自主招生推荐名额时需要协调各方关系，有的甚至受到来自学生家长等多方的压力；另外，学校为了升学率还存在"推良不推优"行为，雪藏那些各方面综合素质最为优秀的考生，而选择推荐那些只有享受到降分录取政策优惠才能考取重点大学的考生。

高校自主招生过程中的诚信问题不仅仅存在于学校之中，考生的不诚信问题更加严重。部分考生存在申请材料造假现象，考生或者考生家长通过各种不正当手段获得加分证明，甚至对照自主招生所要求的条件，炮制相关证明材料，为被录取增加筹码。由于高校自主招生时间紧促，工作量又很大，招生工作人员不可能对每一位考生的申请材料进行逐一准确核实。

4. 综合素质评价缺乏系统的规划与反馈

任何一套完善的评价制度都应包含前期调研、中期实施和后期反馈三个部分，且这三个部分应该是不可分割的整体，更需要在实践过程中进行不断的调整，并臻于完善。高校自主招生过程中对学生综合素质的考查也一样应该遵循以上规律，但目前高校自主招生过程中对学生进行综合素质评价主要是在招考录取阶段，更确切地说是在材料初审和面试阶段，并将其作为最终录取考生的主要参考依据，而缺乏后续的跟踪反馈。高校并未针对不同学生个性特点制定有针对性的培养方案，更加谈不上对通过自主招生录取学生的后续发展的跟踪调查。倘若所有的后续评价指标都完全一样，学生的个性化发展就成了彻底的空话；倘若没有对自主招生录取学生后续发展的跟踪调查，就不可能对自主招生政策的信、效度进行科学、严谨的论证，更不可能对自主招生政策的深入推进提供有效的指导和帮助。

(三) 自主招生改革学生综合素质评价完善路径

自主招生改革过程中学生综合素质评价存在诸多问题，其中最主要表现为招生过程中学生综合素质评价缺乏科学合理的评价标准与评价手段；试点院校自主招生成本较高，招生过程流于形式；招生过程中学校与考生的诚信问题受到社会的质疑；招生过程中学生综合素质评价缺乏系统的规划与反馈。我们通过问题的审视，结合已构建的高中阶段学生综合素质评价机制模型，在借鉴该模型应用策略的基础上，提出了自主招生改革过程中学生综合素质评价的完善路径。

1. 成立专门自主招生综合素质评价机构部门：提供服务、监督调控

高校自主招生改革政策的主要目的之一是扩大高校招生自主权。关于高校招生自主权，我国 1999 年颁布的《高等教育法》就明确规定，高校自审批准予办学之日起就取得了法人资格，获得自主核定办学规模、制定招生方案、调节系科招生比例、设置和调整学科专业等权利。具体而言，高校自主招生权包括自主决定招生来源计划、自主决定选拔形式、自主决定录取结果的权利。① 通过对自主招生改革历史的梳理与当前社会发展现状的分析发现，高校自主招生过程中自主应该是一种相对的自主，而非绝对自主，因为绝对自主意味着完全市场化，完全市场化则给高校学科结构带来负面影响，不利于高等教育发展。如民国时期，由于当时的社会、政治动荡，民国政府无暇顾及所有高校，当时的高校招生模式以自主招生为主，由于文科相对于理工科更容易出成果，对科研经费的依赖较小，而且毕业生也更容易进入仕途，大部分高校文科招生规模不断扩大，尤其是法政学科居高不下，理工科学生较少（详见表5-4）。

表 5-4　民国初期高校法政科学生情况表②

	在校生学生数	法政科学生数	比例
1912 年	39633	30808	77.7%
1914 年	31346	23007	73.3%

① 侯蓉. 关于我国高校招生自主权的思考[J]. 高教发展与评估，2005(1)：12-15.
② 杨学为，王奇生. 中国考试通史（卷四）[M]. 北京：首都师范大学出版社，2004：286.

同样,由于没有专门机构或部门对自主招生过程中的综合素质评价给予监控,导致招生过程中学生综合素质评价缺乏科学合理的评价标准与评价手段,招生过程流于形式,高校、学校与考生的诚信问题受到社会的质疑等问题。

由此,我们需要从国家层面设立专门机构或部门为试点院校自主招生提供服务,并以社会发展需求为基础给予宏观调控与统筹。作为高校自主招生重要录取标准的综合素质评价,由于其标准的主观性与不确定性,在考生材料审核与面试过程中需要接受专门机构和部门的监控,也需要这些部门给予帮助与指导。高校层面应成立自主招生领导小组为本校自主招生工作提供服务,并对本校自主招生工作开展情况,尤其是考生材料初审和面试等综合素质评价过程进行监控,如复旦大学在其2015年综合评价录取改革试点过程中全程接受复旦大学监察处监督;上海交通大学在其2015年上海市综合评价录取改革试点招生简章中指出,本次招生工作在学校招生工作领导小组的直接领导下进行,工作方案、实施办法和最终录取结果均须报招生工作领导小组审核批准。为确保此项工作的公平公正性,学校招生监察小组全程参与,同时接受社会监督。试点院校主管部门(省级教育厅/教育委员会或教育部)成立专门的自主招生领导小组,负责对各试点院校自主招生工作,尤其是考生材料的初审和面试等综合素质评价过程进行不定期审查,从而实行对试点院校自主招生综合素质评价的整体监控,并在必要时给予必要的指导与服务。

2. 组建自主招生综合素质评价专业评审团队:考核评审、决策录取

选拔具有学科特长和创新潜质的优秀学生,即"偏才""怪才",是自主招生改革的定位与宗旨。为了达到这一目标,试点院校需要组织专门人员对考生提交的申请材料进行逐一审核,申请材料包括考生所在中学(单位)或原毕业中学根据考生学籍档案、在校表现和高校要求,如实提供考生在高中阶段的基本情况;考生所在中学(单位)或原毕业中学、社会团体或专

家等机构、部门和个人的实名推荐信；组建专家笔试命题后，由高校招生部门负责笔试；经材料初审与笔试后，选取部分同学进行专家面试；最终，依据初审、笔试和面试表现与成绩对考生进行预录取。在这一过程中专家团队的作用极大，而且不同环节对专家又会有不同的要求，如在笔试命题阶段的专家既需要熟悉高中阶段、职业高中、中专、技校的教材、考纲、课程标准的专家，又需要了解招生试点院校办学定位、特色与标准的专家，而且还需要有测量统计方面的专业知识，同时又具有丰富命题经验的专家；面试阶段的专家既需要有熟悉学科专业方面的学科专家，还需要有懂心理学、人力资源开发并能够对考生的创新潜质进行预测的专家。

目前，我国自主招生过程中，各试点院校专家水平参差不齐，由此也导致各试点高校间招生质量存在巨大差异。我们认为在高校层面、研究机构组建自主招生综合素质评价专业评审团队十分重要且必要。在高校层面，我们可以组建自主招生综合素质评价委员会，委员会成员包括试点院校各学科专业领域的专家以及根据试点院校自身情况从本校或者面向社会聘请心理学及人力资源方面的专家对考生的学科特长与创新潜质进行评估和预测，根据考生综合表现，由专家团队对其考核评审并最终决定其是否具备录取资格。

3. 逐步引入自主招生第三方评价服务与监督：增强认可、降低成本

十八届三中全会提出要"加大政府购买公共服务力度"、"强化国家教育督导，委托社会组织开展教育评估监测"。自主招生改革至今，部分试点院校存在由于招生成本较高，招生过程流于形式；自主招生过程中高校、学校与考生的诚信问题受到社会的质疑；自主招生过程中学生综合素质评价缺乏系统的规划与反馈等问题。为解决以上自主招生改革存在的问题，逐步引入具有一定资质且获得政府权威认证的自主招生第三方评价机构十分必要。第三方评价服务机构作为与试点院校、学校、考生等直接相

关利益主体无直接关系的第三方评价主体，可以向试点院校提供专业的招生服务，如考生申请材料的收集、整理与审核；笔试的命题、试卷的印制、试卷的保管，笔试的组织与阅卷；面试专家团队的组织、管理以及面试的实施等。最终第三方评价服务机构可以针对招生院校和考生提供自主招生综合素质评价报告以供招生院校作为录取参考，也可供考生申请其他招生机构或单位相关专业，这样既能够增强社会大众对自主招生改革政策的认可度又可以有效地降低各个试点院校的招生成本。

4. 建立自主招生改革学生综合素质评价制度：制定标准、完善技术

自主招生改革学生综合素质评价制度是指，在自主招生中对考生的综合素质进行评价的过程中相关利益主体乃至整个社会所共同遵守的办事规程或行动准则。在加强自主招生改革学生综合素质评价理论研究的基础上，完善其相关制度意义重大。若实现自主招生改革学生综合素质评价"制度化"，不仅可有效缩小自主招生改革政策制定的初衷与现实之间的差距，还可以加快一系列与其相关"制度丛"体系的建立。建立自主招生改革学生综合素质评价制度能够有效促进自主招生改革过程中学生综合素质评价标准与评价手段的科学化、合理化，避免自主招生流于形式，有效减少自主招生过程中社会大众对高校、学校与考生的诚信问题的质疑，并为自主招生过程中学生综合素质评价建立系统的规划与反馈机制。

建立自主招生改革学生综合素质评价制度，必须用法律化来完善自主招生改革学生综合素质评价的规则系统，以制度配置保障这一规则系统，形成正规化的自主招生改革学生综合素质评价组织系统，建立专门化的自主招生改革学生综合素质评价系统。① 同时"制度化"的实现还应健全申诉制度，保障学生合法权益；建立公示制度，增强评价透明度；强化问责制

---

① 樊亚峤，靳玉乐. 学生综合素质评价的制度化[J]. 中国教育学刊，2010(6)：29-31.

度，维护评价信度；完善监督制度，提高评价质量。①

　　具体而言，自主招生改革学生综合素质评价制度首先包括为选拔具有学科特长和创新潜质的优秀人才而制定的自主招生学生综合素质评价标准，这一标准应包括针对不同学科而设置的能够客观反映考生学科特长与创新潜质的多元化评价内容指标体系。在制定自主招生改革学生综合素质评价标准基础上，根据标准、指标体系配以相应的测量手段与技术，确保评价过程与结果的客观、公正以及不同考生间的可比性。

---

　　①　靳玉乐，倪哲. 中小学综合素质评价相关制度的建立及其运用[J]. 西南师范大学学报(自然科学版)，2014(2)：147-151.

第六章　总结与展望

　　高中阶段学生综合素质评价机制是指高中阶段学生综合素质评价系统内部诸要素的结构、功能及其内在机理的组织、运作过程与方式，具体包括组织管理、指导培训、运行操作和监督调控四个方面。

　　本书界定了高中阶段学生、综合素质评价、评价机制、高中阶段学生综合素质评价机制等核心概念；在剖析国内外学生综合素质评价机制发展历程和现状的基础上，以相关理论和实践为依据，遵循全面性、发展性、个性化、生本化的构建原则，通过词源分析、政策解读以及专家咨询的方法构建了以组织管理、指导培训、运行操作和监督调控为基本结构的高中阶段学生综合素质评价机制框架；分别以组织管理的功能、主体、机理三个维度为基础创建了高中阶段学生综合素质评价组织管理机制，以指导培训的功能、要素、机理三个维度为基础创建了高中阶段学生综合素质评价指导培训机制，以运行操作的功能、要素、范型三个维度为基础创建了高中阶段学生综合素质评价运行操作机制，以监督调控的功能、内容、机理三个维度为基础创建了高中阶段学生综合素质评价监督调控机制；以机制框架为基础运用结构模型和思维模型理论构建了高中阶段学生综合素质评价机制模型，具体包含组织管理模型、指导培训模型、运行操作模型以及监督调控模型，并以自主招生为模型应用案例，提出了自主招生改革学生综合素质评价完善路径。

　　高中阶段学生综合素质评价机制的系统化研究完善了学生综合素质评价理论，促使政策决策者更加重视学生综合素质评价政策实施过程中的机制问题，增强了学生综合素质评价改革政策顶层设计意识，并在以下四个方面有所突破，第一，以高中阶段学生综合素质评价机制为主要研究对象；第二，对国内外高中阶段学生综合素质评价机制已有研究与实践发展历程进行了系统分析，揭示出了现实中学生综合素质评价机制的发展历程；第三，尝试创建了高中阶段学生综合素质评价机制框架；第四，尝试创建了高中阶段学生综合素质评价机制应用模型。

研究者选择"高中阶段学生综合素质评价机制研究"作为研究主题，无论是选题还是内容都具有一定的难度。首先，综合素质评价作为高中阶段课程改革的重要组成部分，理论研究十分薄弱，这为本课题研究的开展带来了一定的难度，而本研究选取综合素质评价机制作为研究对象更是进一步加深了研究的难度；其次，研究者通过文献梳理和实证调查对国内外高中阶段学生综合素质评价机制已有研究与实践发展进行了系统分析，揭示出了现实中学生综合素质评价机制的发展历程，既具有一定创新也有一定难度；最后，本研究尝试创建了高中阶段学生综合素质评价机制及其应用模型，这也是本研究的最大难点。

高中阶段学生综合素质评价机制的创建与应用模型的构建大部分是从理论研究者的视角，通过逻辑推演并进行了有限的实证调查获得，其在实践中的可操作性和有效性还需要进一步得以验证。此外，由于选题难度较大且机制问题与政策息息相关，研究者作为理论研究者与旁观者并未直接参与整个高中阶段学生综合素质评价改革政策，虽然对高中阶段学生综合素质评价机制进行了大量调查研究，但是研究者自身角色必然会对研究数据的获取可信度、研究结论的权威性有所影响。

高中阶段学生综合素质评价机制作为高中阶段学生综合素质评价理论研究的重要组成部分，首先，应将其研究成果应用到实践之中，运用实践对其进行检验与反馈显得尤为重要；其次，本研究所创建的高中阶段学生综合素质评价机制的四个维度，即组织管理、指导培训、运行操作和监督调控都值得今后进一步地深入挖掘和探究；最后，高中阶段学生综合素质评价的内容、结构亦是十分重要的研究课题，研究者会在今后的研究中继续深入下去。

　　任何一项政策从其制定、实施到产生预期的效果都需要一个较为漫长的过程。政策科学、有效实施的过程,体制、机制保障都是不可或缺的,但是再强大和完善的体制、机制都需要人来实现,更需要有一个宽松的社会环境予以包容。高中阶段学生综合素质评价改革政策也不例外,好的评价不仅仅需要严明的制度和科学的机制与方法,更需要我们的社会、学校、老师、学生、家长有负责的态度和诚信的文化。

参 考 文 献

一、著作类

[1]〔美〕Ellen Weber. 有效的学生评价[M]. 国家基础教育课程改革"促进教师发展与学生成长的评价研究"项目组，译. 北京：中国轻工业出版社，2003.

[2]〔美〕Gary D. Borich & Martin L. Tombariaf. 中小学教育评价[M]. 国家基础教育课程改革"促进教师发展与学生成长的评价研究"项目组，译. 北京：中国轻工业出版社，2004.

[3]〔美〕Grant Wiggins. 教育性评价[M]. 国家基础教育课程改革"促进教师发展与学生成长的评价研究"项目组，译. 北京：中国轻工业出版社，2005.

[4]〔美〕Peter W. Airasian. 课堂评估：理论与实践[M]. 徐士强等，译. 上海：华东师范大学出版社，2008.

[5]〔美〕Richard J. Stiggins. 促进学习的学生参与式课题评价（第四版）[M]. 国家基础教育课程改革"促进教师发展与学生成长的评价研究"项目组，译. 北京：中国轻工业出版社，2003.

[6]〔美〕Robert L. Linn，Norman，E. 教学中的测验与评价[M]. 国家基础教育课程改革"促进教师发展与学生成长的评价研究"项目组，译. 北京：中国轻工业出版社，2003.

[7]〔美〕埃贡·G·古贝，伊冯娜·S·林肯. 第四代评估[M]. 秦霖，蒋燕玲等，译. 北京：中国人民大学出版社，2008.

[8]查有梁. 教育人才素质研究[M]. 郑州：河南教育出版社，1991.

[9]陈新汉. 自我评价论[M]. 上海：上海人民出版社，2011.

[10]陈玉琨. 教育评价学[M]. 北京：人民教育出版社，1999.

[11]单中惠. 外国素质教育政策研究[M]. 济南：山东教育出版社，2004.

[12]丁念金. 人性的力量——中西教育文化变迁[M]. 福州：福建教育出版社，2011.

[13]丁念金. 课程论[M]. 福州：福建教育出版社，2007.

[14]房列曙. 中国历史上的人才选拔制度（上下册）[M]. 北京：人民出版社，2005.

[15]广东省教育厅编. 广东省普通高中学生综合素质评价实施指导[M]. 广州：广东教育出版社，2006.

[16]国家基础教育课程改革"促进教师发展与学生成长的评价研究"项目组. 成长记录袋的基本原理与应用[M]. 西安：陕西师范大学出版社，2002.

[17]胡中锋. 教育测量与评价[M]. 广州：广东高等教育出版社，2006.

[18]金一鸣. 中国素质教育政策研究[M]. 济南：山东教育出版社，2004.

[19]李坤崇. 教学评估：多种评价工具的设计及应用[M]. 上海：华东师范大学出版社，2011.

[20]李志宏，王晓文. 新课程学生发展性评价——学生综合素质评价[M]. 北京：开明出版社，2003.

[21]刘本固. 教育评价的理沦与实践[M]. 杭州：浙江教育出版社，2000.

[22]刘芳，周卫勇. 走向发展性课程评价——谈新课程的评价改革[M]. 北京：北京师范大学出版社，2002.

[23]刘海峰. 高校招生考试制度改革研究[M]. 北京：经济科学出版社，2009.

[24]刘海峰. 中国考试发展史[M]. 武汉：华中师范大学出版社，2002.

[25]彭智勇. 学生综合素质评价研究[M]. 重庆：西南师范大学出版社，2005.

[26]戚建庄. 素质教育研究[M]. 郑州：河南人民出版社，1998.

[27]唐滢. 美国高校招生考试制度研究[M]. 武汉：华中师范大学出版社，
    2007.

[28]（日）田中耕治. 教育评价[M]. 高峡，田辉，项纯，译. 北京：北京
    师范大学出版社，2011.

[29]王汉澜. 教育评价学[M]. 开封：河南大学出版社，1995.

[30]吴春华. 人员素质测评理论与方法[M]. 天津：天津教育出版社，
    2011.

[31]肖远军. 教育评价原理及应用[M]. 杭州：浙江大学出版社，2004.

[32]新课程实施过程中培训问题研究课题组编写. 新课程与评价改革[M].
    北京：教育科学出版社，2001.

[33]燕国材. 素质教育概论[M]. 广州：广东教育出版社，2002.

[34][美]约翰·杜威. 评价理论[M]. 冯平，余泽娜等，译. 上海：上海
    译文出版社，2007.

[35][加]詹姆斯·C·麦克戴维，[加]劳拉·R·L·霍索恩. 项目评价与
    绩效测量[M]. 李凌艳，张丹慧，黄琳，译. 北京：教育科学出版社，
    2011.

[36]张向众. 中国基础教育评价的积弊与更新[M]. 北京：教育科学出版
    社，2009.

二、期刊论文

[1]蔡敏. 高中学生综合素质评价：现状、问题与对策[J]. 教育科学，
    2011(1).

[2]陈佑清. 论学生素质发展的机制[J]. 教育研究与实验，2008(3).

[3]程龙. 高中综合素质评价与高考实现"硬挂钩"的思考[J]. 中国考试，
    2015(10).

[4]崔允漷，柯政. 关于普通高中学生综合素质评价研究[J]. 全球教育展
    望，2010(9).

[5]戴伟芬，王依依. 美国高中阶段实施学生发展性评价的保障机制分析[J]. 课程·教材·教法，2013(2).

[6]邓志勇. 构建学生综合素质评价体系的策略研究[J]. 教育测量与评价，2010(6).

[7]丁念金. 第三代学校使命视野下教育评价革新之要义[J]. 教育测量与评价(理论版)，2014(7).

[8]丁念金. 论学生素质发展评价的个性化理念[J]. 上海师范大学学报(哲学社会科学版)，2014(4).

[9]丁念金. 素质文化视野中的课堂评价理念[J]. 全球教育展望，2011(12).

[10]丁念金. 学生评价重心：从学业考试到素质发展评价[J]. 教育测量与评价，2013(11).

[11]丁念金. 中学生学习过程评价指标体系探索[J]. 当代教育科学，2013(16).

[12]丁念金. 中学生学习过程自我评价机制探讨[J]. 全球教育展望，2013(9).

[13]丁念金. 重建教学体系：一种必然[J]. 湖南师范大学教育科学学报，2005(1).

[14]董奇，赵德成. 发展性教育评价的理论与实践[J]. 中国教育学刊，2003(8).

[15]樊亚峤，靳玉乐. 学生综合素质评价的制度化[J]. 中国教育学刊，2010(6).

[16]方檀香. 综合素质评价实施面临的挑战及突破——访华东师范大学崔允漷、柯政[J]. 基础教育课程，2011(4).

[17]符太胜，谢章莲. 高考改革中综合素质评价的两难困境与政策建议[J]. 教育理论与实践，2011(2).

[18]洪志忠. 美国高中综合素质评价对我国的启示[J]. 当代教育科学，2010(24).

[19]胡朝兵,张大均.国内外品德测评方法述评与展望[J].中国教育学刊,2008(3).

[20]胡中锋,李群.学生档案袋评价之反思[J].课程·教材·教法,2006(10).

[21]黄娟娟.教育调查问卷设计的常见问题及应对[J].上海教育科研,2015(5).

[22]黄志红.新课程背景下高中阶段学生综合素质评价的研究与构想[J].课程·教材·教法,2006(11).

[23]靳玉乐,樊亚峤.中小学实施综合素质评价的意义、问题及改进[J].教育研究,2012(1).

[24]靳玉乐,郎园园.中小学综合素质评价主体选择问题探讨——基于利益相关者视角的分析[J].当代教育科学,2014(6).

[25]靳玉乐,李阳莉.在中小学综合素质评价中引入第三方评价的探讨[J].当代教育科学,2014(8).

[26]靳玉乐,陆小菊.基于电子学档的中小学综合素质评价探究[J].天津市教科院学报,2014(2).

[27]靳玉乐,孟宪云.中小学综合素质评价的方法及其改进[J].西南师范大学学报(自然科学版),2014(1).

[28]靳玉乐,倪哲.中小学综合素质评价相关制度的建立及其运用[J].西南师范大学学报(自然科学版),2014(2).

[29]李宝庆,樊亚峤.普通高中学生综合素质评价方案:问题及改进[J].教育发展研究,2012(10).

[30]李学栋,何海燕,李习彬.管理机制的概念及设计理论研究[J].工业工程,1999(4).

[31]李雁冰.论综合素质评价的本质[J].教育发展研究,2011(24).

[32]梁世宝.搭建三级"信息化管理平台"全面推进综合素质评价[J].中国教育信息化,2015(7).

[33]林海亮,王希尧.质疑新课改的综合素质评价模式[J].内江师范学院

学报(社会科学版),2007(3).

[34]林珑,王晞.中小学综合素质评价中的问题与对策——对福建省中小学的个案调查分析[J].中国考试,2009(4).

[35]刘红,刘君.新加坡专题作业评价——兼谈对我国综合素质评价的启示[J].人民教育,2008(Z2).

[36]刘坚,邱保建.多元统计分析在综合素质评价中的应用[J].山东师范大学学报(自然科学版),2005(2).

[37]刘志军,张红霞.高中阶段学生综合素质评价:现状、问题与展望[J].课程·教材·教法,2013(1).

[38]柳夕浪.用力缓慢,但能穿透木板——高中学生综合素质评价的突破点[J].人民教育,2011(17).

[39]陆璟.普通高中学生综合素质评价的"上海设计"[J].中小学管理,2015(6).

[40]陆璟.以综合素质评价促进学校深层次变革[J].现代基础教育研究,2015(3).

[41]罗祖兵,程龙.高中综合素质评价研究综述[J].教育导刊,2015(3).

[42]罗祖兵,邱月.高中综合素质评价中的关键表现及其作用[J].教育科学研究,2012(11).

[43]罗祖兵.分析式综合素质评价的困境及其突围对策[J].教育科学,2014(5).

[44]罗祖兵.关于将高中综合素质评价纳入高考体系的思考[J].课程·教材·教法,2011(12).

[45]罗祖兵.突出个性:普通高中综合素质评价的应然价值取向[J].中国教育学刊,2015(9).

[46]罗祖兵.综合素质评价纳入高考的两难困境及其突围[J].全球教育展望,2015(8).

[47]马爱兵.高中学生综合素质评价的本质偏离及改进路径[J].中国教育学刊,2015(5).

[48]马亮,何芳,马和民,陈群.学生综合素质评价指标体系建设中的若干问题[J].中国教育信息化,2008(8).

[49]饶燕婷.综合素质评价在高考改革中的应用[J].教育科学研究,2009(12).

[50]上海市卢湾区中小学生综合素质评价研究课题组,冯秋萌,钱锦.创新评价机制 提升学生素质——上海市卢湾区中小学生综合素质评价工作阶段总结[J].思想理论教育,2011(8).

[51]王斌华.学生评价的发展轨迹[J].华东师范大学学报(教育科学版),2012(1).

[52]王芳.浅谈素质评价标准——兼谈美国学生评价标准[J].教育发展研究,2011(4).

[53]王润,周先进.普通高中学生综合素质评价监督机制的构建——基于新一轮高考改革的思考[J].教育理论与实践,2015(26).

[54]王薇.北京市普通高中学生综合素质评价的实践探索[J].教育测量与评价(理论版),2010(12).

[55]王小明,丁念金.历史与嬗变:普通高中学生综合素质评价改革十年[J].现代教育管理,2015(11).

[56]王小明,吕智敏.减负:从"利益文化"走向"素质文化"[J].现代基础教育研究,2015(3).

[57]王小明.减负须从利益文化走向素质文化[J].中国教育学刊,2014(11).

[58]王小明.自主素质评价基本构架初探[J].课程教学研究,2015(9).

[59]王洋.写实记录 鼓励特色 规范透明——《上海市普通高中学生综合素质评价实施办法(试行)》三大亮点解读[J].现代教学,2015(Z4).

[60]项纯.在探索和反思中推进综合素质评价[J].考试研究,2012(1).

[61]谢曼,黄纯雁.普通高中学生综合素质评价的多视角探索[J].考试研究,2013(3).

[62]邢利红.普通高中学生素质发展水平:现状与问题——基于北京市高

中阶段学生问卷调查的结果分析[J]. 教育测量与评价(理论版),
2013(6).

[63]徐岩, 丁朝蓬, 王利. 新课程实施以来学生评价改革的回顾与思考
[J]. 课程·教材·教法, 2012(3).

[64]延军强. 关于在高考录取中纳入学生综合素质评价的思考[J]. 中国考
试, 2011(10).

[65]杨九诠. 综合素质评价的困境与出路[J]. 华东师范大学学报(教育科
学版), 2013(2).

[66]杨向东. 综合素质评价:中国特色的创新[J]. 基础教育课程, 2011
(4).

[67]张华. 我国高中教育发展方向:走向综合化[J]. 全球教育展望, 2014
(3).

[68]张晖, 刘国永. 儿童素质发展评价的复杂性审视[J]. 江苏教育学院学
报(社会科学版), 2005(1).

[69]张杰, 李晗. 学生综合素质评价指标体系的构建及应用[J]. 教育与职
业, 2014(1).

[70]张铭凯. 第三方评价机构参与中小学生综合素质评价:可能、角色与
运行[J]. 教育发展研究, 2014(20).

[71]张远增. 学生综合素质评价实践的反思与对策[J]. 考试研究, 2008
(10).

[72]赵德成, 宋洪鹏. 北京市中学生综合素质评价实践述评[J]. 教育科学
研究, 2012(5).

[73]赵学勤. 建立促进发展的高中学生综合素质评价机制——兼论北京市
普通高中学生综合素质评价的实践特色[J]. 教育科学研究, 2010
(12).

[74]周文叶. 论表现性评价在综合素质评价中的运用[J]. 全球教育展望,
2007(10).

[75]周先进, 张睦楚. 高考改革:普通高中学生综合素质评价的"可为"与

"难为"[J]. 全球教育展望, 2014(7).

[76]陈振华. 浅议中职学校教师教育教学能力水平与综合素质评价的理论与方法[J]. 现代职业教育, 2019(17).

[77]宋业紧. 综合素质评价施行背景下中职生评价方式方法综合运用的思考[J]. 佳木斯职业学院学报, 2019(05).

[78]高利兵. 中等职业学校学生综合素质评价体系建构研究[J]. 河南科技学院学报, 2018, 38(12)

[79]江伟. 浅论学考背景下中职生语文综合素质评价的原则[J]. 现代职业教育, 2018(30): 167.

[80]张越, 程起翅, 黄立晖. 构建基于职业能力的中职学生综合素质评价体系研究[J]. 基础教育论坛, 2018(17).

[81]黄芹. 中职学校学生学业水平与综合素质评价的研究[J]. 课程教育研究, 2017(22): 8.

[82]吴枫, 刘静, 赵贵清. 中职+本科学生综合素质评价体系探索[J]. 卫生职业教育, 2017, 35(4).

[83]黄芹. 中职学校学生学业水平与综合素质评价的研究[J]. 现代职业教育, 2017(5).

[84]陆梓华, 焦苇. 上海高考综合改革试点重要配套文件今发布新推《中职学生学业水平评价办法平评价办法》《中职学生综合素质评价办法素质评价办法》[J]. 基础教育论坛, 2015(32).

[85]欧阳昌强. 中等职业学校学生综合素质评价模式探索[J]. 科学咨询(科技·管理), 2015(4).

[86]汤光伟. 中职学校实施综合素质评价的可行性研究[J]. 职教论坛, 2012(15).

[87]黄旻祺. 中职生综合素质评价手册开发研究[D]. 华东师范大学(教育科学版), 2008.

[88]石琳. 高职院校自主招生现状分析与对策研究[J]. 清远职业技术学院学报, 2019, 12(3).

[89]高飞. 高职自主招生入学测试现状及改进策略[J]. 中国职业技术教育，2013(1).

[90]胡剑虹. 高职院校自主招生：实践之惑与改革之思[J]. 职业技术教育，2016，37(33).

三、硕博论文

[1]安艳. 差异性学生评价研究[D]. 济南：山东师范大学，2007.

[2]白红梅. 学生评价合作体系研究[D]. 长春：东北师范大学，2005.

[3]白玉珊. 基于电子平台的学生综合素质评价研究[D]. 石家庄：河北师范大学，2009.

[4]陈珺. 研究性学习学生评价的实践和研究[D]. 南京：南京师范大学，2004.

[5]陈为峰. 美国名校本科招生综合评价制度研究[D]. 厦门：厦门大学，2009.

[6]陈志清. 高校自主招生过程中学生综合素质评价研究[D]. 长沙：湖南大学，2012.

[7]程晶. 高校自主招生城乡公平问题的实证研究[D]. 武汉：华中科技大学，2013.

[8]单伟. 新加坡高校入学考试制度探析[D]. 济南：山东师范大学，2010.

[9]杜芳. 学生评语在高中学生综合素质评价中的应用研究[D]. 开封：河南大学，2013.

[10]代建军. 论我国当前中小学课程运作机制的转变[D]. 上海：上海师范大学，2007.

[11]樊本富. 中国高校自主招生研究[D]. 厦门：厦门大学，2009.

[12]范改荣. 关于构建中小学学生评价标准的思考[D]. 武汉：华中师范大学，2001.

[13]付莉. 小学生综合素质评价研究[D]. 长春：东北师范大学，2008.

[14]高建京. 我国公立高校自主招生程序研究[D]. 沈阳：沈阳师范大学，

2012.

[15]高娟. 高校自主招生政策公平性探析[D]. 南京：南京师范大学，
2012.

[16]韩静茹. 哈佛大学本科自主招生制度探析[D]. 长春：东北师范大学，
2012.

[17]胡平. 家校合作性学生评价主体的探索性研究[D]. 昆明：云南师范
大学，2007.

[18]胡晓娟. 差异性学生评价的策略研究[D]. 济南：山东师范大学，
2009.

[19]黄晓丹. 关于形成性学生评价的现状调查研究[D]. 长春：东北师范
大学，2006.

[20]黄鑫. 新课程背景下学生评价改革研究[D]. 桂林：广西师范大学，
2004.

[21]姜海兰. 论人本化学生评价[D]. 南京：南京师范大学，2004.

[22]蒋秀梅. 关于我国高校自主招生问题的研究和思考[D]. 西安：陕西
师范大学，2008.

[23]金娣.《上海市中学生成长记录册》的实践反思——教师的视角[D].
上海：华东师范大学，2006.

[24]来永国. 发展性课堂学生评价研究[D]. 长春：山东师范大学，2007.

[25]李涵. 高考改革中的自主招生政策分析[D]. 上海：华东师范大学，
2009.

[26]李宁. 新课程背景下学生评价的现状研究[D]. 西安：陕西师范大学，
2011.

[27]李树培. 珍视不可测量之物[D]. 上海：华东师范大学，2008.

[28]李小英. 表现性评价与学生发展之研究[D]. 广州：华南师范大学，
2007.

[29]李晓雯. 改革开放以来我国小学学生评价发展的回顾与思考[D]. 南
京：南京师范大学，2004.

[30]李英杰. "预录取"模式自主招生的实践与反思[D]. 上海：华东师范大学，2011.

[31]林瑾娜. 英国基础教育学生评价的初步研究[D]. 福州：福建师范大学，2007.

[32]林强. 我国高校自主招生制度的历史、现状与发展趋向研究[D]. 南昌：江西师范大学，2012.

[33]刘乾. 高校自主招生制度公平性的调查研究[D]. 上海：华东师范大学，2012.

[34]刘妍. 初中学生综合素质评价研究[D]. 长春：东北师范大学，2009.

[35]刘洋. 学习过程中多元主体的学生评价研究[D]. 大连：辽宁师范大学，2009.

[36]陆鑫. 高中学生发展性评价现状及其对策——以学生思想政治素质发展性评价为例[D]. 苏州：苏州大学，2013.

[37]罗丽英. 高校自主招生政策分析[D]. 长春：东北师范大学，2007.

[38]马斌. 普通高中学生综合素质评价研究——以福建省为例[D]. 福州：福建师范大学，2008.

[39]马涛. 小学综合实践活动课程中的学生评价研究[D]. 南京：南京师范大学，2005.

[40]孟雯娉. 综合素质评价纳入高考招生体系研究[D]. 石家庄：河北师范大学，2011.

[41]宁晓芳. 初中生综合素质评价实施现状与对策研究[D]. 大连：辽宁师范大学，2009.

[42]彭东超. 我国高校自主招生考试形式研究[D]. 济南：山东大学，2012.

[43]屈宏强. 学校体育均衡发展评价指标体系的构建与实证研究——以河南省中学为例[D]. 福州：福建师范大学，2012.

[44]邵明雪. 普通高中学生综合素质评价的教师阻力及其化解[D]. 重庆：西南大学，2013.

[45]宋红艳. 高中阶段学生综合素质评价实施研究——以山东省三所高中
　　　为个案[D]. 青岛：青岛大学, 2011.

[46]孙玉霞. 高校自主招生问题研究[D]. 长春：东北师范大学, 2008.

[47]汤慧丽. 学生学习情感评价研究[D]. 开封：河南大学, 2009.

[48]唐亚玲. 真实性学生评价在小学中实施的问题及对策研究[D]. 成都：
　　　四川师范大学, 2014.

[49]田佳. 普通高中学生综合素质评价实施个案研究[D]. 哈尔滨：哈尔
　　　滨师范大学, 2010.

[50]汪菁. 我国高校自主招生政策评析[D]. 杭州：浙江大学, 2007.

[51]汪君民. 义务教育阶段学生体育权利评价指标体系的构建及福建省实
　　　证研究[D]. 福州：福建师范大学, 2011.

[52]王健. 论学生评价伦理[D]. 上海：华东师范大学, 2006.

[53]王凯. 发展性校本学生评价研究[D]. 上海：华东师范大学, 2004.

[54]王瑞雪. 高校自主招生选拔制度有效性研究[D]. 上海：华东师范大
　　　学, 2014.

[55]王威. 美国多元智能理论指导下中小学学生评价研究[D]. 长春：东
　　　北师范大学, 2007.

[56]王亚飞. 我国研究型大学自主招生学习评价方法研究[D]. 济南：山
　　　东大学, 2014.

[57]王艳. 欠发达地区农村小学学生评价研究[D]. 长春：东北师范大学,
　　　2006.

[58]王瑜. 基于多元智能理论的学生评价研究[D]. 开封：河南大学,
　　　2005.

[59]王忠先. 呼和浩特实验中学分校学生综合素质发展性评价的研究与实
　　　践[D]. 呼和浩特：内蒙古师范大学, 2005.

[60]吴成业. 教师的学生评价话语研究[D]. 上海：华东师范大学, 2010.

[61]伍晓芳. 大学生综合素质发展性评价研究——以浙江师范大学为例
　　　[D]. 金华：浙江师范大学, 2011.

[62]肖娟群. 我国高校自主招生考试的历史考察与现状研究[D]. 厦门：厦门大学，2008.

[63]肖佩莲. 我国高校自主招生制度公平与效率问题探究[D]. 武汉：华中师范大学，2011.

[64]谢洁茹. 基础教育课程改革背景下质性学生评价研究[D]. 桂林：广西师范大学，2005.

[65]闫莉. 基于多元智能理论的学生评价研究[D]. 西安：西安电子科技大学，2010.

[66]杨国良. 我国高校自主招生问题的分析研究[D]. 重庆：重庆大学，2009.

[67]杨会萍. 全息化学生评价初探[D]. 开封：河南大学，2007.

[68]易利华. 普通高中生综合素质评价研究——以新余四中为例[D]. 长沙：湖南师范大学，2011.

[69]殷文靖. 普通高中学生综合素质评价研究[D]. 开封：河南大学，2012.

[70]俞冶论. 上海市高校专科层次自主招生试点政策研究[D]. 上海：复旦大学，2012.

[71]张红梅. 美国高校学生评价方法研究[D]. 上海：华东师范大学，2005.

[72]张亮. 普通高中学生增值评价研究[D]. 济南：山东师范大学，2010.

[73]张瑞娟. 尊重差异、引领发展[D]. 开封：河南大学，2010.

[74]张世贤. 学生评价价值判断基本范式选择研究[D]. 石家庄：河北师范大学，2008.

[75]张维波. 成长记录袋应用于我国学生评价的问题与对策研究[D]. 锦州：渤海大学，2013.

[76]张永红. 上海高职院校自主招生改革政策评析[D]. 上海：华东师范大学，2011.

[77]张宇. 21世纪初我国普通高校自主招生研究[D]. 长春：吉林大学，

2012.

［78］赵晨. 大学生综合素质测评的问题研究——以 N 校为个案［D］. 南京：
南京师范大学，2011.

［79］赵莎莎. 差异性学生评价探究［D］. 新乡：河南师范大学，2011.

［80］赵珍. 发展性学生评价实施现状的案例研究［D］. 西安：陕西师范大
学，2013.

［81］郑刚. 高等学校自主招生若干问题的研究［D］. 天津：天津大学，
2007.

［82］俎媛媛. 真实性学生评价研究［D］. 上海：华东师范大学，2007.

［83］李春兰. Z 校中职学生综合素质评价体系研究［D］. 湖南农业大学，
2020.

［84］黄宇建. 中职生综合素质评价系统研究［D］. 广东技术师范学院，
2015.

［85］熊维. 成工职校中职教师综合素质评价模型及软件实现［D］. 电子科技
大学，2015.

四、外文资料

［1］Heidi L. Andrade & Gregory J. Cizek (eds). *Handbook of Formative Assessment*［M］. New York and London：Routledge, Taylor & Francis Group, 2010.

［2］Katherine E. Ryan & J. Bradley Cousins (eds). *The SAGE International Handbook of Educational Evaluation*［M］. London：SAGE Publications, Inc., 2009.

［3］Lorna M. Earl. *Assessment as Learning：Using Classroom Assessment to Maximize Student Learning*［M］. Second Edition. London：SAGE Company, 2003.

［4］Mary Hamm and Dennis Adam. *Activating Assessment for All Students：Innovative Activities, Lesson Plans and, Informative Assessment*［M］. Washington：

Rowman & Littlefield Publishers, Inc., 2009.

[5]Tyler, R. W. The Five Most Significant Curriculum Events in the Twentieth Century[J]. *Educational Leadership*, December 1986/January, 1987.

[6]Tyler, R. W. *Basic Principles of Curriculum and Instruction*[M]. Chicago: University of Chicago Press, 1969.

[7]Alexander W. Astin. On the Dynamics of Quality Student Enrollment at Institutions of Higher Education[J]. *Economies of Education Review*, 2003 (12).

[8]Russell F. Waugh. The Design and Evaluation of Educational Assessment and Accountability Systems[S] University of California, National Center for Research on Evaluation, Standards, and Student Testing (CRESST), Los Angeles, 2001.

[9]Wiggins, G. A True Test: Toward More Authentic and Equitable Assessment[J]. *Phi Delta Kappan*, 1989(20): 703.

[10]Mohl, G. On the Dynamics of Quality Student Enrollment at Institutions of Higher Education[J]. *Economies of Education Review*, 2002(21).

[11]Peter W. Airasian. *Assessment in the Classroom*[M]. New York: Mc Grawhill, Inc., 1996.

[12]Guba, E. G. & Lincoln, Y. S. *Fourth Generation Evaluation*[M]. Newburg Park, CA: Sage, 1989.

五、其他

[1]潘旭, 仇逸. 沪高招综合素质评价, 能保证不拼爹吗[N]. 新华每日电讯, 2015-04-28.

[2]吴洁瑾, 焦苇. 普通高中学生须当至少60学时志愿者[N]. 东方早报, 2015-04-30.

[3]熊庆年. 如何让综合素质评价这个"软标准"成为"硬参考"[N]. 人民政协报, 2015-05-13.

[4]董裕华.去功利化的综合素质评价怎么评[N].中国教育报,2015-06-03.

[5]高鹏,王敏.教师咋成了综合素质评价"绊脚石"[N].中国教育报,2015-09-09.

[6]王小明.治治课业负担重的"文化病"[N].中国教育报,2015-01-02.

[7]陈如平.综合素质评价改革催动教育深度变革[N].人民政协报,2015-05-13.

附录 A 高中阶段学生综合素质评价机制现状调查问卷

(教师版)

尊敬的老师：

您好！为了准确、详细了解高中阶段学生综合素质评价机制的现状、问题，构建科学、合理的高中阶段学生综合素质评价机制，研究者特编制本调查问卷了解您的真实态度和想法。请您将需要填写的信息填入_____，将所选择的答案填在题后的(　　)内，若选择"其他"请务必在后面的_____注明，除了特殊说明可多选的题目之外，其余题目均为单选。非常感谢您的支持与参与！

本次调查大概需要您 15 分钟左右的时间，属于匿名调查，答案无对错之分，调查数据均用于科学研究，完全确保您的隐私安全。为了分析研究数据的准确性和有效性，请您根据自身真实情况认真作答。谢谢！

2015 年 10 月

1. 您的年龄_____

   (1)20—30 岁　　(2)31—40 岁　　(3)41—50 岁　　(4)51—60 岁

2. 您所工作的高中在_____省/直辖市/自治区_____市/区/县_____乡镇

3. 您所就职学校的学生综合素质评价直接上级管理部门为_____

4. 您的性别为：　　　　　　　　　　　　　　　　　　　(　　)

   (1)男　　　　　　(2)女

5. 您现在所任教年级为　　　　　　　　　　　　　　　(　　)

(1)高一　　　　　(2)高二　　　　　(3)高三

6. 您目前的职称级别为　　　　　　　　　　　　　　　　（　　）

(1)初级　　　　　(2)中级　　　　　(3)高级

7. 您目前在学校从事的主要工作为(可多选)　　　　　　（　　）

(1)班主任　　　　(2)科任教师　　　(3)中层领导

(4)校领导

8. 您从事教师工作的时间　　　　　　　　　　　　　　　（　　）

(1)1—5 年　　　　(2)6—10 年　　　(3)11—15 年

(4)15 年以上

9. 您所任职的高中属于　　　　　　　　　　　　　　　　（　　）

(1)省/直辖市/自治区重点　　　　　(2)市/区/县重点

(3)高中阶段

10. 您所就读高中的地理位置所在区域的类别　　　　　　（　　）

(1)城市　　　　　(2)乡镇　　　　　(3)农村

11. 您对高中阶段学生综合素质评价的了解程度如何　　　（　　）

(1)很了解　　　　(2)了解　　　　　(3)一般了解

(4)不了解

12. 您对高中阶段学生综合素质评价理念的认同程度　　　（　　）

(1)很认同　　　　(2)认同　　　　　(3)一般认同

(4)不认同

13. 您主要通过何种渠道了解学生综合素质评价(可多选)　（　　）

(1)网络、电视　　(2)学校宣传　　　(3)进修培训

(4)教育行政部门

14. 您所任职的高中是否经常对学生的综合素质进行评价　（　　）

(1)经常　　　　　(2)偶尔　　　　　(3)从未

15. 您所任职学校的学生综合素质评价具体由哪些部门或机构组织实施

（　　）

(1)学校　　　　　　　　　　　　　　(2)第三方评估机构

(3)教育行政部门　　　　　　　　(4)其他_____

16. 您所在学校在综合素质评价实施过程中各部门职责划分的明确程度

　　　　　　　　　　　　　　　　　　　　　　　　　　（　　）

　　(1)很明确　　　　(2)明确　　　　(3)不明确

17. 您认为明确各部门综合素质评价职责权限的重要程度　　（　　）

　　(1)很重要　　　　(2)重要　　　　(3)一般重要

　　(4)不重要

18. 您所任职学校的综合素质评价结果将如何利用(可多选)　（　　）

　　(1)毕业依据　　　　　　　　　　(2)升学依据

　　(3)升学参考　　　　　　　　　　(4)其他_____

19. 您所任职学校是否建立、健全了学生成长记录(档案袋)规章制度

　　　　　　　　　　　　　　　　　　　　　　　　　　（　　）

　　(1)是　　　　　　(2)否

20. 您所就职学校对学生综合素质评价具体要求的明确程度　（　　）

　　(1)很明确　　　　(2)明确　　　　(3)不明确

21. 您所任职学校是否成立了综合素质评价工作领导小组或类似组织？(　　)

　　(若您选择"是"请在选项后面的横线处填写领导小组成员的职位，如

　　校长等)

　　(1)是(具体包括：_____)　(2)否

22. 您认为自身评价素养与能力能否胜任综合素质评价改革要求？（　　）

　　(1)完全胜任　　　(2)胜任　　　　(3)不胜任

23. 您所在学校对学生综合素质评价具体实施进行指导的明确程度（　　）

　　(1)很明确　　　　(2)明确　　　　(3)一般明确

　　(4)不明确

24. 您所在学校通过哪些途径组织管理综合素质评价实施(可多选)（　　）

　　(1)学校宣传　　　　　　　　　　(2)指导培训

　　(3)指导手册　　　　　　　　　　(4)其他_____

25. 您的学校是否对如何开展综合素质评价进行了专门的培训和指导（　　）

(若您选择"否"请跳过第 26、27 题,直接回答 28 题及以后问题)

(1)是　　　　　(2)否

26. 您的学校通过哪些方式培训和指导学生综合素质评价(可多选)(　　)

(1)专家讲座　　　　　　　(2)案例分析

(3)经验交流　　　　　　　(4)其他_____

27. 您所参加过的相关培训与指导,对开展综合素质评价工作的有效性

(　　)

(1)很有效　　　(2)有效　　　(3)一般有效

(4)没效果

28. 您认为通过哪种培训和指导方式对您开展综合素质评价最有帮助(可多选,并将选项按帮助程度由高到低排序)(　　)

(1)专家讲座　　　　　　　(2)案例分析

(3)经验交流　　　　　　　(4)其他_____

29. 您所在学校规定的学生综合素质评价主体构成(可多选)(　　)

(1)学生本人　　(2)其他同学　　(3)班主任老师

(4)科任老师　　(5)家长　　　　(6)社区

(7)其他_____

30. 您所在学校规定通过哪些方法对学生综合素质进行评价(可多选)(　　)

(1)考试　　　(2)观察　　　(3)访谈

(4)档案袋　　(5)其他_____

31. 您的学校规定主要通过何种媒介表现综合素质评价结果(可多选)(　　)

(1)纸质材料　　(2)电子平台　　(3)其他_____

32. 您所在学校如何呈现学生的综合素质评价结果(可多选)(　　)

(1)等级　　　(2)分数　　　(3)评语

(4)报告　　　(5)其他_____

33. 您所在学校从何时开始对学生的综合素质进行评价(　　)

(1)高一　　　　　(2)高二　　　　　(3)高三

34. 您所在学校多长时间对学生综合素质进行一次评价　　　　（　　）

(1)每周　　　　(2)每月　　　　(3)每学期

(4)每学年　　　(5)其他_____

35. 您认为所在学校对综合素质评价的重视程度如何　　　　　（　　）

(1)很重视　　　　　　　　(2)重视

(3)一般重视　　　　　　　(4)不重视

36. 您所在学校建立了哪些保障学生综合素质评价得以顺利实施的制度（　　）

(1)申诉制度　　(2)公示制度　　(3)听证制度

(4)问责制度　　(5)监督制度　　(6)复议制度

(7)其他_____

37. 您所在地区或学校是否建立了学生综合素质评价监控制度　　（　　）

(所谓监控制度是指对综合素质评价实施过程与最终评价结果的客观性、真实性进行监督的相关制度。若您选"是"请在选项后面的横线处填写具体监控制度)

(1)是(具体包括：_____)　(2)否

38. 您所在学校是否建立了专门监控综合素质评价实施的部门或机构

　　　　　　　　　　　　　　　　　　　　　　　　　　　（　　）

(若您选择"是"请在选项后面的横线处填写具体部门或机构名称)

(1)是(具体部门或机构：_____)　(2)否

39. 您所在学校对综合素质评价实施的具体监控内容是否明确　（　　）

(若您选择"是"请在选项后面的横线处填写具体的监控内容)

(1)是(具体监控内容：_____)　(2)否

40. 您所在学校在开展综合素质评价过程中是否规定了一定的评价程序（　　）

(所谓评价程序也可理解为评价过程或评价实施步骤，即评价所经历的具体过程。若您选择"是"请在选项后面的横线处填写具体评价程序)

(1)是(具体包括：＿＿＿＿＿＿＿＿)

(2)否

41. 您所在学校在开展综合素质评价过程中是否遵循所规定的评价程序 (　　)

(1)是　　　　　　　(2)否

42. 您认为所在学校对每位同学的综合素质评价的公正性　　　　　(　　)

(1)很公正　　　　　　　　　(2)公正

(3)一般公正　　　　　　　　(4)不公正

43. 您认为所在学校对每位同学的综合素质评价的公平性　　　　　(　　)

(1)很公平　　　　　　　　　(2)公平

(3)一般公平　　　　　　　　(4)不公平

44. 您认为所在学校对每位同学的综合素质评价的公开性　　　　　(　　)

(1)很公开　　　　　　　　　(2)公开

(3)一般公开　　　　　　　　(4)不公开

45. 您认为家长对学校开展综合素质评价的支持程度　　　　　　　(　　)

(1)很支持　　　　　　　　　(2)支持

(3)一般支持　　　　　　　　(4)不支持

46. 您认为现行高中阶段综合素质评价实施过程中的运行操作、培训指导、组织管理、监控保障等方面存在哪些问题？您有哪些意见和建议？

＿＿＿＿＿＿＿＿＿＿＿＿＿＿＿＿＿＿＿＿＿＿＿＿＿＿＿＿＿＿＿＿

＿＿＿＿＿＿＿＿＿＿＿＿＿＿＿＿＿＿＿＿＿＿＿＿＿＿＿＿＿＿＿＿

＿＿＿＿＿＿＿＿＿＿＿＿＿＿＿＿＿＿＿＿＿＿＿＿＿＿＿＿＿＿＿＿

47. 谈谈您对自己所在学校未来实施综合素质评价的一些设想。

＿＿＿＿＿＿＿＿＿＿＿＿＿＿＿＿＿＿＿＿＿＿＿＿＿＿＿＿＿＿＿＿

＿＿＿＿＿＿＿＿＿＿＿＿＿＿＿＿＿＿＿＿＿＿＿＿＿＿＿＿＿＿＿＿

＿＿＿＿＿＿＿＿＿＿＿＿＿＿＿＿＿＿＿＿＿＿＿＿＿＿＿＿＿＿＿＿

再次感谢您的参与！

附录 B　高中阶段学生综合素质评价机制现状调查问卷

（学生版）

亲爱的同学：

　　您好！为了准确、详细了解高中阶段学生综合素质评价机制的现状、问题，构建科学、合理的高中阶段学生综合素质评价机制，研究者特编制本调查问卷了解您的真实态度和想法。请您将需要填写的信息填入_____，将所选择的答案填在题后的(　　)内，若选择"其他"请务必在后面的_____注明，除了特殊说明可多选的题目之外，其余题目均为单选。非常感谢您的支持与参与！

　　本次调查大概需要您5—10分钟的时间，属于匿名调查，答案无对错之分，调查数据均用于科学研究，完全确保您的隐私安全。为了分析研究数据的准确性和有效性，请您根据自身真实情况认真作答。谢谢！

2015 年 10 月

1. 您的年龄_____

2. 您所就读的高中在 _____ 省/直辖市/自治区 _____ 市/区/县 _____乡镇

3. 您的性别是：　　　　　　　　　　　　　　　　　　(　　)

　　(1)男　　　　　　　(2)女

4. 您现在所在年级为　　　　　　　　　　　　　　　　(　　)

　　(1)高一　　　　(2)高二　　　　(3)高三

5. 您所就读的高中属于　　　　　　　　　　　　　　　(　　)

（1）省/直辖市/自治区重点

（2）市/区/县重点　　　　　　　　（3）一般的高中阶段

6. 您所就读高中的地理位置所在区域的类别　　　　　　　（　　）

　　（1）城市　　　　　　（2）乡镇　　　　　（3）农村

7. 您对高中阶段学生综合素质评价的了解程度如何　　　　（　　）

　　（1）很了解　　　　　（2）了解　　　　　（3）一般了解

　　（4）不了解

8. 您主要通过何种渠道了解学生综合素质评价（可多选）　（　　）

　　（1）网络媒体　　　　（2）电视新闻　　　（3）就读学校

　　（4）其他_____

9. 您所就读的高中是否经常对您的综合素质进行评价　　　（　　）

　　（1）经常　　　　　　（2）偶尔　　　　　（3）从未

10. 您认为现在实施的高中阶段学生综合素质评价对您将来的发展的重要性

　　　　　　　　　　　　　　　　　　　　　　　　　　　（　　）

　　（1）很重要　　　　　　　　　　　（2）重要

　　（3）一般重要　　　　　　　　　　（4）不重要

11. 您认为综合素质评价对自己的未来发展有哪些积极作用（可多

　　选）（　　）

　　（1）个性发展　　　　　　　　　　（2）素质提升

　　（3）规划未来　　　　　　　　　　（4）其他_____

12. 您在读期间的综合素质评价结果将会如何利用（可多选）　（　　）

　　（1）毕业依据　　　　　　　　　　（2）升学依据

　　（3）升学参考　　　　　　　　　　（4）其他_____

13. 您所在学校对综合素质评价具体如何开展进行的指导　　（　　）

　　（1）很明确　　　　　（2）明确　　　　　（3）不明确

14. 您所在学校通过哪些途径指导大家开展综合素质评价（可多选）（　　）

　　（1）学校宣传　　　　　　　　　　（2）班主任开班会

　　（3）发放指导手册　　　　　　　　（4）其他_____

15. 您所在学校规定都有哪些人可以对你的综合素质进行评价(可多选)(　　)

　　(1)自己本人　　　(2)其他同学　　　(3)班主任老师

　　(4)科任老师　　　(5)家长　　　　　(6)社区

　　(7)其他_____

16. 您所在学校规定通过哪些方法对您的综合素质进行评价(可多选)(　　)

　　(1)考试　　　　　(2)观察　　　　　(3)谈话

　　(4)档案袋　　　　(5)其他_____

17. 您所在学校规定主要通过何种途径对您的综合素质进行评价(可多选)(　　)

　　(1)纸质材料　　　(2)电子平台　　　(3)其他_____

18. 您所在学校如何呈现您的综合素质评价结果(可多选)　　(　　)

　　(1)等级　　　　　(2)分数　　　　　(3)评语

　　(4)报告　　　　　(5)不清楚　　　　(6)其他_____

19. 您所在学校从何时开始对您的综合素质进行评价　　　(　　)

　　(1)高一　　　　　(2)高二　　　　　(3)高三

20. 您所在学校多长时间对您的综合素质进行一次评价　　(　　)

　　(1)每周　　　　　(2)每月　　　　　(3)每学期

　　(4)每学年　　　　(5)其他_____

21. 您认为所在学校对综合素质评价的重视程度如何　　　(　　)

　　(1)很重视　　　　(2)重视　　　　　(3)一般重视

　　(4)不重视

22. 您认为开展综合素质评价过程中学校对同学自我评价的重视程度

　　　　　　　　　　　　　　　　　　　　　　　　(　　)

　　(1)很重视　　　　　　　　　　(2)重视

　　(3)一般重视　　　　　　　　　(4)不重视

23. 您主要通过哪些手段和途径对自己的综合素质进行评价(可多

选)(　　　)

(1)自我总结　　　　　　　　(2)作品展示

(3)获奖证书　　　　　　　　(4)其他

24. 学校开展综合素质评价过程中是否经常有老师对您进行自我评价指导(　　　)

(1)经常　　　　　(2)偶尔　　　　　(3)从未

25. 您父母对学校开展综合素质评价的支持程度　　　　　　　(　　　)

(1)很支持　　　　　　　　　(2)支持

(3)一般支持　　　　　　　　(4)不支持

26. 您所在学校在开展综合素质评价过程中是否规定了一定的评价程序 (　　　)

(所谓评价程序也可理解为评价过程或评价实施步骤,即评价所经历的具体过程。若您选择"是"请在选项后面的横线处填写具体评价程序)

(1)是(具体包括:＿＿＿＿＿＿＿＿)

(2)否

27. 您所在学校在开展综合素质评价过程中是否遵循所规定的评价程序 (　　　)

(1)是　　　　　(2)否

28. 您所在学校是否有专门负责综合素质评价的人员　　　　(　　　)

(若您选择"是"请在选项后面的横线处填写具体人员职务,如班主任、科任)

(1)是(具体包括:＿＿＿＿＿＿＿＿)

(2)否

29. 您所在学校是否有专门负责综合素质评价的部门或机构　　　(　　　)

(若您选择"是"请在选项后面的横线处填写具体部门或机构名称)

(1)是(具体部门或机构:＿＿＿＿＿＿＿＿)　　　(2)否

30. 您所在学校是否建立了专门监控综合素质评价实施的部门或机构

(　　　)

(若您选择"是"请在选项后面的横线处填写具体部门或机构名称)

(1)是(具体部门或机构：＿＿＿＿＿＿＿＿)　(2)否

31. 您所在学校对综合素质评价实施的具体监控内容是否明确　　　(　　　)

(若您选择"是"请在选项后面的横线处填写具体的监控内容)

(1)是(具体监控内容：＿＿＿＿＿＿＿＿)　(2)否

32. 您认为现行高中阶段综合素质评价实施过程中存在哪些问题？您有哪些意见和建议？

＿＿＿＿＿＿＿＿＿＿＿＿＿＿＿＿＿＿＿＿＿＿＿＿＿＿＿＿

＿＿＿＿＿＿＿＿＿＿＿＿＿＿＿＿＿＿＿＿＿＿＿＿＿＿＿＿

＿＿＿＿＿＿＿＿＿＿＿＿＿＿＿＿＿＿＿＿＿＿＿＿＿＿＿＿

33. 您认为实施综合素质评价是否对高中学生有积极意义？谈谈您对自己所在学校实施综合素质评价的一些设想。

＿＿＿＿＿＿＿＿＿＿＿＿＿＿＿＿＿＿＿＿＿＿＿＿＿＿＿＿

＿＿＿＿＿＿＿＿＿＿＿＿＿＿＿＿＿＿＿＿＿＿＿＿＿＿＿＿

＿＿＿＿＿＿＿＿＿＿＿＿＿＿＿＿＿＿＿＿＿＿＿＿＿＿＿＿

再次感谢您的参与！

附录 C　高中阶段学生综合素质评价机制现状访谈提纲

（省教育厅或市教育委员会相关人员）

尊敬的×××老师：

您好！

非常冒昧地打扰您！

本研究将高中阶段学生综合素质评价机制理解为高中阶段学生综合素质评价系统内部诸要素的结构、功能及其内在机理的组织、运作过程与方式，具体包括组织管理、指导培训、运行操作和监督调控四个方面。

我需要向您了解当前高中阶段学生综合素质评价的组织管理、指导培训、运行操作和监督调控等相关问题，具体问题详见访谈提纲，本次访谈大概需要 30 分钟左右。研究者将秉持访谈研究的伦理要求，对访谈资料进行匿名保密处理，请您放心。

访谈提纲

1. 为了推进高中阶段学生综合素质评价改革，你们都具体做了哪些工作？效果如何？（组织、管理、宣传、指导、培训、评估、政策、经费等方面）

2. 你们是否专门成立了推进高中阶段学生综合素质评价改革专门机构？相关机构的具体职责有哪些？

3. 你们认为当前高中阶段学生综合素质评价推进过程中存在的阻力有哪些？最大的困难是什么？最主要的问题及其原因是什么？如何解决这些问题？

4. 你们如何监控高中阶段学生综合素质评价改革的推进状况？

附录D　高中阶段学生综合素质评价机制现状访谈提纲

（区县相关教育行政人员）

尊敬的×××老师：

您好！

非常冒昧地打扰您！

本研究将高中阶段学生综合素质评价机制理解为高中阶段学生综合素质评价系统内部诸要素的结构、功能及其内在机理的组织、运作过程与方式，具体包括组织管理、指导培训、运行操作和监督调控四个方面。

我需要向您了解当前高中阶段学生综合素质评价的组织管理、指导培训、运行操作和监督调控等相关问题，具体问题详见访谈提纲，本次访谈大概需要30分钟左右。研究者将秉持访谈研究的伦理要求，对访谈资料进行匿名保密处理，请您放心。

访谈提纲

1. 您在高中阶段学生综合素质评价改革过程中的主要职责有哪些？是否成立了专门机构或组织以推进政策改革？

2. 上级教育行政部门给您哪些支持？您认为目前高中阶段学生综合素质评价改革实施过程中存在哪些困难？

3. 您指导过学校综合素质评价改革试验吗？如何指导的？

4. 实验学校参加高中阶段学生综合素质评价改革的态度、行为如何？您如何评价这一现象？

5. 学校在实施高中阶段学生综合素质评价改革过程中存在哪些问题？

如何解决？

　　6. 您是否负责学校高中阶段学生综合素质评价改革实施过程中的监督工作？如何监督？

附录 E 高中阶段学生综合素质评价
机制现状访谈提纲

(评价专家)

尊敬的×××老师：

您好！

非常冒昧地打扰您！

本研究将高中阶段学生综合素质评价机制理解为高中阶段学生综合素质评价系统内部诸要素的结构、功能及其内在机理的组织、运作过程与方式，具体包括组织管理、指导培训、运行操作和监督调控四个方面。

我需要向您了解当前高中阶段学生综合素质评价的组织管理、指导培训、运行操作和监督调控等相关问题，具体问题详见访谈提纲，本次访谈大概需要 30 分钟左右。研究者将秉持访谈研究的伦理要求，对访谈资料进行匿名保密处理，请您放心。

访谈提纲

1. 您参与过学校综合素质评价改革政策的制定或者评价方案的制定吗？具体职责是什么？

2. 您指导过学校综合素质评价改革试验吗？如何指导的？

3. 您认为当前高中阶段学生综合素质评价改革最大的问题是什么？如何解决？

4. 您认为高中阶段学生综合素质评价的顺利推进需要哪些评价机制作为保障？（如：组织管理、指导培训、运行操作、监控保障等）

附录 F 高中阶段学生综合素质评价机制现状访谈提纲

(高校负责招生的负责人)

尊敬的×××老师:

您好!

非常冒昧地打扰您!

本研究将高中阶段学生综合素质评价机制理解为高中阶段学生综合素质评价系统内部诸要素的结构、功能及其内在机理的组织、运作过程与方式,具体包括组织管理、指导培训、运行操作和监督调控四个方面。

我需要向您了解当前高中阶段学生综合素质评价的组织管理、指导培训、运行操作和监督调控等相关问题,具体问题详见访谈提纲,本次访谈大概需要30分钟左右。研究者将秉持访谈研究的伦理要求,对访谈资料进行匿名保密处理,请您放心。

访谈提纲

1. 您所在学校是否建立了专门的机构、部门或委员会负责在招生过程中对高中阶段学生综合素质评价进行审核、评估?各机构的具体职权有哪些?如何实施?

2. 您所在学校是否制定了科学规范的综合素质评价体系和办法,以其作为高校招生录取的参考?

3. 您认为当前高中阶段学生综合素质评价实施过程中最大的问题是什么?如何解决?

4. 您认为当前综合素质评价作为高校招生录取参考的最大问题与挑战是什么?

附录 G　高中阶段学生综合素质评价
机制现状访谈提纲

（普通高中、中职学校校长）

尊敬的×××老师：

您好！

非常冒昧地打扰您！

本研究将高中阶段学生综合素质评价机制理解为高中阶段学生综合素质评价系统内部诸要素的结构、功能及其内在机理的组织、运作过程与方式，具体包括组织管理、指导培训、运行操作和监督调控四个方面。

我需要向您了解当前高中阶段学生综合素质评价的组织管理、指导培训、运行操作和监督调控等相关问题，具体问题详见访谈提纲，本次访谈大概需要 30 分钟左右。研究者将秉持访谈研究的伦理要求，对访谈资料进行匿名保密处理，请您放心。

访谈提纲

1. 您所在学校是否专门成立了高中阶段学生综合素质评价领导小组或委员会？相关部门的职责与功能是什么？

2. 您所在学校在高中阶段学生综合素质评价实施过程中的评价主体有哪些？具体职责是什么？

3. 您所在学校是否建立了高中阶段学生综合素质评价改革的制度？具体有哪些？

4. 您所在学校是否对各评价主体开展综合素质评价进行过专门的指导与培训？具体措施？

5. 您所在学校如何调动教师参与高中阶段学生综合素质评价改革的积极性？高中阶段学生综合素质评价的实施是否纳入教师评价指标中？

6. 您所在学校如何对高中阶段学生综合素质评价过程进行监督？

7. 您认为当前高中阶段学生综合素质评价实施过程中最大的问题是什么？如何解决？

附录 H　高中阶段学生综合素质评价机制现状访谈提纲

（教师）

尊敬的×××老师：

您好！

非常冒昧地打扰您！

本研究将高中阶段学生综合素质评价机制理解为高中阶段学生综合素质评价系统内部诸要素的结构、功能及其内在机理的组织、运作过程与方式，具体包括组织管理、指导培训、运行操作和监督调控四个方面。

我需要向您了解当前高中阶段学生综合素质评价的组织管理、指导培训、运行操作和监督调控等相关问题，具体问题详见访谈提纲，本次访谈大概需要 30 分钟左右。研究者将秉持访谈研究的伦理要求，对访谈资料进行匿名保密处理，请您放心。

访谈提纲

1. 您所在学校的学生综合素质评价具体由哪些部门或机构组织实施？它们的具体职责有哪些？

2. 您认为自己的评价素养与能力是否适应综合素质评价改革要求？您所在学校是否对您如何开展综合素质评价进行过专门的指导与培训？具体措施哪些？哪些指导培训对评价工作开展最有帮助？

3. 您所在学校是否建立了高中阶段学生综合素质评价改革的制度？具体有哪些？

4. 您所在学校建立了哪些保障学生综合素质评价得以顺利实施的制

度？（如：申诉制度、公示制度、听证制度、问责制度、监督制度、复议制度等）

5. 您所在学校在开展综合素质评价过程中是否规定了一定的评价程序？在综合素质评价过程中是否遵循这一评价程序？

6. 您认为当前高中阶段学生综合素质评价实施过程中最大的问题是什么？如何解决？

后　　记

　　本书是在本人"全国教育科学'十二五'规划教育部青年课题"结题报告基础上修改完善而成的。在原有课题结题报告基础上，将原有研究对象扩展为包括普通高中、技工学校、中等专业学校和职业高级中学/高级职业中学四类学校的高中阶段学生，对报告结构进行了修改和完善，在应用案例部分增加了高职院校自主招生有关综合素质评价现状及问题的梳理，并提出针对性优化路径。

　　课题开展过程中感谢上海师范大学谢利民教授、丁念金教授在课题选题、框架构思、课题实施以及调查研究中给予我无私的指导与帮助。感谢香港中文大学黄显华教授，香港教育学院李子建教授、霍秉坤教授，华东师范大学崔允漷教授，东北师范大学马云鹏教授、吕立杰教授，华南师范大学黄甫全教授，西南大学靳玉乐教授，首都师范大学徐玉珍教授，深圳大学李臣之教授在第九次全国课程学术会议和第十七届两岸三地课程理论研讨会召开过程中给予本课题设计和调查研究的帮助与指导。感谢人民教育出版社吕达教授，华东师范大学教育学部，国家教育宏观政策研究院副院长朱益明教授，华东师范大学课程与教学研究所胡惠闵教授为课题结题报告初稿提出的宝贵建议。

　　感谢在课题实施方案完善过程中不厌其烦为我提出修改意见的江苏师范大学代建军教授。感谢在调查研究和文献检索过程中帮助过我的辽宁师范大学蔡敏教授、金山区教育局郑瑛副局长、上海市黄浦区教育学院教研室副主任严明老师、上海开放大学科研处李学书副教授、上海市教育考试院王鼎副教授、上海师范大学第二附属中学蔡文校长、上海市吴淞中学张哲人校长、上海师范大学附属中学傅欣副校长、上海师范大学附属罗店中学江澜副校长、上海中学东校牛德军老师、浙江师范大学罗晓杰教授、西南大学教育学部张良副教授、山东枣庄学院尹鸿涛老师、甘肃天水师范学院周侠副教授、北京教育学院李健莉老师、辽宁省铁岭市高级中学王柳老师、辽宁省建平县高级中学张瑜老师以及首尔大学终身教育学院博士研究生郑琴。

感谢上海第二工业大学职业技术教师教育学院院长石伟平教授、执行院长常小勇、书记杨旭辉、副院长郑世良等各位领导和同事们对我工作、学习的支持和帮助。感谢武汉大学出版社分社社长、编审谢群英老师、副编审郭静老师对本书稿的认真校审。

最后的感谢，留给曾经对我百般疼爱，而今已过世的祖父母，是你们让我拥有一个无比幸福与快乐的童年；留给生我养我，让我无所牵挂地追逐梦想，为我辛勤操劳大半生的父母；留给一直关怀我、时刻关心我的岳父，一直关怀我、信任我的岳母和妻弟；留给一直默默支持我、鼓励我、帮助我的妻子智敏，留给刚满十五个月的儿子子昂。你们都是我的至亲至爱，对你们的感激之情无法用语言表述，那就让我铭记于心，付诸行动吧。

孟子有云："学问之道无他，求其放心而已矣。"希望这本拙作能够不辜负一直关心我、爱护我、帮助我的人们。

王小明

2022 年 8 月 9 日